Diesseits in Afrika

10 Jahre Südafrika in Erfahrungen, Erlebnissen und Abenteuern

Helmut Richter

2009

Herstellung und Verlag:
Books on Demand GmbH, Norderstedt
ISBN 978-3-8370-9466-4

Vorwort

Ob nun die Langeweile eines früh Pensionierten die Voraussetzung war, mit der Niederschrift von Erfahrungen in einem schönen Land voller Reize zu beginnen, ist nicht mehr zu erkennen, da sie - die Langeweile - schon lange verflogen ist. Bleibt als Motiv die Lust am Schreiben, wie sie sich in einem kommunikativen Kopf entwickeln kann.

Dieses Buch richtet sich nicht nur an Freunde und Bekannte, sondern an alle jene, die Südafrika entdecken wollen, schon kennen oder sich hier gar niederzulassen beabsichtigen. Freilich lenken manchen da hoch oben im Norden ihren Begriff von Afrika nur selten über den Äquator hinaus, sodass sie sich eher im Baströckchen und er mit Blasrohr vorstellen sollten, um deren Vorstellungskraft nicht zu strapazieren. In welchem Aufzug auch immer: Es werden persönliche Erfahrungen und Einsichten wiedergegeben, die in ihrer Gesamtheit zwar eine Menge an Informationen über Land und Leute liefern, nicht aber als Reiseführer im klassischen Sinn dienen können, sodass ein solcher ins Gepäck zu stecken empfohlen wird.

Die Erfahrungen wurden im Jahre 1998 zu sammeln begonnen, zeitgleich mit dem Entschluss, nach Südafrika auszuwandern. Von einem geschichtlichen Abriss abgesehen, sind sie zeitlos zu verstehen. Die Terminierung der vielen Reisen innerhalb Südafrikas und in die angrenzenden Länder soll lediglich die jeweilige Zeitschiene darstellen. Die handelnden Personen sind keineswegs frei erfunden, und einer "dichterischen Freiheit" wird kein Raum gelassen.

Geschrieben wurde in der Umgangssprache, die also keinen allzu hohen Anspruch erhebt. Humor und Ironie bilden die Grundlage und stehen insofern für entspannendes Lesen. Hin und wieder ließ es sich nicht umgehen, Begriffe aus der englischen Sprache zu verwenden - es sollte dem Autor nachgesehen werden, obwohl die "Verenglischung" in den deutschsprachigen Ländern Europas keineswegs seine Zustimmung findet.

Unterwegs in Südafrika wird bewusst darauf verzichtet, die vielen Unterkünfte zu benennen, um nicht etwa der Schleichwerbung zu verfallen, aber auch, weil sich bei wiederholten Besuchen häufig Änderungen herausstellten, welche die Eignung ehedem benannter Etablissements infrage stellten. Ausgenommen von dieser Richtschnur sind

Camps, Lodges und ähnliche Nachtlager in den Wildreservaten, da hier die Auswahl beschränkt ist und ein Wettbewerbsgedanke gar nicht erst aufkommt. Dasselbe gilt für Reisen in angrenzende Länder im südlichen Afrika.

Photos gäbe es reichlich in die Texte einzubinden, doch zum einen entsprächen sie nicht dem neuen technischen Standard, und zum anderen verkörpern sie in erster Linie Erinnerungen, die nur in einem persönlichen Photoalbum wiedergegeben werden sollten. Jeder Reisende aber sollte diese grandiosen Landschaften mit der einmaligen Flora und Fauna nicht nur erleben, sondern auch photographisch aufnehmen!

Inhaltsverzeichnis

Kapitel 1

Der Weg nach Südafrika

Was ist Autarkie? Diese Frage stellte ich mir, als ich einmal über den dritten Lebensabschnitt nachzudenken begann. Was also ist Autarkie eigentlich - praxisnah und unpolitisch? Meine Interpretation des Begriffs war recht einfach, und viele meiner Freunde wurden in die Beantwortung der Frage einbezogen. Sollten wir dereinst nach Neuseeland - und nur dieses ferne Ziel wurde seinerzeit erwogen - auswandern, und zwar nicht erst als Gruftis, dann würde der Auftritt in einem Pulk Gleichgesinnter schon eine hinreissende soziale Komponente haben.

Eine Gemeinschaft von Tätigen zu bilden schien also die zutreffende Antwort auf die Frage nach Autarkie zu sein. Die vielen Freunde sollten in ihrem nachberuflichen Lebensabschnitt eine Landkommune mit bäuerlichem Betrieb, Handwerk und Gewerbe entwickeln und ihre Tätigkeiten sowohl an ihrem ehemaligen beruflichen Engagement orientieren als auch an ihren Neigungen und Qualifikationen. Ein wirtschaftlicher Zyklus mit grösstmöglicher Unabhängigkeit würde sich auf diese Weise zum Epizentrum autarken Denkens und Handelns entwickeln.

Eine Siedlungsgemeinschaft am anderen Ende der Welt aber, etwa in einem Kloster ohne die Gelübde der Möncherei, muss gewissen Regeln unterworfen werden, schon gar, wenn sie aus Individualisten vom Schlage meiner Freunde gebildet würde. Gerade hier, in einer Art Netzwerk von Tathandlungen also, greift der Gedanke an autarkes Verhalten. Die Grundidee ist um so mehr nachvollziehbar, als die Zyklen in einem solchen Kreislauf zu entgelten wären, und die Kommune zwar in sich abgeschlossen, der Kreis aber jeden beliebigen Radius anzunehmen bereit wäre.

Irgendwann habe ich mir das Land meiner Träume auf der Nordinsel angesehen und befand es in der Tat als beinahe paradiesisch. So hätte im Redwood Park nur noch Wasser durch Milch und Honig ersetzt werden müssen, um diesen Eindruck zu perfektionieren. Im Rotoiti Forest fühlte ich mich andererseits in die Kreidezeit versetzt und glaubte an manchen Orten, dass sich die baumhohen Farne teilten und Tyrannosaurus hervorträte. Das Waimangu-Tal hingegen, in dem das Innerste der Erde nach aussen gekehrt wird und die Hölle einem näher ist als das Paradies; schliesslich das Thermal Valley, in dem dieses Innerste geradewegs zu Strom verarbeitet wird.

Meine Erinnerungen also bewegend und des dargestellten Wirtschaftskreislaufes eingedenk, näherte ich mich in einem mit Bedacht gewählten Moment meiner Frau Greta, um sie zu dem entscheidenden Schritt in dieses Paradies zu bewegen. Aber hallo! Begeisterungsstürme hatte ich ja nicht erwartet, doch in einer an ihr nicht gewohnten Kompromisslosigkeit liess sie mich und meinen "Spleen" abblitzen, wobei ihre Ablehnung weniger mit dem beschriebenen Wirtschaftszyklus zu tun hatte, als mit der Entfernung zwischen Europa und Neuseeland, die sich schliesslich nicht nur im geographischen, sondern auch im zeitlichen Abstand messen lässt: Neuseeland ade - ich rief es sogar ohne Reue, da Gretas Argument stichhaltig genug war, mir vorzuführen, dass bei den Entfernungen meine Freunde (die einzubinden ohnehin nur theoretischer Natur war) nicht allein aus den Augen verschwänden, sondern auch aus dem Sinn. Und das wollte ich nun doch nicht.

Nun ergab es sich, meine berufliche Karriere früher als üblich zu beenden, und so überlegten wir gemeinsam, wo und wie wir uns denn, statt in Neuseeland, niederlas-

sen könnten. Im schweizerischen Zug unseren Lebensabend
zu verbringen erwogen wir von vornherein nicht, obwohl
wir in den wenigen Jahren unseres Daueraufenthaltes das
Land ebenso zu schätzen gelernt hatten wie deren Einwohner. Allerdings zogen wir die Italo- und Frankoschweizer
den Deutschschweizern vor, denn diese wirkten auf uns oft
wie die Perversion von Deutschen, was allein schon an der
Sprache zu erkennen war, die sie einzig zu beherrschen
glaubten. Ihrer ausdrucksstarken Intellektualität will ich
gleichwohl das Wort reden, da sie mich bis heute in recht
angenehmer Weise "verfolgt". Der immer wieder bohren-
den Frage, warum wir denn kein Schwyzerdütsch sprächen,
konnten wir uns nur dadurch entledigen, dass wir diesen
Dialekt unter der Bedingung anzunehmen bereit wären,
dass die Neue Zürcher Zeitung statt ihres außerordentlich gepflegten Hochdeutsches künftig auf Schwyzerisch er-
schiene. Später erst erfuhren wir, dass es ein geschriebenes
Schweizerdeutsch gar nicht gibt, also mussten wir uns auch
in der Retrospektive nicht mit dieser sprachlichen Abart
beschäftigen. Jedoch hatten wir die in jeder Beziehung vorbildliche Infrastruktur der Schweiz nur zu gerne angenommen und liebten die Nähe zu Italien, sodass wir eine Zeit
lang mit dem Gedanken spielten, uns südlich in der West-
schweiz, dem deutschsprachigen Oberwallis also, in einer
Wohnung nicht grösser als ein Briefkasten einzurichten, im
Piemonte aber - einer der uns liebsten Landschaften Ita-

liens (und der Küche dort) - zu leben. Als wir dann von einem Schulfreund die Geschichte - man will schon fast sagen: die Räubergeschichte - um seinen Hauskauf in der Toskana erfuhren, liessen wir schlagartig von allen Italienplänen ab.

Österreich bot uns - ich weiss gar nicht, warum gerade ich der Meinung war, der ich doch in Wien studiert hatte - nicht die richtige Lebensqualität, obwohl das hohe kulturelle Niveau gerade in Wien sehr reizvoll gewesen wäre. Aber sowohl die Überheblichkeit der k. u. k. -Wiener als auch deren vulgäre Schattenseiten hatten sich in mir festgesetzt, wobei diese Nachteile inzwischen nicht mehr ins Gewicht fallen mögen, nachdem sich Wien von seinem provinziellen Milieu - wie erlebt in den 1960ern - erkennbar verabschiedet und zur "echten" Metropole entwickelt hat. Das von uns beiden hoch geschätzte Burgenland wiederum, im näheren Umfeld Wiens eine echte Alternative zur Grossstadt, wollte sich in unseren Köpfen nicht verankern, weil es sich ohnehin zu einer zweiten Heimat stilisiert hatte.

Bei allen Reizen der Provence war Frankreich auszuscheiden, da Franzosen dort, zumindest in exponierten Lagen, im Begriffe waren, gegenüber den Leuten von der Insel nur noch die Minderheit zu stellen. Auch wäre unsere Bereitschaft zur Mobilität an natürliche Grenzen gestoßen, denn eine Reise beispielsweise aus dem Lubéron in andere

Länder - und selbst nach Paris - wäre noch viel mühseliger als von Cocconato aus, einem idyllischen Dorf unweit Turins, in die antike Welt Italiens aufzubrechen.

Und Deutschland? Fast hätte ich das Land vergessen, dessen Staatsangehörigkeit wir nach wie vor besitzen - und behalten wollen. Aus einer Reihe von Gründe aber konnten bzw. wollten wir dem Gedanken nicht nähertreten, uns beispielsweise im Raume Freiburg - Gretas Heimat - anzusiedeln.

Also war nach Neuseeland auch Europa erledigt, und wir mussten unseren Blick nolens volens wieder fernen Horizonten zuwenden. Indien, das uns beide während vieler Reisen dorthin außerordentlich faszinierte, schied schneller aus, als sich unsere Gedanken an die Verlegung unseres Lebensmittelpunktes auf den Subkontinent gewöhnen konnten. Dabei hätten wir uns dort als Europäer à priori in der obersten Kaste bewegen können, und durch unsere besondere Freundschaft mit der einen und anderen Familie wären wir manchen Orts schon in die Gesellschaft eingeführt worden. Auch waren wir von der persisch beeinflussten Hochkultur, die wir antrafen, wo immer wir uns bewegten, tief beeindruckt. Vordergründig aber machten uns die markanten sozialen Unterschiede in dem vom Geist der Aufklärung noch heute weit entfernten Land zu schaffen. Auch das Klima, der Dreck und der Gestank, von denen die vielen interessanten Fernsehberichte nichts rüberbringen, wären auf Dauer wohl kaum zu ertragen gewesen.

An die Vereinigten Staaten, namentlich an den *Retirement State* Florida, verschwendeten wir erst gar keinen Gedanken: Die US-Amerikaner waren und sind uns einfach zu flach.

Begünstigt durch meine bescheidene Kenntnis von Land und Leuten, die ich während mancher Geschäftsreise dorthin gewonnen hatte, richteten wir unseren Blick schliesslich auf Südafrika. Zugegeben, der Grad meiner Wertschätzung orientierte sich zunächst nur an den nachhaltigen Einflüssen Europas, die sich trefflich rund um Kapstadt und im Westkap darboten, nicht also an Steppen und Wüsten, Flora und Fauna afrikanischer Prägung. Da ich im Übrigen mit etwas ausgestattet war (und noch bin), das man in meiner sauerländischen Heimat als "Wibbeläss" bezeichnet, hatte ich überhaupt keine Probleme bei dem Gedanken, mich in einem afrikanischen Land niederzulassen.

Es gab aber auch stichhaltige Gründe, die für Südafrika sprachen. Die Freundlichkeit der dort lebenden Menschen - Stichwort Regenbogen -, die weitaus besseren Wetterbedingungen, faszinierende Landschaften mit ebenso beeindruckender Flora, die weltweit einzigartige Tierwelt zu Lande und zu Wasser, die Umspülung durch die beiden großen Weltmeere und nicht zuletzt die beachtlich günstigeren Lebenshaltungskosten - alle diese Gründe schoben unsere Bedenken wegen etwaiger politischer und sozialer Unsicherheiten weit ins Abseits, und wir waren uns darin einig, dass in unserer statistisch verbleibenden Lebenszeit "nichts passieren" würde. Nach einer bald zehnjährigen Erfahrung im Lande sind wir inzwischen allerdings bereit, von dieser einigen Meinung abzurücken, nachdem sich der African National Congress (ANC) anschickt einen Herrschaftsanspruch zu installieren, der einen Vergleich mit der vergangenen Apartheid-Diktatur zulässt.

Gretas Zögerlichkeit nährte sich denn auch eher an ihrer Schollenverbundenheit. Durch unseren Umzug von Hamburg in die Schweiz war mir schon vor Jahren klar geworden, dass sie viel verbundener mit ihrem Heimatland war als ich, dass sie einmal "auf Deutsch sterben" wolle, wie sie zu Protokoll gab. Begleitet von einem ausgeprägten Selbstbewusstsein führte sie Deutsches - was immer sie begrifflich so bezeichnete - ziemlich oben auf ihrer Werteskala, ein Empfinden, das auch ich Jahre später erst, weit nach unserem Umzug, verinnerlicht habe. Nachdem sie mir aber bezüglich Neuseeland geradewegs einen Korb gegeben hatte, konnte sie beim Thema Südafrika nicht schon wieder mauern. Außerdem hatte sie erkannt, dass es im Gegensatz zu Neuseeland quasi keinen Zeitunterschied zu Europa gab. Und als ich noch im Vorwege einer in Erwägung gezogenen Erkundungsreise herausfand, dass da unten deutsches

Fernsehen empfangen werden kann, schmolz ihr Widerstand gegen Fernes und Anderssprachiges langsam dahin. Wir rüsteten also im Winter 1998, der ja dem Sommer in Südafrika entspricht, zu unserer ersten gemeinsamen Reise ans Kap.

Mit einer Zwischenlandung in Johannesburg führte die Swissair ihren Flug 286 noch bis Kapstadt durch und so kamen wir am 28. Januar zur Jeckenzeit in der *Mother City*, wie Kapstadt gerne bezeichnet wird, an. In der Tat war es richtig warm da unten, die Luftfeuchtigkeit aber hielt sich in angenehmen Grenzen. In einer japanischen "Reisschleuder" machten wir uns auf den Weg nach Hout Bay, dem nördlichsten, Kapstadt also nächstgelegenen Ort auf der Kap-Halbinsel. Mit der uns gegebenen Wegbeschreibung fanden wir problemlos zu der vorgebuchten Unterkunft, von der wir erst einmal einen schönen szenischen Blick über die "Holzbucht" genossen.

Hout Bay ist Ausgangspunkt des *Chapman Peak Drive*, dieser in den nackten Fels gehauenen Verbindung zur eigentlichen *Cape Peninsula*. Unser erster Blick auf diese Felsenstrasse fiel vom gegenüberliegenden Hafen, genauer gesagt von den auf die Bucht gerichteten Kanonen, welche die Unabhängigkeit der *Republic of Houtbay* einst donnernd verteidigt haben mochten. Auf der Veranda eines Hotelrestaurants am Ortsausgang von Hout Bay machten wir am Abend unsere erste Erfahrung mit der Kapküche:

Hier wie später fast überall gab sich der Koch große Mühe,
an Fischen und Meerestieren den Overkill zu üben. "Schwimmen" tat der Fisch allerdings in dem Chardonnay eines
Weinguts der Region, das sich - wie wir später herausfanden - im Besitz einer Hamburger Familie befindet und eine
Pole Position am Kap einnimmt.

Tags darauf nahmen wir uns Südafrikas ältesten Leuchtturm vor, an Kapstadts *Greenpoint* gelegen, jenem Stadtteil, in dem das Stadion für die Semi-Finals der Fußball-
WM 2010 entstanden ist. Der Weg dorthin führte uns an
Llandudno vorbei, einer ehemaligen Exklave für Begüter-
te, an deren früher streng abgeschirmten Strand sich inzwischen Mischvolk ergießt und zum *Braai* (Grill) trifft,
der neben Rugby liebsten Freizeitbeschäftigung, wie noch
aufzuzeigen sein wird. Über Camps Bay, dem wohl attrak-
tivsten Ort der *Atlantic Seaboard* (Felsen, Palmen, Strand,
Szene) ging es durch Clifton und Sea Point zu eben diesem
attraktiven *Lighthouse*, das - wiewohl das älteste im Lande
- der Seefahrt immer noch den Weg in die Tafelbucht weist.
Von dort schlängelten wir uns zur *Victoria & Alfred (V &
A) Waterfront* durch, einer zu Vergnügen und Shopping
umgebauten ehemaligen "Speicherstadt" am Kapstädter
Hafen und erreichten später die Westküste nördlich Kapstadts, die bei Table View den wohl beeindruckendsten
Blick auf den 1000 m hohen Tafelberg freigibt. Inzwischen
zeigte sich das Wetter nicht mehr von seiner besten Sei-

te, sodass wir uns landeinwärts wandten. In einer Straussenfarm wurden uns Strausse in den verschiedenen Entwicklungsstadien vorgeführt, ihre Zucht erläutert und das farmeigene Labor gezeigt. Es wurde berichtet, dass die damaligen Ureinwohner, die Khoi, diese Vögel seit dem 17. Jahrhundert an holländische Siedlern veräussert hatten, die ihrerseits die Viecher nach Batavia, dem heutigen Jakarta, aber auch nach Indien und selbst an den japanischen Hof weiterverkauft hatten. Auf das Jahr 1679 geht eine erste Straussenfarm zurück, die den Grundstein für die Straussenzucht in Südafrika legte.

Auf der Weiterfahrt wollten wir dann in Paarl, einer der drei Hochburgen in den *Winelands*, einen Dämmerschoppen abhalten, doch es dämmerte nur und schoppte nicht. Ersatzweise fuhren wir zu dem auf einer Anhöhe gelegenen *Taal-Monument*, einem Denkmal zu Ehren des Afrikaans, das eben dort errichtet wurde, weil in Paarl die erste Zeitung auf Afrikaans erschienen war. Das kann nicht so lange hergewesen sein, denn die Sprache wurde erst in den 1920er-Jahren als eine solche anerkannt - nicht gerade eine Ruhmestat, wie ich meine, denn sie verhält sich zum Holländischen so unangenehm wie das Schweizerdeutsch zum Deutschen und verfügt über nicht eine - nicht eine, sag ich - grammatikalische Logik. Als entsprechend hässlich erwies sich denn auch das Monument - das grausige Russendenkmal im Osten Berlins nähme sich im Vergleich als Schönheit aus. Drei übergrosse, stalagmitisch geformte Säulen symbolisieren die an der Entstehung des Afrikaans beteiligten Volksgruppen: die Khoisan, Xhosa, Malayen und Indonesier. Letztere waren einst von den Holländern als Sklaven ans Kap "dienstverpflichtet". Ein einzelner, noch grösserer Stalagmit gibt diesen Holländern die Ehre, die aber - wie wir später herausfanden - mit dem Afrikaans nichts am Hut haben wollen. "Dit is ons Erns" ist in die Waschbeton-Platten eingelassen - ja, was meinen die denn damit? Gut ist nur, dass nach der politischen Wende Englisch zur Lead-Sprache wurde, dass Afrikaans also nicht mehr sehr lange gesprochen und geschrieben werden dürfte.

Am nächsten Tag peilten wir unser nächstes Abenteuer an: Eine Fahrt zum "Ende der Welt", dem Kap der guten Hoffnung. Die Fahrt über den Chapman's Peak Drive nach Nordhoek hielt allerdings lange auf, da uns die Schönheit des Ausblicks auf die Bucht - und später den offenen Atlantik - einfing. Die Strasse wurde ursprünglich in Zwangsarbeit von Knackis in den nackten Stein geschlagen: eine enorme Leistung, von der inzwischen die Automobilindustrie insofern profitiert, als genau hier ihre weltweit schönsten Werbeaufnahmen entstehen. Über Kommetjie und Scarborough erreichten wir dann den Eingang zum *Cape of Good Hope* Nature Reserve, an dessen südlicher Spitze wir "guter Hoffnung werden" wollten. Diese Spitze

aber, den Cape Point, steuerten wir der vielen Wochen-
endbesucher wegen gar nicht erst an, sondern liessen es
mit der Exkursion zum tatsächlichen Kap bewenden, einer
unscheinbaren Ansammlung von Felsen bzw. Felsbrocken
und Seetang südwestlich des Points, der wir nur deswegen
gewahr wurden, weil die Strasse dort endete und ein Schild
darauf hinwies. Dass der *Southernmost* Tip des Kontinents
tatsächlich erst gut 100 km südlich, am Cape Agulhas, die
Ozeane zusammenführt, wurde uns noch nicht klar, als wir
versuchten, uns - von anderen Touristen freistrampelnd -
hinter diesem Hinweisschild photographisch zu verewigen.

Nachhaltig beeindruckte uns während unserer Fahrt
durch das *Reserve* die Flora, die unter dem Begriff Fynbos (Bos = Busch) eine weltweit einzigartige Vielfalt entwickelt hat. Es heißt, dass allein die Kap-Halbinsel zahlreicher mit Pflanzenspezies bestückt ist als die britische
Insel insgesamt. Wie schön muss es hier erst im Frühling,
also im September und Oktober sein! Die Fauna hingegen
verhielt sich zurückhaltend: Nicht einmal Paviane zeigten
sich, die ob ihrer Habgierigkeit einen ziemlich schlechten
Ruf geniessen. Lediglich eine Schildkröte hatte gerade die
Querung der einzigen Strasse in ihrem Revier hinter sich
gebracht, ohne geplättet worden zu sein.

Das Kap ist geographisch in etwa so positioniert wie die
Insel Malta auf der nördlichen Halbkugel. Insofern waren
wir doch erstaunt, dass uns der Reiseführer den Rückweg

über die Ostküste empfahl, um dort, südlich Simonstown, eine Pinguin-Kolonie zu besuchen. Ein wahrlich reizendes Völkchen, wie sich dann herausstellte, das sich hier mitten in der Zivilisation niedergelassen hatte. Wir stapften am Strand von Boulders mitten durch eine Hundertschaft dieser ulkigen Vögel, die sich im Übrigen gar nicht an den - immerhin zahlreichen - Besuchern störten. Die einen watschelten am Strand auf und ab, die anderen verharrten regungslos in einer einmal gewählten Haltung. Wieder andere rammelten ungestüm, und einige brüteten auf dem Ergebnis dieser Rammelei - nicht einer schwamm davon, um beispielsweise für Nahrung zu sorgen. Das Baden nahmen den Pinguinen die Kinder ab, die sich mit ihnen den Strand teilten.

Am folgenden Tag machten wir uns über den Berg Richtung Constantia auf, einem eher in der Vergangenheit verwurzelten eleganten Vorort im Südosten Kapstadts, der in den höheren Lagen einen schönen Blick auf die False Bay freigibt. Dieser Blickrichtung folgend steuerten wir dann Muizenberg an und entdeckten tatsächlich die wirklich putzig aussehenden Umkleidekabinen, die sich - eingeklemmt zwischen den Geleisen der S-Bahn und schmalen Sandstreifen - in ihren Pastellfarben wohlig von ihrer Umgebung abhoben. Gretas inniger Verbundenheit mit Nilpferden zuliebe versuchten wir schliesslich, das Rondevlei Nature Reserve mit seiner im Western Cape einzigen

Nilpferd-Population ausfindig zu machen, doch wir verirrten uns in Vororten der Cape Flats und waren verdammt froh, den Absprung über die R310 zu schaffen, die uns mit ihrer Trassierung entlang der Küste sofort versöhnte: Diese endlosen weissen Strände mit Wogen, die selbst bei Windstille noch solche sind, faszinierten uns ungemein! Auf Sylt würde man bei dem Wetter vor lauter Menschen kaum des Strandes ansichtig werden können, während hier - wohl auch der nahen *Townships* wegen - nicht eine Menschenseele, schon gar keine weisse, auszumachen war.

Auf der R310 liessen wir uns dann bis Stellenbosch treiben und fanden in dem einen und anderen Weingut nur geschlossene Türen vor. Never on Sunday ist hier die Devise: an dem ausflugstärksten Tag der Woche also geschlossen. Ist wohl eine Erbschaft der britischen Besetzung - wie gescheit! Alternativ nahmen wir uns den Ortskern von Stellenbosch vor - Eichen und Palmen in einzigartiger Kohabitation - und fühlten uns von der ebenso schönen wie zahlreich angetroffenen kapholländischen Architektur eher an das barocke Burgenland als an die Niederlande erinnert. Des andern Tags machten wir uns noch einmal über Stellenbosch her und latschten die von Dumont empfohlene Route ab, um letztendlich festzustellen, dass wir am Vortag - unserem intuitiven Reiseführer folgend - die Essentials eigentlich schon abgehakt hatten. Die so gewonnene Zeit investierten wir dann mit Freuden in ausgiebige

Proben in dem einen und anderen inzwischen geöffneten
Weingut, wobei wir immer wieder entgeistert waren von
der Beschränktheit des Personals in den jeweiligen Pro-
bierstuben. Weiss- von Rotwein unterscheiden konnten diese Fräulein gerade noch und griffen mit Glück auch noch
die richtige Sorte, aber jede - wirklich jede - Frage, zum
Beispiel nach Analysen, Erträgen, Ausbau und Lagerung,
kam einem Schuss - was sag ich: einer Salve - in den Ofen
gleich.

Tags darauf fuhren wir von dort nach Franschhoek,
dem einst von Hugenotten gegründete dritten und kleins-
ten Weinstädtchen im Bunde mit Paarl und Stellenbosch,
verträumt am Ende eines Tales gelegen. Auf dem Wege
dorthin - wie auch in Franschhoek selbst - warteten wir
dem einen und anderen Weingut auf und probierten wieder von den vorzüglichen Tropfen. Vorbei am dreifaltigen
Hugenotten-Denkmal erklommen wir dann den Fransch-
hoek-Pass. Im Höhenvergleich hat zwar selbst das Sauerland - von der Schweiz gar nicht erst zu schreiben - mehr
zu bieten, aber bezaubert waren wir doch von dem land-
schaftlichen Reiz. Dann fuhren wir runter in ein Tal, das
vom Theewaterskloof-Dam beherrscht wird, einer von vielen Talsperren in der Overberg genannten Region. An dem
See entlang ging es weiter auf einer landschaftlich schönen
Strecke nach Grabouw, dem Zentrum eines der grössten
Kernobst-Anbaugebiete in Südafrika. Schliesslich zog es

uns zurück an die Küste, die wir auf der R44 über Klein-
mond nach Gordons Bay als sehr eindrucksvoll empfanden,
wenn nur nicht diese abgrundtief hässlichen Ortschaften
die landschaftliche Attraktivität gemindert hätten.

Am Folgetag wandten wir uns dem Cap Agulhas zu,
dem southernmost tip des Kontinents, dem Kap Horn Afrikas sozusagen. Im Gegensatz zum Kap der guten Hoffnung
geht es dort eher unscheinbar zu. So unscheinbar, dass
ich bar einer Markierung die Ozeane nicht voneinander zu
trennen vermochte. Inzwischen allerdings gibt es eine in
Bronze gegossene Inschrift mit darunter eingefügten Pfei-
len (Atlantic Ocean = rechter Pfeil; Indian Ocean = linker
Pfeil). Ein Schmuckstück ist der Leuchtturm von Agulhas,
der Versuch einer Nachbildung des altägyptischen Kollegen in Alexandria. Sein Inneres beherbergt ein kleines
Museum, in dem der Versuch unternommen wird, Agulhas in den Rest der Leuchtturm-Welt einzureihen, und eine gemütliche Cafeteria mit Souvenirshop. Erklettern liess
sich der Leuchtturm auch, doch wurden die Treppen immer
steiler und gingen in eine Leiter über, die wir letztendlich
nicht erklommen. Wir erreichten Agulhas, indem wir von
der N2 auf der Höhe von Botriver auf die R43 Richtung
Hermanus abbogen, dem bekannten *whalewatching* spot an
der Walker Bay. Wale können hier wegen der zerklüfteten,
tief abfallenden Riffküste aus geringer Entfernung nur von
Land beobachtet werden - eine besondere Attraktion im

hiesigen Winter, wenn es den Mammals der Meere um den Südpol herum zu kalt wird und sie die mehrere tausend Meilen an südafrikanische Küsten schwimmen, nicht zuletzt um kleine Wale zu zeugen oder zu gebären. Hermanus selbst hinterliess auf uns jedoch keinen nachhaltigen Eindruck, denn schick - oder gar mondän - war, zumindest im Zentrum, einfach nichts. Man darf hier anscheinend drauflos bauen und seinen Geschmack architektonisch recht eigenwillig umsetzen. Wie sagte einst mein Freund Peter, als ich ihn ob seines hässlichen Autos kritisierte? "Stört's mich? Ich sitz doch drin". In diesem Sinn denken wohl die Leute in Hermanus und sonstwo an der Küste und scheren sich nicht um Geschmack - sofern sie überhaupt wissen, was Geschmack ist. Und das bei der Landschaft, bei dem Wetter!

Weitere 60 km ging die Fahrt nach Swellendam, der nach Kapstadt und Stellenbosch drittältesten europäischen Gründung, in der kapholländische Architektur zu Hause ist, die wiederum im Drostdy-Komplex komprimiert zutage tritt - inside-out. Unsere Erkundungstour führte uns dann über Mossel Bay (hier beginnt laut Reiseführer die Garden Route) auf der R102 in mehrere Küstenorte, die uns trotz schöner Strände nicht sonderlich anmachten, weil alle, aber auch wirklich alle Häuser nicht nur höchst ungeübtem *Do-It-Yourself* entsprachen, sondern trotz genügenden Platzangebots auch noch so dicht aneinander gebaut waren, dass sich Nachbarn aus ihren Häusern die Hand reichen könnten: Es kam der Begriff der "Wagenburg-Mentalität" auf.

An George vorbei gelang es uns, die 7-passes-road zu entern, die alte Landstrasse nach Knysna (sprich: Naisna). Sie führte uns durch Urwald, fast so schön wie in Neuseeland, (daher die Bezeichnung Garden Route), entlang des und über den Kaaiman River, der wenig später die Konfiguration des afrikanischen Kontinents umspülen sollte. Am view point über die *Map of Africa* brauchte man sich nur umzudrehen, um einen malerischen Blick über den von lebhaftem Wellenspiel gesäumten Strand von Wilderness zu haben, ein Ausblick übrigens, der einem auch von einer Haltebucht am Kaaiman-Pass auf der N2 gewährt wird. Noch vor Knysna wendeten wir uns dann einer recht geschmackvollen Hotelresidenz an der ob ihrer Seepferdchen-Kolonie berühmten Lagune zu, in deren viktorianischen Manor wir uns mit einem Abendessen auseinandersetzen mussten, an dem die frischen Knysna-Austern das einzig Bemerkenswerte waren. Aber die wurden ja zum Glück nicht behandelt, sondern nur geöffnet!

Tags drauf entschieden wir uns, den Anker noch nicht zu lichten, sondern grössere Aufmerksamkeit Knysna und seiner schönen grünen Umgebung zu widmen. Wir liessen uns von einem ortsansässigen estate agent mehrere Häuser in einem Wohngebiet nahebei zeigen, bevor wir uns direkt nach Knysna aufmachten, diesem munteren Örtchen mit vielen Gaststätten und Gelegenheiten zum Shopping, einer Marina und der Waterfront, die sich wegen Kollision mit Kapstadts Komplex gleichen Namens später in "Knysna Quays" umbenennen musste. Knysna ist Endstation des Outeniqua Chootjou, der dampfgetriebenen Eisenbahn, die sich, von George kommend, Knysna mitten durch die Lagune stampfend nähert - ein Mal täglich in der Saison. Knysna sollte zukünftig häufiger unser Ziel werden, der dort sowohl gezüchteten als auch wild geernteten Austern wegen. Ihren Ausgangspunkt, die Knysna Oyster Company, lernten wir erst am dritten Tag unseres Aufenthaltes kennen. Auf Thesen Island stadtnah in der Lagune gelegen, erlangte dieses grobschlächtige, aber urige Restaurant unsere ganze Aufmerksamkeit. Und die Austern? Köstlich, sage ich, besonders die wilden! Nicht empfehlenswert hingegen die warm "aufgemascherlten", die so lange vor ihrer Anreichung wohl zubereitet worden waren, dass ihr Verzehr einen verdorbenen Magen zur Folge haben musste.

Den nächsten Tag widmeten wir dem nur etwa 40 km weiter östlich gelegenen Plettenberg Bay und seiner Umgebung, von der zuvorderst der schöne und lang sich hinziehende Sandstrand und der Tsitsikama Forest hervorzuheben sind. Auf der R102 machten wir diesem vor Fruchtbarkeit aus allen Nähten platzenden Wald- und Flussgebiet

mit beindruckenden Mündungslandschaften unsere Aufwartung, waren gleichwohl enttäuscht von den Siedlun-
gen ausserhalb des grossen Naturreservats, die - wie beispielsweise Nature's Valley - bestenfalls aus der Ferne betrachtet idyllisch auf uns wirkten. Und der Big Tree war
- gerade für uns Kalifornien-Kenner - bei weitem nicht so
beeindruckend wie der reich beschriebene Lehrpfad dorthin, durch schönsten Urwald, wie er sich ebenfalls im *Garden of Eden* kurz vor Plettenberg präsentierte. Im Übrigen
aber ist "Plet", wie die Südafrikaner voller Zuneigung sagen, ein sinnlos zerstückelter Ort ohne Atmosphäre, der in
Strandnähe von einem Hotel dominiert wird, das in puncto
to Länge, Breite und Höhe an diesen hässlichen Klotz am
Timmendorfer Strand erinnert. Wo Plettenberg beeindru-
cken soll, auf der dem Inland zugewandten Seite nämlich,
wollten wir zunächst nicht erforschen, denn zunächst zogen
wir die Küste vor.

Auf dem Weg zurück nach Kapstadt bzw. Hout Bay bogen wir am folgenden Tag - einer Eingebung folgend und
in Anbetracht zeitlicher Reserven - nach Riviersonderend
von der N2 Richtung Greyton ab, weil kurz hinter diesem
von Eichen gesäumten Dorf, in dem viele Künstler und
Schriftsteller leben sollten, Genadendal lag, Südafrikas erste *missionary station*. Wieder hatten wir eine Staubpiste
von etwa 35 km zu bewältigen, und wäre es man Staub nur
gewesen, dieses steinige Ding. Greyton gefiel uns dann aber

so gut, dass wir länger als geplant blieben und an Genadendal nicht mehr zu denken war. Zu guter Letzt schauten wir
uns Kapstadt ein wenig an und waren ziemlich enttäuscht,
da nicht nur ein Reiseführer uns glauben machen wollte,
Kapstadt sei die schönste Stadt der Welt. Mitnichten ist
es diese, eher schon die Lage mit dem Tafelberg im Nacken
und der Table Bay vor der Brust. Nun gut, Kapstadt lief
uns nicht weg. Es würde noch reichlich Gelegenheit geben,
dorthin zu fahren, denn wir wollten nun tatsächlich nach
Südafrika auswandern, genauer in das Western Cape.

Kapitel 2

Erste Eindrücke vor Ort

Eines muss man dem Makler in Greyton ja lassen: er konnte sich die Vorstellungen zu eigen machen, die wir ihm nach einem nicht zustande gekommenen Treffen vor Ort brieflich und telefonisch darlegten, wie denn ein Haus in etwa auszusehen hätte, das wir zu kaufen bereit wären. Das ist um so bemerkenswerter, als die landesüblichen Hausbeschreibungen äusserst dürftig ausfallen und im Wesentlichen nur die Anzahl der bed- & bathrooms nennen, ohne in irgendeiner Weise auf Wohn- und Nutzfläche in m^2 einzugehen. Dieser Makler jedenfalls blieb am Ball wie eine

Klette am Wams. Noch vor Ostern 1998 stellte er uns ein property vor, das in der Tat unseren Vorgaben weitestgehend entsprach und lieferte die bisherigen Eigentümer gleich mit, ein britisches Ehepaar mittleren Alters, mit dem wir uns zur Osterzeit in Zürich trafen, um Photographisches und Filmisches einzusehen bzw. zu übernehmen. Nun gab es keine Ausrede mehr - aber wir wollten uns gar nicht herausreden. So gingen wir im Oktober des Jahres ein zweites Mal auf die Reise nach Südafrika, um unserem Häusle näher zu rücken. Allerdings stellten wir die Reiseroute auf den Kopf und begannen unsere Tour in Port Elizabeth, von Südafrikanern kurz mit "PE" buchstabiert. In Greyton angekommen ging es flugs zur Sache, sodass es nur noch eines besonderen Anlasses bedurfte, unseren Entscheidungsprozess zu Ende zu bringen. Da sich in der Walker Bay zu dieser Jahreszeit die Wale tummelten, vor allem die *Southern Right* (Potwale), führten uns die Vorbesitzer nach Hermanus, um diese 30-Tonner von Land zu beobachten. Und wir sahen sie tatsächlich gleich zu mehreren, wie sie zum Greifen nahe im Wasser spielten und sich herumwälzten. Dieses beeindruckende Schauspiel machte dann auch den letzten "Kick" aus; wir fuhren nach Greyton zurück - und unterschrieben noch am selben Tag. Am Rande sollte in diesem Zusammenhang erwähnt werden, dass die Maklergebühr - nominell 7,5%, aber verhandelbar - immer vom Verkäufer getragen wird, sodass der Käufer lediglich *Transfer Duty* (Grunderwerbssteuer) abführen muss, die unverhandelbar ebenfalls 7,5% beträgt. Inzwischen ist es April im neuen Millennium. Die Immigranten sind angekommen! Wir hätten gern allen Freunden sofort einen ausführlichen Bericht über das Internet zukommen lassen wollen, doch liess der Festnetz-Anschluss auf sich warten, was mit zu knapper Kapazität der - hier noch staatlichen - Telefongesellschaft und damit zu tun hatte, dass Anmeldungen von Nicht-Weissen auf einen Telefonanschluss bevorzugt behandelt wurden und noch werden. Ist ja auch in Ordnung: die Farbigen und Schwarzen wurden so lange gebeutelt, dass ihnen nun das Gefühl vermittelt werden muss, sie seien Trumpf. Nachdem wir uns zuvor Ende März "tingeltangelnd" von Freunden und Verwandten verabschiedet hatten, wurde am 17. April in Wien-Schwechat unser Überschwang durch "AUA" - das ist Synonym für Leistung - insofern gedämpft, als die österreichische Fluggesellschaft ohne vorherige Information nicht mehr bis Kapstadt durchflog, sondern schon in Johannesburg Endstation machte. Ärgerlich wurde es erst recht, als uns trotz *Frequent Traveller*-Status und meiner glaubhaft vorgebrachten Erklärung, ich würde um das Mehr des Gepäckgewichtes weniger wiegen als früher, für Übergewicht gut 5000 Schilling (diese in € umzurechnen ist sogar einem Österreicher kaum mehr gegeben) abgeknöpft wurden. Und als sich dann noch in Johannesburg herausstellte, dass der uns übergebene Re-Routing-Ausdruck nicht - wie in Wien verlogen dargelegt - als Legitimation für das Anschlussticket nach Kapstadt akzeptiert wurde, war es mit dem Spaß vorbei.

In Kapstadt angekommen, liessen uns Abholer John und Sohn Blane - sie hatten den Umbau unseres Hauses verantwortet - schliesslich über die Ankunftszeit hinaus eine gute Stunde am damals noch "Jan Smuts" genannten Flughafen hängen - Zuverlässigkeit war nicht ihr Ding, und allen Südafrikanern, zumindest ihrer Mehrheit, ebenfalls nicht, wie sich noch erweisen sollte. So fuhren wir denn, vom Zoll Gottlob schon in Johannesburg unbehelligt, mit unserem *Twin Bakkie* ostwärts auf der N2. Die Stimmung entwickelte sich wie die gut ausgebaute Strasse: hinauf den Sir Lowry Pass, nach dem die Region Overberg beginnt, und es fing auch sogleich - das Oberbergische liess grüssen - zu regnen an. Kurz vor Caledon (110 km von Kapstadt) bogen wir auf die R406 in nordöstliche Richtung ab und erreichten Greyton nach weiteren etwa 30 km. Pure Nature - no Additives empfingen uns, und zwei wunderschöne Gestecke, von unseren Nachbarn an markanten Stellen platziert, entboten einen blumenreichen Willkommensgruss. Eine der Nachbarinnen - es war Gisela, wie sich schnell herausstellte, Gisela aus Hamburg - sprach uns als Erste vor dem Haus an. Sie hatte einen so klassischen Hamburger Tonfall in ihrem durchaus flüssigen Englisch, dass ich gleich auf Deutsch fragte, wo aus Hamburg sie denn herkäme. "Aus Barmbek", lautete die Antwort, und der Duktus ihrer daraufhin ins Deutsche gewechselten Sprache schien das zu bestätigen. Gisela hatte vor bald 40 Jahren ihren Mann in Hamburg kennengelernt und ihn nach Abschluss seines Praktikums bei einer Hamburger Bank gleich nach Südafrika begleitet. In Greyton haben sich die beiden aufs Altenteil zurückgezogen. Unserem "Baumeister" John Abrahams (*"too black during Apartheid, too white now"*) zu Gefallen und unserer Neugierde zu Liebe konnte die Inspektion der geleisteten Handwerkerarbeiten keineswegs aufgeschoben werden, sodass wir erst am Abend erschöpft zur Ruhe kamen. Da die Ankunft unseres Umzug-Containers bereits für Ostermontag avisiert wurde, kam es zu allerhand hektischen, insbesondere telefonischen Aktivitäten, die sich insofern auf Stellenbosch ausdehnten, als dort das National Department for Agriculture seinen Sitz und die Zuständigkeit für den Import unseres ansehnlichen Weinvorrats hatte. Da wir den Sachbearbeiter ("Nuschel-Guppy") aber schon rechtzeitig auf diese "Mitbringsel" eingestimmt hatten, kam die zu entrichtende Gebühr eher einem Freundschaftspreis gleich. Mit dem entsprechenden Permit in der Kralle ging es gleich weiter zu dem Korrespondenten unseres Schweizer Spediteurs, der uns dann vorführte, warum wir den Wert unseres Umzuggutes so drastisch hatten abwerten sollen, denn von ihm hing die vorübergehende Entrichtung der Einfuhrumsatzsteuer (14%) ab, die uns erst dann rückerstattet würde, wenn wir die Aufenthaltsgenehmigung vorlegen könnten. Zurück in Greyton begann der Karfreitag mit drei kleinen Negerlein, die sich höflich erkundigten, ob sie denn ein Lied für uns singen dürften. Sie durften, und ich fühlte mich an "Lüttke Fastnacht" im Sauerland erinnert, wobei wir den Kleinen nichts Selbstgeschlachtetes in die Hand drücken konnten, sondern es mit ein paar Münzen bewendeten. Die gute Tat, sie war vollbracht. Des Abends gab es eine Vernissage (Hier in Greyton, am Arsch der Welt also, schien echt 'was los zu sein!), eine Art Reprise der Veranstaltung im Oktober des Vorjahres, auf der sich Künstler aus Greyton vorstellten. Gastgeber war Nan, eine aus Holland stammende, recht nette Nan-ette, die ihre berufliche Karriere als Stewardess der Singapore Airlines beendet hatte. Ein weiteres Mal stiessen wir auf Johannes du Plessis, den begnadeten Klee-Epigonen. Samstags ist in Greyton der Gang auf den Markt oberstes Gebot. Als ein kleinformatiges Mittelding zwischen den hamburgischen Ise- und Fischmärkten bietet diese Einrichtung jede, aber auch wirklich jede Gelegenheit, Leute kennen zu lernen, Kennengelernte zu treffen und sich auszutauschen - will sagen zu schwatzen. Über einzelne Tage und wie sie abfolgten, will ich nicht berichten, mit einer Aus-

nahme allerdings: Weihnachten. Erster Juli. Kein Witz.
Das Ereignis: ein "weihnachtliches" Wohltätigkeitsessen
mit allem Schnickschnack als da waren Christbaum, Santa
Claus, Glühwein, Weihnachtsplätzchen und Adventsgeste-
cke auf den Tischen. War wohl eine britische Erfindung,
hörten wir, da zum kalendarischen Weihnachten bei hoch-
sommerlichen Temperaturen keine angemessene Stimmung
aufkäme. Da ist was dran, dachte ich, nur das Thermometer kletterte an diesem 1. Juli immerhin auf 27 Grad!
Wer aber da glaubt, das kalendarische Weihnachten würde
wegen Hochsommers ausfallen, ist weit gefehlt. Bereits im
November hängt beispielsweise die Kapstädter Long Street
- eine Mischung aus Hamburgs Jungfernstieg und Möncke-
bergstrasse - voll mit Weihnachtsschmuck und dem sonstigen Plunder, dem Jesuskind und der ganzen himmlischen
Bagage. Mit den Lichtgestellen nimmt man es allerdings
nicht so genau, denn sie bleiben der Einfachheit halber
das Jahr über am Ort des Geschehens hängen und werden nur in der Saison zu der Lichter Glanz gebracht. Der
Umzug war also längst eingetroffen und an geeignetem
Orte wieder auf-, ein- und angerichtet worden. Trotz einiger Macken und fehlender Bits & Pieces konnten wir
nicht unzufrieden sein, da alles Wesentliche die Reise unbeschadet überstanden hatte, und die Versicherung vor-
sichtshalber nicht nur den "Allgemeinen Spediteurbedin-
gungen" anvertraut, sondern gesondert abgeschlossen wor-

den war. Allerdings traf eines Freundes Warnung ein, das Frachtgut würde im Kapstädter Hafen vom Container auf einen regulären Möbelwagen umgeladen und von diesem weiter transportiert. Dahinter konnte doch nur eine ABM-Massnahme stecken! Düsseldorfer Freunde konnten sich als Erste ein Bild davon machen, wie uns die Gestaltung von Haus und Garten gelungen war. Was sie nicht sahen (und wir ihnen auch nicht zeigen wollten), war die himmelschreiende Schlampigkeit der hiesigen Handwerker, denen ein Sinn für Ordentlichkeit und Qualität völlig abging. Meine Zurückhaltung gegenüber den hiesigen craftsmen und deren Performance möchte ich mit einer schrägen Kostprobe belegen: Osborne, Greytons chief electrician, rückte zwar jeweils mit einer "Hundertschaft" an, doch machte er sich - zum Sklavenhalter fehlte ihm nur die Peitsche - nach Abladung seiner "Jungs" schnellstens wieder aus dem Staub und überliess sie sich selbst - ohne Anleitung, zu der er eh nicht fähig gewesen wäre, da er gar nicht zu wissen schien, dass es in der Schwachstrom-Technik "Plus" und "Minus" gibt, geschweige denn, wie die auch hier blauen, braunen und gelbgrünen Kabel richtig anzuschließen sind. Obwohl eben diese "Jungs" schon Tage bis Wochen herumwerkelten, knallten die Sicherungen immer wieder durch, nur die der Abzugshaube nicht, konnte sie auch nicht, weil deren Stromzufuhr von den boys der Einfachheit halber gekappt worden war, statt einen womöglich überzähligen Schalter abzuklemmen. Wir trugen es mit Fassung, obwohl wir - inzwischen war es Winter mit Temperaturen zum Teil unter 10° - auf funktionierende Elektrik angewiesen waren, denn Zentralheizung ist hier unbekannt. Dieser stromarme Zustand - Osborne wurde inzwischen geschasst - nahm vorübergehend skurrile Auswüchse an. Während wir nämlich tagsüber ohnehin des öfteren an den Sicherungskasten genötigt wurden, "trippten" die Sicherungen nächtens zwar auch, ließen aber die Airconditioning - wie von Geisterhand geführt - weiter laufen. Das ist doch praktizierte Nächstenliebe oder etwa nicht? Um handwerkliche Speed ein Mal wie erlebt zu verdeutlichen, stelle ich den folgenden Vergleich an: Auf welche Weise immer kommen mir in unangenehmer Regelmässigkeit Werkzeuge und andere handwerkliche Hilfsmittel zumeist durch eigene Schussligkeit abhanden, und ich muss fast die zeitliche Hälfte meiner entsprechenden Tätigkeit darauf verwenden, diese verdammten Dinger wiederzufinden bzw. für angemessenen Ersatz zu sorgen. Von den verbleibenden 50% meines Zeiteinsatzes geht eine weitere Hälfte, also 25 v. H., à conto meines handwerklichen Ungeschicks drauf und ein Zehner muss wegen meines schlechten Sehens abgeschrieben werden. Verbleiben 15 v. H., mit denen ich jedoch immer noch schneller bin als jeder einzelne der für uns tätigen Handwerker aus Greyton. Ein Wort auch zu Toleranzen und zum handwerklichen Umgang mit diesen in den Breitengraden hier unten. Die Wasserwaage ist immerhin nicht unbekannt, nur der Umgang mit ihr ähnelt verdächtig Gretas einstiger Expertise, als sie mit der Luftblase nach unten einen Zierstreifen waagerecht, im Ergebnis daher alles andere als dies, an die Wand zu bringen versuchte. Die schon erwähnten John und Blane brachten also die vorgefertigten Massivholz-Leisten an, in die später die Bauteile von Regalen und Sideboards einzuhängen waren. Niemals zuvor aber hatte ich so grosse Schwierigkeiten beim Einhängen dieser Möbelteile, die immerhin den 5. Umzug ziemlich unbeschadet nach Greyton überstanden hatten. Die "π x Schnauze"-Mentalität der beiden schien Trumpf zu sein - von wegen Wasserwaage! Wenn ich in diesem Sinn die Ritzen - fast Spalten - an Fenstern und Türen inspiziere, wird Dichtigkeit zu einem Begriff, den ich aus meinem Sprachschatz entfernen sollte. Allerdings hat das auch seine Vorteile, denn das Lüften erledigt sich, ohne Fenster bzw. Türen öffnen zu müssen. Der Staubentwicklung aber wird der Weg bereitet, zumal durch die staubigen Pisten rundum. Wenn ein ordentlicher Südwester ging, und der ging häufig, bildeten sich in Türnähe kleine Sandhaufen - innen wohlgemerkt! Und bei winterlich tiefen Temperaturen war das ganze Haus dem Zug ausgesetzt. Dann hiess es schlicht "Zieht euch warm an!" Jedoch gibt es durchaus auch Positives zu berichten. Die in der Schweiz erworbenen USM-Haller

Regale, eine ganz schwierige Geschichte, diese zu montieren. John hat sie tatsächlich aufgebaut, als ob diese anspruchsvolle Technik sein täglich' Brot sei. Die Wandhaken im Badezimmer hat Blane tatsächlich so fest eingemauert wie Schiller seine Glocke, ohne allerdings erkannt zu haben, dass sie - mit Maschinengewinde und Gegenmutter - nur für Schranktüren gedacht waren. John hat schliesslich sein Meisterstück abgeliefert, indem er einen antiquarisch erworbenen Beistelltisch derart originalgetreu nachgebaut hat, dass wir die beiden Tischchen nicht mehr voneinander unterscheiden können. Nur als er meine einbrennlackierte Schreibtischplatte mit dem Fuchsschwanz kürzen wollte, konnten wir Arges gerade noch verhindern. Und dann dieser Steinmetz, für den "Kanten" und "Verkanten" keinen Unterschied machen. Beim Anblick der Arbeitsplatten in der Küche, die wir aus Granit haben einbauen lassen, fällt einem nur noch der Spruch des einstmaligen Spenglers ungarischer Abstammung ein: "Auge gewähnt sich" - unsere Augen taten es, es blieb uns auch nichts anderes übrig. Inzwischen "pensionieren" wir genüsslich in der "greyt escape" - kein Heimweh nach Europa, nix dergleichen! Stattdessen eine Blumenpracht in unserem Garten, die das Auge täglich erfreut. Da oben in Europa kennen wir zahlreiche Gewächse ja nur als kümmerliche Zimmerpflanzen, früher häufig zur Konfirmation bzw. Kommunion verschenkt. Hier gedeiht das Zeug unter freiem Himmel, 12

Monate im Jahr. In unserem Nutzgarten, der jenseits eines kleinen Baches im hinteren Teil des Grundstücks angelegt wurde, quillen Gemüse, Salate und Früchte hervor, kaum dass die Pflanzen gesetzt sind: Hier kann man tatsächlich dem Wachsen zuschauen und ein "Besprechen" - wie einst im Ossiland bei Schwerin versucht - ist völlig unnötig! Dabei ist der Boden - wie wir inzwischen wissen - gar nicht so fruchtbar, weil relativ sandig infolge eines ehemals grösseren Flussbettes des namenspendenden Sonderend River. In Greyton, wegen der vielen schwulen Künstler bisweilen auch als "Gayton" verschlissen, gefällt es uns unverändert gut, Das Rose-Festival gegen Ende Oktober reiht sich in die blühenden Events der Region ein und beeindruckt insbesondere mit wunderschönen Gebinden, die man in Europa in dieser Geschmacklichkeit nur selten antrifft. Gewiss: Rosen sind Alien, wurden also - gleich den Eichen - aus Europa hierher verbracht, führen sich aber, ungleich den vielen anderen Fremdpflanzen, die hier ein schädliches Unwesen treiben, ordentlich auf. Im Zuge der politischen Strukturreform wurde Greyton Ende 2000 in den neu formierten "Theewaterskloof"-Kreis eingemeindet und verlor die munizipale Selbständigkeit. Für uns Pensionäre, die von der Gemeinde eigentlich nur erwarten, dass Strom und Frischwasser zu-, Abwasser und Unrat abgeführt werden, änderte sich dadurch eigentlich nichts; der Name aber - er geht mit dem nahe gelegenen Stausee zusammen - hat uns insofern irritiert, als wir zunächst nicht erkannt haben, ob "Teewasser" oder gleich "Tee" gemeint sind, denn das Leitungswasser hier gleicht farblich eher einem Aufgesetzten. Keine Bange: Unser Wasser ist gleichwohl eines der saubersten im Western Cape, da es direkt aus den Bergen in die Leitungen gelangt und es ist so weich, dass jeder Braumeister einiges dafür gäbe, mit solchem Wasser Bier herzustellen. Nachdem wir mit der Innendekoration unseres Hauses und den vielen kleinen handwerklichen Requirements mehr oder weniger abgeschlossen hatten, konnten wir uns dem Garten zuwenden. Der Gemüsegarten hinter dem Bach wurde um zwei, drei Rabatten vergrössert; vor einer weiteren Expansion müsste allerdings der *Leiwaterdam* (kleiner Teich für die Bewässerung), um den herum man vorübergehend nasse Füße bekam, mit einer Plane abgedichtet werden. Dann wurde eine Reihe von - vornehmlich Tulpen treibenden - Zwiebeln vergraben. Sollten sie nicht dem ungezügelten Appetit der Wühlmäuse erliegen, durften wir im kommenden Jahr dem Keukenhof Konkurrenz machen. Schliesslich begannen unter Gretas umsichtiger Hand in dem mit Stein und Sand vermischten Vorgarten verschiedene Sukkulenten sich anzusiedeln - ein Augenschmaus besonderer Art. Um den *Conservancy Tank* nunmehr in erheblich längeren Abständen durch den "honey sucker" leeren zu lassen, entschlossen wir uns, das normale Brauchwasser zum Wohle des Gartens in nämlichen statt in den Abwassertank umleiten zu lassen. Im häuslichen Bereich wurden in einem aberwitzigen Timing von "nur" 11 Monaten Verzug doch noch die Weinregale im Coolroom eingebaut und die Weine endlich ausgepackt. Auch der in Polen gebürtige Kazik hielt seine Zusage beinahe ein, indem er sich nur um drei Monate verspätete, die Schmiedegitter für je zwei Fenster und Türen zu liefern und zu montieren. Wir waren ja so dankbar, dass das alles so schnell ging! Und Osbornes Versagen wurde zwischenzeitlich von seiner Konkurrenz höchst kostenpflichtig korrigiert, sodass wir seitdem permanent unter Strom standen, das heisst so permanent auch wieder nicht, weil - geplant oder eher nicht - die Stromversorgung im ganzen Ort häufig unterbrochen wurde (und noch wird). Es gibt Schlimmeres, zumal dann, wenn es so lange so schön warm draussen ist. Eine kuriose Hinterlassenschaft von Osborne trat allerdings zutage, als sich beim Anschluss elektrischer Paneel-Heizungen an das Netz herausstellte, dass die Dinger funktionierten, obwohl ihnen nur ein Pol zur Verfügung stand - Reminiszenz an die *single phase* Mentalität Osbornes? Der andere Pol wurde nach langem Suchen - man glaubt es kaum - auf dem Dachboden entdeckt und für die Heizungen reaktiviert. Irgendwie und irgendwann fiel uns ein, dass die Genehmigung zum Daueraufenthalt noch ausstand. Sie war schliesslich im Frühjahr 1998 schon beantragt worden, und damals stellten wir uns im

Berner Konsulat den Fragen eines Diplomaten (*"Are you
aware of the high level of crime in South Africa?" - "Sir,
may we answer by asking whether you have ever been ne-
ar to the Hamburg Central Station after 9 p m?"*). Schon
am 11. April 2000, so stellte sich heraus, wurde uns bereits die Daueraufenthaltsgenehmigung (das wären in anderen Sprachen immerhin drei Worte!) erteilt, nur wussten wir nichts davon. Der Brief nämlich mit der erlösenden
Nachricht hat uns niemals erreicht, da er falsch adressiert
war. Auch die Zweigstelle des Departments of Home Affairs in Caledon wusste von nichts - nur das wunderte uns
nicht. Aber die Botschaft in Bern wusste und brachte - fast
beiläufig - den Stein ins Rollen, indem sie uns anrief - wir
waren gerade in Deutschland unterwegs. Man wolle gern
den Vorgang schliessen und sich lediglich erkundigen, ob
alles im Lot sei. Es war eben nicht! Daher faxte man uns
den *permit-letter* zu, und gleich nach unserer Rückkehr erhielten wir den ersehnten Stempel in unseren Pass, der uns
zudem in den Besitz eines südafrikanischen Personalausweises brachte. Und bei der Passkontrolle an SA Airports
dürfen wir uns nunmehr als "SA Nationals" betrachten,
was einem erheblichen Zeitgewinn gleichkommt. Hnsicht-
lich der Verfügbarkeit solcher Dinge, die zur Wahrung unseres Lebensstandards geeignet sind, hatten wir nur vage
Vorstellungen und insofern schon frühzeitig eine Negativ-
liste entwickelt, der zufolge unser Umzugskladderadatsch -

sicherheitshalber, wenn man so will - tüchtig angereichert wurde. Mehr noch, wir rüsteten derart mit Hilfsmitteln und sonstigen Dingen auf, um nur ja unabhängig von einer als unzureichend angenommenen Versorgungslage zu sein. Diese trat aber zu keiner Zeit ein, denn verfügbar war und ist beinahe alles.

Kapitel 3

Vom Primaten zum Menschen

Als mein Freund Piero einst von einer Reise nach China zurückkehrte und mit Abscheu berichtete, dass er an einem Abendessen hätte teilnehmen müssen, zu dem ein am Stück gebratener Affe serviert wurde und dass er nicht einen Bissen hätte herunterkriegen können ob der mit einem menschlichen Kleinkind so vergleichbaren Masse dieses "Bratens", da spätestens war ich von Darwin und dessen Abstammungslehre überzeugt. Dabei hätte es gar nicht eines so drastischen Nachweises bedurft, denn die religiöse Duselei namentlich der katholischen Kirche über die Entstehung des Menschen hatte mich schon immer befremdet, Unfehlbarkeit hin, Fehlbarkeit her.

Wie wir alle wissen, stammen sowohl der "Homo Erectus" als auch der "Homo Sapiens" aus Afrika. Niemand ausser dem Papst vielleicht und seiner Entourage bezweifelt noch, dass der afrikanische Kontinent quasi die Geburtsstätte der Menschheit war. Bei aller Kunstschätzung der von Michelangelo in die sixtinische Kapelle gemalten Schöpfungsgeschichte - sie war und ist ein Märchen, ein gutes allerdings. Es gibt eine Reihe höchst praktischer Gründe, welche die Evolution des Menschen im Sinne Darwins belegen:

- Auf keinem anderen als dem afrikanischen Kontinent werden derartig viele Spezies an Affen gezählt, und die englische Sprache - sonst eher verlegen um klare Spezifikationen - unterscheidet bezeichnenderweise zwischen "Monkey" und "Ape" - letzterer einem Menschenaffen, Primaten also, vergleichbar.

- Das Wetter in Afrika bietet nicht erst in der geschichtlichen Neuzeit Annehmlichkeiten, die dem Mensch werdenden Primaten behagten. Das Nahrungsangebot in Afrika war (und ist im Grunde immer noch) ebenso vielfältig wie reichhaltig. Sicherlich: die grössten Viecher rannten zu jener Frühzeit im Norden umher - man denke nur an den Mammut -, doch

die "kleinen" Elefanten und die vielen anderen Lieferanten von Proteinen waren einfacher zu erlegen,
allein schon ihrer großen Anzahl wegen. Hinzu kam
(und kommt) eine Flora, die die Proteine vegetarisch
ergänzte.

Der "Homo Erectus", der Menschheit erster Versuch,
wenn man so will, hatte insofern Pech, als seine Ausbrei-
tung nach Europa und Asien von Eiszeiten gestoppt wurde: Auf der Münchner Wiesn gab es eben nur Eis, und
zwar nicht am Stiel. Sein Kollege Sapiens hingegen zog
es vor, sein Knochengerüst noch eine Weile in Afrika zu
stärken und sein Gehirn gleichsam zu vergrößern, bevor er
dann - biologisch reifer - in einem beispiellosen Feldzug den
Rest der Welt eroberte. Angetrieben zunächst von schierer Fressgier machte er sich von Ost- und Südafrika in den
Norden auf und war in der Lage, sich mit den widrigen
Umständen dort auseinanderzusetzen.

Heute wissen wir, dass der "Homo Sapiens" den "Erectus" ausgestochen hat. Nicht jedoch wissen wir, warum der
"Sapiens" sich jenseits von Afrika so viel schneller entwickeln konnte als diesseits. Anzunehmen ist, dass die sich
über Jahrtausende entwickelte Rückständigkeit der afrikanischen Rassen gegenüber Asiaten, Europäern und deren
Epigonen in Amerika und Australien einfach auf den Über-
fluss zurückgeht, dessen sich die Primaten und deren Nach-

kommen in der afrikanischen Natur bedienen konnten. Sie brauchten also zu keiner Zeit um ihren Lebensunterhalt zu bangen und erlitten keine Not, die schliesslich erst erfinderisch macht. Die Bewohner der anderen Kontinente wurden viel stärker gefordert, ihr Hirn zu entwickeln; und hier genau liegt eine gewisse Überlegenheit begründet, mit der wir uns zu identifizieren haben, ob wir wollen oder nicht. Begleitet von einem Schuss Phantasie könnte doch gewesen sein, dass es "Sapiens" nicht nur um die Aufmischung des Nahrungsangebotes ging, als er nach Norden und Osten vordrang, sondern womöglich auch um die schnellere Fortentwicklung seines Intellekts, die in Afrika ja bis heute eine träge Komponente besitzt und bisweilen den Eindruck vermittelt, als ob hier der Status des Frühmenschen noch zu erkennen sei. Vielleicht dämmerte dem Sapiens nach den ersten Gehversuchen sogar, dass es sich bei dem Gebilde, das wir heute Eurasien nennen, um ein erheblich größeres Raumangebot handelte, als dies Afrika zu bieten in der Lage war. Heute - wie gestern und morgen - ist, war und wird Fakt sein, dass in Europa die Musik nicht nur komponiert, sondern auch gespielt wird, nach der das Leben funktioniert. Asien, namentlich China, lasse ich in dieser Betrachtung einmal aussen vor, obwohl es eine ganze Reihe von Kompositionen - um in dem Bild zu bleiben - beigesteuert hat.

Nordamerika verdient nicht, in diesem Zusammenhang

erwähnt zu werden, weil man dort die relativ kurze Geschichte damit besetzt hat, die eingeborenen Indianer abzuschlachten, wie auch die Aussies es mit ihren Aborigines getrieben haben. Um diese Betrachtung auf Südafrika zu überführen, wurden hier zwar einige Fehden ausgetragen, von Vernichtung aber nach dem Muster der Neuen Welten konnte keine Rede sein. Um jedem Missverständnis deutlich entgegenzutreten, verurteile ich uneingeschränkt und nachdrücklich die erbärmliche Apartheid samt ihrer vergewaltigenden Behandlung der guten Menschen Südafrikas namentlich durch holländisch- und britischstämmige Immigranten. Es sollte in diesem Zusammenhang aber ein Mal erwähnt werden, dass die Kirchen in den USA beispielsweise bis in die heutige Zeit getrennt sind durch eine Apartheid, die tiefer geht als sie kaum je in Südafrika gegangen ist. Auch rede ich jeder Kritik an den Untaten das Wort, die Belgier, abermals Briten, Deutsche, Franzosen, Portugiesen und Spanier begingen, um Herr über die enormen Ressourcen des afrikanischen Kontinents zu werden und sich aus rein materialistischen Erwägungen die einheimische Bevölkerung untertan zu machen. Der Herrschaftsanspruch, den Cecil Rhodes für sein britisches Mutterland stellte, muss in diesem desolaten Zusammenhang unwürdig erwähnt werden.

Nun hat die Kolonisation Afrikas allerdings zu einer - wenn man so will - gegenläufigen Entwicklung in Südafrika geführt. Greift man mit einem Stechzirkel den Abstand von - sagen wir einmal - Kapstadt zum Äquator auf einer Weltkarte ab und legt diesen Abstand dann auf die nördliche Halbkugel um, ist Sizilien der Kontrapunkt. Dort aber gibt es keine Schwarzen, und es ist nur logisch, dass die Ureinwohner des geographischen Südafrika auch nicht schwarz waren, die Khoi nicht, die San, die Strandloiper, die Buschmänner und die Hottentotten nicht. Sie sind allenfalls farbig, wie auch Ägypter, Libyer oder Tunesier Farbige sind. Dass die Bevölkerungsmehrheit im heutigen Südafrika gleichwohl schwarz ist, liegt - eine politisch gewagte These - an der Migration tatsächlich schwarzer Rassen aus solchen zentralafrikanischen Staaten, die von Europäern tyrannisiert wurden - ich will gar nicht erst von Kolonisierung sprechen. Aus Furcht vor Züchtigung und Freiheitsberaubung hat sich die negride Bevölkerung vor den europäischen Tyrannen davongemacht - nach Südafrika nicht zuletzt, das über Jahrhunderte als relativ befriedet galt und bis in die heutige Zeit ein reiches Arbeitsangebot bereithält.

Gewiss, die im heutigen Südafrika als Farbige bezeichnet werden, sind inzwischen nur noch in Ausnahmefällen Nachkommen der Urbevölkerung. Die Ur-Farbigen vermischten sich mit Schwarzen wie mit Weissen, auch durch die Zuführung von Asiaten, die als Sklaven einst aus Malaysien und Indonesien ins Land kamen, entstanden mannigfache

Kreuzungen. Inder hingegen fanden eigenständig hierher und blieben es auch, wenn ich das richtig sehe. Sie hatten es von den im Osten Afrikas vorgelagerten Inseln ohnehin nicht allzu weit. Nur die Chinesen, von denen im Zusammenhang mit dem Bau des hiesigen Eisenbahnnetzes einige Tausende "importiert" wurden, schickte man schon bald wieder nach Hause: die Jungs entwickelten zu rührigen Fleiss.

Kapitel 4

Geschichtlicher Überblick

Die Menschwerdung des Primaten - es handelte sich nach heutigem Kenntnisstand um den Schimpansen - ging also nicht zuletzt vom Territorium des heutigen Südafrika aus. Bis die Geschichte aber greifbare Formen hier annahm, verging eine sehr lange und nur spärlich bekannte Zeit. "Verheissene Erde" ist der deutsche Titel eines gründlich recherchierten und brillant geschriebenen Buches von James A. Michener, dessen Lektüre einen nachhaltigen Einblick in die Geschichte Südafrikas bis in die 1980er-Jahre gewährt. Die zeitgeschichtliche Entwicklung wird zudem in mehreren Biographien über Nelson Mandela geschildert, den meiner Ansicht nach vorbildlichsten Politiker des 20. Jahrhunderts überhaupt und Idol Südafrikas schlechthin.

Das Eintreffen der ersten Europäer am Kap ging mit der Erforschung des Seewegs nach Indien einher. Schon Ende des 15. Jahrhunderts gab Bartolomeu Diaz dem Kap das Attribut der "Guten Hoffnung". Von den Portugiesen wurde dieses Kap gleichwohl nicht sonderlich wahrgenommen, da ihr Interesse Indien galt, das Vasco da Gama nur wenig später denn auch auf dem Seeweg erreichte. Erst etwa 100 Jahre danach machten Holländer und deren Ostindien Kompanie die bis dahin lediglich als Versorgungsstation betriebene Niederlassung am Fusse des Tafelbergs zu einer ständigen Anlage mit wehrhafter Befestigung.

Aber auch die Holländer nahmen zunächst nur geringe Notiz von der Mächtigkeit des südlichen Afrika und seiner Ressourcen. Noch Mitte des 17. Jahrhunderts lebten nur einige Hundert von ihnen am Kap, die Obst, Gemüse und Getreide - später auch schon Wein - anbauten. In der Absicht, sich von den Fesseln der Ostindischen Kompanie zu befreien, treckten einige von ihnen hinaus in das Land und betrieben - Nomaden gleich - Viehzucht. Ihre von der Bibel getragene Lebensweise, fern der geistigen, kulturellen und politischen Entwicklung in Europa, sollte sie nachhaltig prägen - nicht allein positiv, jedoch andauernd bis in die heutige Zeit.

Gegen Ende des 18. Jahrhunderts wurden die Briten auf den Plan gerufen, oder besser sie riefen sich selbst und führten am Kap ihren im Mutterland gelebten Feudalismus ein, der in seiner nach Hautfarbe unterschiedenen Behandlung der Bevölkerung den Grundstein für die spätere Politik der Apartheid legte. Holländische Siedler liessen sie zunächst gewähren und gestanden ihnen eine staatliche - die sogenannte batavische - Verwaltung zu, doch schon 1814 glaubten sie, den von Napoleon anderswo auf sie ausgeübten Druck an die Holländer weiterreichen und mit der Annexion der Kapregion das Gebiet des heutigen Südafrika nach und nach in ihr britisches Empire einfügen zu müssen. Um 1820 etwa liessen sich einige Tausend nicht gerade aus der Oberschicht stammende Untertanen ihrer Majestät in der Kapkolonie nieder, insbesondere an deren Ostgrenze. Zur gleichen Zeit setzten die Buren zum grossen Treck an. Ganze Sippschaften flüchteten vor britischer Dominanz in das Landesinnere, wo sie sich nicht zuletzt dem 1833 von Grossbritannien erwirkten Gesetz gegen Sklaverei zu entledigen hofften: Gleichbehandlung der Rassen war auch ihr Ding nicht - und stand so auch nicht im Alten Testament geschrieben. Überflüssig zu erwähnen, dass von dieser Widerborstigkeit ein weiterer Impuls hinsichtlich des späteren Apartheid-Credos der weissen Bevölkerung ausging.

Die 1869 einsetzenden Diamantenfunde, deren wirtschaftliche Bedeutung von den holländischen "Treckburen" nicht erkannt wurde, beförderten einen mit der Industrialisierung Europas vergleichbaren Frühkapitalismus, in dessen Sog eine Flut europäischer Einwanderer ebenso geriet wie - wen wundert's? - das britische Militär, das sich zunächst die Gebiete rund um Kimberley aneignete und mit diesem Schritt den Anfang vom Ende der Burenrepubliken einläutete. Als dann auch noch 1886 riesige Goldvorkommen im transvaalschen Witwatersrand entdeckt wurden, geriet die Gier der Tommies ins Unermessliche, und ihr praktizierter Goldrausch lieferte letztendlich den Grundstock zur Bildung des internationalen Finanz-Kapitalismus, der bis heute - vielleicht nicht mehr bis morgen - von Angelsachsen und ihren US-Mitläufern beherrscht wird. Unnötig zu erwähnen, dass die einheimische Bevölkerung von den Segnungen der gefundenen Bodenschätze ausgespart wurde; im Gegenteil, sie - und mit ihr Ströme schwarzer Einwanderer aus nahen und fernen Staaten - wurden wie Sklaven unter das Joch der Gruben- und Minengesellschaften gezwungen.

Die Geschichte Südafrikas, wie bis hierher geschildert, verlief natürlich nicht ohne kriegerische Auseinandersetzungen, wobei "jeder gegen jeden" am besten beschreibt, in welchen Formationen sich die Parteien feindlich begegneten. Buren gegen die Khoisan, Xhosa gegen die Briten, Zulu untereinander, Buren und Briten gegen die Zulu, Basuto gegen Buren und schliesslich diese gegen die Briten.

Von allen feindseligen Kollisionen mögen drei Ereignisse hervorgehoben werden: Die Vergeltungsschlacht am Blood River und die beiden Burenkriege.

Nachdem sich die Buren auf ihrem Treck gen Norden schlecht und recht durchgerauft hatten, entschloss sich eine Gruppierung unter der Führung von Piet Retief, ostwärts über die Drakensberge in das heutige Natal weiterzuziehen. Dort gerieten Hunderte von ihnen - nicht ganz schuldlos - in einen Hinterhalt und wurden von den Zulus gnadenlos niedergemetzelt. Sogleich aber suchten sie Vergeltung und machten schliesslich 1838 unter Andries Pretorius Tausende Zulus am Bloodriver nieder und beendeten so die Schreckensherrschaft des Zulu-Königs Dingane, der seinerseits bereits den berühmt-berüchtigten Tschaka Zulu ermordet hatte.

Die beiden Burenkriege wurden hingegen von Landesfremden allein geführt, unter Beteiligung allerdings einheimischer Stämme. Der Diamanten-Tycoon Cecil Rhodes hatte in den 1870er-Jahren mit den Gebieten der heutigen Botswana, Sambia und Zimbabwe das burische Transvaal einer Enklave gleich umzingelt, sodass es ihm leichtfiel, britischen Einfluss auch dort auszuspielen. Der letztendlich unausweichliche Krieg sah aber die Buren 1881 als Sieger, und die erste südafrikanische Republik wurde in der wieder erlangten Unabhängigkeit gegründet. Während es Cecil Rhodes noch vordergründig um die territoriale Ausdehnung des britischen Imperiums ging, wurden die Engländer 1899 allein von der Macht des Goldes zum Anglo-Boer War verleitet, den sie letztendlich im Frühjahr 1902 gewannen, obwohl es lange nach einem Sieg der Buren ausgesehen hatte. Transvaal, mittlerweile zur süafrikanischen Republik mutiert, und der Oranje Freistaat wurden der britischen Krone unterstellt.

Bei allen, ausnahmslos allen Auseinandersetzungen mit Einheimischen muss aber noch einmal festgehalten werden, dass die insgesamt zweifellos überlegenen Europäer Vernichtung nicht im Schilde führten und daher von Amerikanern ebenso zu distanzieren sind wie von Australiern und Neuseeländern. Die Hinterlassenschaft dieses eher doch positiven Eindrucks wird dadurch allerdings getrübt, dass sich weder Buren noch vor allem Briten gegenüber den auf ihren Seiten kämpfenden Einheimischen jemals erkenntlich gezeigt haben. Im Gegenteil!

Im Jahre 1910 entstand die Südafrikanische Union, mit ihrer Legislative in Kapstadt, Exekutive in Pretoria und Judikative in Bloemfontein; sie wurde gebildet aus vier ehemaligen Dominien, den voneinander unabhängig verwalteten Cape Province (heute Eastern, Northern und Western Cape), Transvaal, (heute Gauteng, Mpumalanga, Northwest Province und Limpopo), Oranje Freestate und Natal. Die Rassentrennung gewann an Kontur und es wurden Gesetze wie in Serie gegen die nichtweisse Mehrheit im Lande erlassen, die mit Repression nur unzureichend beschrieben sind und den Aufbruch in die Apartheid statuierten. Andererseits führten sie unmittelbar zur Bildung politischer Gruppierungen, aus denen der African National Congress (ANC) als landesweit dominante Organisation hervorging

Am 1. Weltkrieg musste sich die junge Südafrikanische Union beteiligen und kämpfte als Mitglied des britischen Empire im nachbarlichen Deutsch-Südwestafrika, das nach dem Krieg der Völkerbund - gerade erst gegründet - ihrer Treuhandverwaltung unterstellte. Welch bittere Ironie: Hatte denn der Völkerbund die Politik der Rassentrennung nicht zur Kenntnis genommen - oder nehmen wollen? Trug doch Jan Smuts, der 2. Unionspräsident Südafrikas, massgeblich zum Aufbau des Völkerbundes und seines Mandatssystems bei - wie auch nach dem 2. Weltkrieg der UNO.

Exkurs: Obwohl die UNO im Jahre 1966 Südafrika das Mandat über das heutige Namibia entzog, und der Internationale Gerichtshof 1971 diesen Entzug bestätigte, nahm Southwest von 1966 - 1977 alle Merkmale einer tatsächlichen Provinz Südafrikas mit parlamentarischer Repräsentanz in Kapstadt an, wobei sich die rassistischen Gesetze voll auswirkten. Mitte 1977 erst wurde Namibia ein Sonderstatus zuerkannt, und ein von Südafrika ernannter (!) Generaladministrator verwaltete fortan das Land bis zur Unabhängigkeit im März 1990. A propos Unabhängigkeit: Wer da etwa glaubt, diese sei mit Hilfe der UNO zustande gekommen, ist weit gefehlt. Immerhin aber anerkannte sie als legitimen Repräsentanten des Volkes die SWAPO (South West African People's Organization), die den Kampf gegen die weisse Vorherrschaft in den späten 1980er-Jahren erfolgreich beenden konnte.

Auf welcher Seite die Südafrikanische Union in den 2. Weltkrieg eintreten würde, sollte sich erst mit dem Auseinanderbrechen der sog. Fusionsregierung zugunsten der Alliierten entscheiden. Der auf Belange der Buren äusserst bedachte Premier Hertzog konnte sich mit seinem Plädoyer für Neutralität nicht gegen seinen Stellvertreter Smuts durchsetzen, der dem Gebot des britischen Generalgouverneurs hörig war - und Hertzog im Amt des Premierministers ablöste. Es soll in diesem Zusammenhang allerdings nicht verschwiegen werden, dass gerade die Buren Nazideutschland und seiner Doktrin der Herrenrasse unverhohlene Sympathie entgegenbrachten; die von ihnen propagierte Rassendiskriminierung war schliesslich von demselben Gift verseucht wie der Arier-Wahn im Dritten Reich. Die extrem rechte Positionierung war zuvorderst das

Ergebnis einer Geheimbündelei, die nachhaltig vor allem in dem "Broederbund" ihren Ausdruck fand, einer landesweit aktiven, einer staatlichen Geheimpolizei vergleichbaren Zusammenrottung von Buren. Die Organisation wirkte nicht nur massgeblich an der Entwicklung zur Apartheid mit, sondern diskreditierte die Engländer und ihre Nachkommen wo und wann immer sie konnte. Der Bruderbund erklomm fast alle wichtigen Positionen in Politik, Wirtschaft und Bildung, und die von seinen Mitgliedern durchsetzte National Party hielt sich tatsächlich bis zu den ersten freien Wahlen 1994 an der Macht. Zustatten kam dieser Entwicklung ein sprachliches Unikum, das Afrikaans, das 1925 neben dem Englischen zur 2. Amtssprache erhoben wurde. Die Bund-Brüder sprachen und schrieben ausschließlich Afrikaans und wer diese Sprache nicht beherrschte - im Visier vor allem die Engländer - war allein schon deswegen von einer Beförderung in leitende Positionen ausgeschlossen.

Während mit dem Ende des 2. Weltkrieges die bis dahin in der weissen Welt sanktionierte Politik der Diskriminierung und Rassentrennung zu degenerieren ansetzte, wurde in Südafrika die Apartheid nachgerade perfektioniert. Die grösste Religionsgemeinschaft im Lande selbst gab dieser perfiden Entwicklung ihren Segen. Auf die ersten Nachkriegswahlen 1948, von denen - ganz im Sinne der Apartheid - das Gros der Nichtweissen ausgenommen war, folgte ein rassistischer Amoklauf ohnegleichen: Mischehen und sexuelle Beziehungen von Personen unterschiedlicher Rasse wurden gesetzlich verboten und ein Jeder musste von Amts wegen einer Rasse zugeordnet werden. Jedem Nichtweissen wurden bestimmte Wohngebiete zugewiesen, die Townships in den Städten und Homelands abseits auf dem Lande. Traditionelle nichtweisse Wohnbezirke in den Städten wurden einfach platt gemacht - zum Beispiel Kapstadts District Six oder Sophiatown in Johannesburg. Schwarzen Kindern und Jugendlichen wurde höhere Schulbildung, schon gar der Besuch einer Universität, verwehrt, wie überhaupt alle Nichtweissen keinen Zugang zu den Institutionen des Landes hatten. "Whites only" war das zynische Gebot dieser Zeit. Und wer da glaubt, die Briten bzw. deren südafrikanische Nachkommen, die sich seinerzeit immerhin für die Abschaffung der Sklaverei stark gemacht hatten, wären der Apartheid entgegengetreten, ist weit gefehlt. Vermaledeite Mitläufer waren sie, die alle rassistischen Gesetze der vornehmlich burischen Regierungen mittrugen. Noch heute führen sich gerade Britischstämmige gegenüber Nichtweissen so auf, als ob die Apartheid noch bestünde.

Schon früh formierte sich schwarzer Widerstand, und die Forderung nach Gleichberechtigung der Rassen in einem demokratischen Staatswesen wurde immer lauter. ANC und PAC (Pan African Congress) riefen zu Protest und

Sabotage auf, besonders, nachdem sie 1960 verboten wurden. Auch international kam es zu Sanktionen und Boykott, namentlich von den Vereinten Nationen, den USA und Niederlanden, halbherzig auch von Grossbritannien. Es wurden Investitionen unterbunden und die Aktienkurse fielen ins Bodenlose, sodass der südafrikanische Finanzmarkt kollabierte. Nach einer Abstimmung einzig unter Weissen trat Südafrika 1961 aus dem Commonwealth aus und wurde Republik, wobei es ein Irrglaube war anzunehmen, fortan würde die so gewandelte Union nach demokratischen Regeln geführt. Im Gegenteil, der rassistische Amoklauf nahm unter Premier Verwoerd erst so richtig Fahrt auf, nachdem seine Vorgänger Malan und Strijdom die Apartheid-Gesetzgebung bereits auf den Weg gebracht hatten. Den Rest besorgte dann John Vorster, in dessen Regierungszeit die Verhaftung und Verurteilung Nelson Mandelas und seines Freundes und Gesinnungsgenossen Walter Sisulu fiel.

Exkurs: Nach dem Austritt aus dem Commonwealth gab sich Südafrika seine eigene Währung, die seitdem einen beispiellosen Wertverfall erfahren hat: Während der Rand bei Erstausgabe Anfang der 1960er kursgleich mit dem Pfund Sterling war, damals also nach dem Zeugnis eines zu jener Zeit nach Südafrika ausgewanderten Freundes DM5.55 (€2.75) kostete, müs-

sen Ende 2008 gut 13 Rand für 1 € berappt werden. Liesse es sich mathematisch ausdrücken, entspricht das einem Wertverfall von mehr als 300 %.
Wir haben den für Touristen natürlich attraktiven
Kurs des Rands auf höchst unterschiedliche Weise
wahrgenommen, indem wir zunächst feststellten, wie
preiswert es hier unten sei, während wir schon auf
unserer ersten Europareise das Thema in "wie teuer
es da oben ist" umgekehrt haben.

Auch aussenpolitisch geriet Südafrika zunehmend ins
Abseits: Die Vereinten Nationen und die Organisation für
Afrikanische Einheit (OAU) erhöhten ihren Druck auf das
Unrechtsregime, doch es kam immer noch zu Mord und
Totschlag in der Worte grausamer Bedeutung. Erst als
Vorster wegen passiver Korruption 1979 von Pieter Willem
Botha als Premierminister abgelöst wurde, setzte langsam,
sehr langsam nur, ein Gesinnungswandel ein. Warum nicht
viel früher und nicht viel deutlicher, habe ich mich schon
damals gefragt und bin zu dem Schluss gekommen, dass
allein wegen seiner Bodenschätze sowohl die USA als auch
die UdSSR - der Kalte Krieg stand damals in Blüte - ein
Auge auf Südafrika warfen. Hätte also einer der beiden damaligen Weltmächte eingegriffen, wäre es zu einer folgen-
schweren Konfrontation gekommen, wobei die Russen die
besseren Karten hätten ausspielen können, mit ihrem be-

reits ausgeübten Einfluss im Lande durch die kommunistische Partei, jenseits der Landesgrenzen durch die kommunistisch unterwanderten, ehemaligen portugiesischen Kolonien Angola und Mosambik.

Die politische Lockerung gewann allerdings eine unvorhergesehene Eigendynamik sowohl auf Seiten der weissen Radikalinskis als auch unter den Schwarzen, die sich und ihrem Sachgut blindwütige Gewalt antaten. Hinzu kamen als dritte Bewegung Farbige und Inder, die sich in so manchen townships blutige Kämpfe lieferten - mit Schwarzen! Die Situation eskalierte derart, dass Mitte der 1980er-Jahre der Ausnahmezustand über das ganze Land verhängt wurde. Obwohl es Botha gut gemeint haben mochte, war er letztendlich mit seinem Reformversuch kläglich gescheitert, erinnerte sich aber immerhin eines Mannes, von dem er annahm, das Land befrieden zu können: Nelson Mandela. Erst Bothas Nachfolger, Frederik Willem de Klerk, setzte Mandela dann bedingungslos frei und tat im Übrigen das, wozu Botha womöglich zu feige gewesen war: Er schaffte alle Apartheid-Gesetze im Juni 1991 ab - mit Billigung übrigens der Weissen, die sich mit gut 2/3 aller Stimmen dafür aussprachen.

Nach den ersten freien Wahlen wurde Nelson Mandela 1994 im Amt des Staatspräsidenten vereidigt. Obwohl mir Sentimentalität fern ist, wenn ich über Politik und ihre Repräsentanten schreibe, ist mir doch daran gelegen, diese meiner Meinung nach einzige politische Lichtgestalt des 20. Jahrhunderts besonders zu würdigen: Ein Mann, der nach 27-jähriger Einkerkerung seinen Wärtern schliesslich die Hand reicht - ich hätte das nicht fertiggebracht und bewundere Mandela um so mehr. Und er war es, der mit dieser Attitüde einen durchaus für möglich gehaltenen Bürgerkrieg verhinderte. Die Wahrheits- und Versöhnungskommission wurde ins Leben gerufen, und 1996 wurde eine neue, dem deutschen Grundgesetz in zahlreichen Formulierungen entlehnte Verfassung verabschiedet.

Der ANC konnte 1994 etwa 63 % aller abgegebenen Stimmen auf sich vereinen und diesen Erfolg sogar bei den Folgewahlen 1999 noch steigern. Wie er mit dieser Machtfülle allerdings umging (und immer noch umgeht), kann nach allen bisherigen Erfahrungen keinesfalls bedenkenlos hingenommen werden. Korruption und Seilschaften haben die Zweifel daran, dass Südafrika seinen ANC habe und das sei der Demokratie genug, in breiten Schichten der Bevölkerung - keineswegs also nur unter Weissen - bestärkt. Seine neue Rassenpolitik ist völlig inakzeptabel, gerade weil die Auswirkungen der Apartheid-Diktatur immer noch wahrgenommen werden. Wenn man die staatlich proklamierte Bevorzugung einzig der Schwarzen hernimmt, wenn man die Folgen des Black Economic Empowerment (BEE) für alle anderen Rassen in dieser Regenbogen-Nation bewertet, wenn plakativ im derzeit letzten Wahlkampf 2006 der ANC expressis verbis der Apartheid bezichtigt wird und wenn man schliesslich dessen Umgang mit der staatlichen Führung betrachtet, sind Zweifel - starke Zweifel - an der Politikfähigkeit des ANC angebracht. Die Lösung dieses Problems wird auf seine Spaltung hinauslaufen; rechtzeitig vor den nächsten Parlamentswahlen wurde im Dezember 2008 COPE (*Congress of The People*) gegründet, die führende politische Köpfe in ihren Reihen hat, von denen die meisten ehemalige ANC-Mitglieder sind, einige aber auch zu der von Weissen dominierten DP (*Democratic Party*) gehören. So oder so: die noch bei den Parlamentswahlen 2004 vom ANC erzielten 70 % der Stimmen dürften ein- für allemal passé sein.

Kapitel 5

Afrikaaner ./. Afrikaner

Es irritiert schon, dass sich hinter dem Begriff des Afrikaaners alle Europäer - vornehmlich holländischer und britischer Herkunft - sammeln, während Afrikaner genau das sind, was ihre Bezeichnung aussagt, Einheimische nämlich. Die Bezeichnung "Neger" ist - wiewohl ethnisch richtig - inzwischen negativ besetzt, wahrscheinlich in Herleitung des amerikanischen "Nigger", einer seit eh und je abwertenden Bezeichnung. Bei Afrikanern handelt es sich also um die negride Bevölkerung, die in Zentral-Afrika - südlich der Sahara - zuhause ist, und um deren "Mischungen", die man

andernorts als Mulatten bezeichnen würde. Die coloureds
einheimischen Ursprungs gehören selbstverständlich in diesem Zusammenhang erwähnt, doch spielen sie leider nur
mehr eine extreme Minderheitenrolle.

Südafrikanische Staatsbürger weisser Hautfarbe bzw
britischer, holländischer, deutscher oder anderer, zumeist
europäischer Herkunft, stellen etwa 8 von insgesamt 44
Millionen Einwohnern. Alle samt sind sehr freundliche und
sozialfähige Menschen, deren Vorfahren zumeist nach der
Aufklärung erst auswanderten, in der Kant'schen Definition gleichwohl unmündig blieben, wozu das womöglich
nicht ganz freiwillige Verlassen ihrer Heimatländer ebenso
beitrugen wie in neuer Zeit die Einflüsse und Auswirkungen der Apartheid, denen sie sich bis heute nicht so recht
zu entziehen vermögen. Die vielen Eigenheiten, die sich die
Afrikaaner über die Jahre der politischen Isolation angeeignet haben, lassen sie im internationalen Vergleich eher
schlecht dastehen. Mithin bleibt zu hoffen, dass die Zeit für
ihre geistige, kulturelle, künstlerische und - nicht zuletzt -
kulinarische Integration arbeitet.

Bevor ich auszuteilen beginne, möchte ich die Lebens-
philosophie des Afrikaaners anhand einer fingerzeigenden
und recht humorvollen Interpretation der biblischen Erschaffung der Welt offenbaren:

1. Am Anfang schuf Gott Tag und Nacht. Er schuf den

Tag für Rugby, für den Spaziergang am Strand und zum Braaien; er schuf die Nacht für das Vergnügen, zum Braaien und zum Schlafen. Gott sah, dass sein Werk gut ward. Der Abend kam, der nächste Morgen kam, und es brach der zweite Tag an.

2. Am zweiten Tag schuf Gott das Wasser, zum Surfen und Wellenreiten und zum Braaien am Strand. Gott sah, dass sein Werk gut ward. Der Abend kam, der nächste Morgen kam, und es brach der dritte Tag an.

3. Am dritten Tag schuf Gott das Erdreich, damit Pflanzen wachsen können - Hopfen und Malz für das Bier, Tabak zum Rauchen und Holz für den Braai. Gott sah, dass sein Werk gut ward. Der Abend kam, der nächste Morgen kam, und es brach der vierte Tag an.

4. Am vierten Tag schuf Gott Tiere und Krustentiere zum Verzehr sowie Burenwurst, Steaks und Garnelen zum Braaien. Gott sah, dass sein Werk gut ward. Der Abend kam, der nächste Morgen kam, und es brach der fünfte Tag an.

5. Am fünften Tag schuf Gott den Mann - um zum Rugby zu gehen, sich am Strand zu amüsieren, Bier zu trinken und Fleisch mit den Garnelen nach dem Braaien zu essen. Gott sah, dass sein Werk gut ward.

Der Abend kam, der nächste Morgen kam, und es brach der sechste Tag an.

6. Am sechsten Tag sah Gott, dass der von ihm geschaffene Mann einsam war und Kumpel benötigte, um gemeinsam zum Rugby zu gehen, zu surfen, Bier zu trinken, Fleisch und Garnelen zu essen und um das Braai-Feuer herumzustehen. Also schuf Gott Kumpel für den Mann. Er sah, dass sein Werk gut ward. Der Abend kam, der nächste Morgen kam, und es brach der siebte Tag an.

7. Am siebten Tag sah Gott, dass der von ihm geschaffene Mann und dessen Kumpel müde waren und Ruhe benötigten. Also schuf Gott das Weib - zum Putzen im Haus, Kinder zu gebären, zu waschen, kochen und den Braai zu reinigen. Der Abend kam, und es neigte sich der siebte Tag seinem Ende zu. Gott seufzte und überschaute die vielen flammenden Braais, hörte das Zischen vom Öffnen der Bierdosen und das laute Gelächter der Kumpel und Mädchen, roch das Aroma von gegrilltem Fleisch und brutzelnden Garnelen, und Gott erkannte, dass sein Werk nicht nur gut ward, eher schon verdammt gut. Es ward Südafrika!

Ja, dieses sind die Lebensmaximen des Afrikaaners - von Arbeit keine Erwähnung. Und in der Tat: Arbeiten ist nicht sein Ding. Büros und Geschäfte schliessen meist schon vor 17 Uhr und freitags nachmittags ist es wie in Deutschland: nichts geht mehr. Lediglich in der Industrie dürften straffere Regeln gelten, wie man an der hohen Qualität einer Mehrzahl südafrikanischer Erzeugnisse, beispielhaft an den hier hergestellten Automobilen, bestätigt findet.

Auf dem Gebiet des Sports ist jedem, aber auch wirklich jedem Afrikaaner Rugby heilig - noch heiliger fast als dem Europäer der Fussball. Sonnabend nachmittags, dann nämlich, wenn das jeweils wichtigste nationale oder internationale Rugby-Match der Woche im Fernsehen gezeigt wird, sind die Strassen leergefegt und die TV-bestückten Kneipen voll. Es musste in Zeiten der zyklischen Stromabschaltungen gar ein Machtwort des Präsidenten her, auf dass wenigstens am Sonnabend Nachmittag Rugby in der Glotze gesehen werden konnte. Dabei rottet sich das Gros der Rugby-Fans vorzugsweise gar nicht einmal in Kneipen, sondern privat zusammen - und grillt, denn Braaien gehört zum Rugby wie dieses ovale Gebilde, um das es beim Rugby geht.

Apropos Braai: Wie oft habe ich mich in den Fettnapf gesetzt, als ich versuchte, die Qualität eines gegrillten Stücks Fleisch in Frage zu stellen. Ich liess das schnell sein, denn eine nationale Front tat sich mir auf. Ja, Braaien ist das Höchste für den Afrikaaner und die Einsicht, dass

der Grill bestenfalls einer - in der Regel allerdings recht
schmackhaften - Burenwurst bekommt, ist einfach nicht zu
erkennen. Ungeachtet jeden Wetters wird er angeworfen,
wobei allerdings zu konzedieren wäre, dass das Wetter hier
nicht so viele Einschränkungen wie in Deutschland aufer-
legt, ist doch Braaien zumeist eine open air Veranstaltung.

Surfen und Wellenreiten sind die bevorzugten Wasser-
vergnügen des Afrikaaners - Schwimmen hingegen weniger
oder gar nicht. Den Zusatz "*Swimming*" verdient insofern
kaum ein Pool, denn seine meistens recht kompakten Masse sind für Schwimmbewegungen in des Wortes sportlicher
Bedeutung ungeeignet. Es ist zu komisch, Afrikaaner an
einem Pool zu erleben: Man hält die Füsse ins Wasser, Mutige sogar die Waden oder gar Unterschenkel, aber bloss
nicht den ganzen Körper. Alle Menschen (Kinder ausgenommen), die ich darüber hinaus im Meer beobachtet habe, sind bis dato keine Afrikaaner gewesen, am ehesten
ausländische Touristen oder Windsurfer und Wellenreiter.
Am Strand spazieren gehen mögen sie hingegen - ein Erbe
der Strandloiper vielleicht, dieser frühzeitlichen Bewohner
des Landes.

Das Biertrinken schliesslich bedarf keines eingehende-
ren Kommentars, gehört doch Südafrika zu den grossen
Bier-Nationen. Der südafrikanische Brauereiverbund SAB
- ein Quasi-Monopol - zählt zu den weltweit grössten seiner Art. Sicherlich, im Western Cape wachsen und werden

vorzügliche Weine angebaut, sodass das "Primat" des Bier-
es hier nicht zum Tragen kommt. Anderweitig aber wird
die Szene von Bier beherrscht. Das deutsche Reinheitsgebot ist hierzulande in vieler Munde, und zwar wortwört-
lich und nicht etwa als das englische *purity law*. Im Nach-
barland Namibia, dem ehemaligen Deutsch-Südwest also,
wird ein Bier nach eben diesem Reinheitsgebot gebraut
(das auch danach schmeckt), welches in ganz Südafrika
so gerne getrunken wird, dass sich SAB die Herstellung
ebenso gebrauter Biere zueigen gemacht hat. Die typischen
südafrikanischen Biere, von Lizenzprodukten vielleicht abgesehen, sind dagegen zwar süffig, aber zu süss und somit
zu alkoholreich - man braut mit Mais statt mit Gerste.
Bier ebenso wie andere Alkoholika werden in der Regel jedoch nicht so exzessiv konsumiert wie es in Deutschland,
schon gar in England zu beobachten ist. Sich zu besau-
fen ist - zumindest für den Afrikaanern - kein Thema, und
polizeiliche Alkoholkontrollen gibt es daher nicht oder nur
höchst selten, wobei leichte Zweifel angezeigt sind, ob das
so bleiben wird. Des weiteren wird Rauchen im öffentlichen
Südafrika immer schon viel disziplinierter gehandhabt als
- früher? - in Deutschland und anderswo in Europa. In
Restaurants ist das Rauchen überhaupt nicht gestattet,
und Raucher müssen daher ihrer Sucht entweder vor der
Tür nachkommen oder - wenn vorhanden - in gesonderten
Raucher-Lounges.

Genug denn mit meinem Versuch, die Erschaffung der südafrikanischen Welt zu interpretieren. Nun soll die eigene Erfahrung das beisteuern, was diese Erschaffung nicht oder nicht in der gewünschten Bandbreite zuwege bringen kann. Ein jeder möge mir meine Deutlichkeit nachsehen, deren Nährboden in einem Dorf wie Greyton ergiebiger sein mag als etwa in Kapstadt oder einer anderen Grossstadt.

Spätestens hier muss ich aber zu differenzieren beginnen. Da sind zum Beispiel "Neulinge" gleich uns zu outen, die erst nach dem Ende der Apartheid eingewandert sind, Zeitgenossen also, die sich hier vor allem auf das Altenteil verzogen haben. Aber aufgepasst: Diesen Spezies ist es immerhin zu verdanken, dass viele junge Gewohnheiten aus Europa hier eingeführt worden sind. Zum Beispiel denke ich da - woran wohl? - an das Essen. Als wir uns im Frühjahr 2000 dauerhaft im Western Cape niederliessen, hätten wir unser Haus, statt aus Ziegeln mit Käse bauen können, mit Weichkäse wohlgemerkt, der sprichwörtlich steinhart war und bei jeder Temperatur auch so blieb. Und heute? Er läuft einem inzwischen weg, grad so wie es sein soll! Und kann mit dunklem Brot verzehrt werden, nicht mit diesem schwammigen und geschmacklosen Weissbrot. Oder nehmen wir das Angebot an Klamotten. Noch zu Beginn unserer Zeit war der Vergleich mit Ossi-Deutschland zur Wende eine Schmeichelei, doch heute ist

Schickes durchaus zu haben und das zu weniger als einem Drittel des Preises in Europa. Europäische Couturiers aber - es gibt sie immerhin - verkaufen sich hier noch teurer als in unserer alten Heimat.

Gewiss, unter diesen so bezeichneten Neulingen gibt es auch solche, insbesondere aus dem Vereinigten Königreich, die von einem hoch bewerteten Pfund Sterling und einer allein schon deswegen gut dotierten Rente angetrieben werden, in Südafrika einzufallen statt in ihrer britischen Gosse zu verharren. Aus gutem Grund hatte sich während unzähliger Reisen auf die Insel mein Respekt vor Lisbeths Untertanen gehörig aufgebaut; er fiel inzwischen gleich einem Kartenhaus zusammen. Wie gut nur, dass sich so manche Südafrikaner britischer Herkunft von diesen Proleten abheben, die zudem ein Englisch sprechen, das mit Oxford nichts, aber auch gar nichts zu tun hat.

Dann sind jene Afrikaaner zu erwähnen, die im Grunde keine sind. Ich meine Einwanderer in erster Generation, die vor 30, 40 oder gar 50 Jahren zumeist aus beruflichen Gründen nach Südafrika gekommen sind, doch ihre ursprüngliche Staatsbürgerschaft beibehielten. Deren Rente reicht aber nach dem Verfall der südafrikanischen Währung nicht aus, den dritten Lebensabschnitt wieder in ihrer Heimat zu verbringen. So kennen wir einige Deutsche, die sich in Lethargie üben und zum modernen Deutschland keinen Draht haben. Ein Ehepaar aus Wuppertal bedient

sich beispielsweise eines Dialektes, der selbst in Barmen
heute nicht mehr gesprochen wird. Oder Salzkartoffeln -
ich bin schon wieder beim Essen - stellen in ihrer Küche
immer noch die "Sättigungsbeilage", obwohl gerade Kar-
toffeln im heutigen Deutschland so schmackhaft variiert
werden. Und das Fleisch wird zu Ragout oder Gulasch
verarbeitet, wie in der Nachkriegszeit, in der seine min-
dere Qualität nicht erkannt werden sollte. So reizend naiv
diese Verhaltensmuster einerseits sein können, gehen sie einem spätestens dann auf den Keks, wenn Unkenntnis des
modernen Deutschland mit Besserwisserei zu kompensie-
ren versucht wird. Andere Landsleute haben sich hingegen
bestens assimiliert, sprechen Afrikaans und gehen in der
Regel denn auch als Afrikaaner durch. Statt Daumen zu
drehen sind diese in der einen und anderen Marktnische
noch unternehmerisch tätig und bei guter Laune - dem
deutschen Rentner-Naturell muss also nicht nachgeeifert
werden in einem Land, das ohnehin von Wohlfahrt und
Hartz IV nicht heimgesucht wird.

Ebenfalls ausnehmen möchte ich die Afrikaaner portu-
giesischer Abstammung, und zwar einfach deshalb, weil sie
in ihrer temperamentvollen Leichtigkeit keine Möglichkeit
bieten, ihnen "ans Bein zu pinkeln". Ausserdem sind sie
zu gering an Zahl, um unangenehm aufzufallen. Erwähnen
möchte ich auch die Südwestler vor allem deutscher Abstammung, die sich seit der Unabhängigkeit Namibias zu-

hauf im Western Cape niedergelassen haben, da ihnen in ihrer namibischen Heimat nicht mehr das rechte Umfeld geboten wird. Von grossmäuligen Ausnahmen einmal abgesehen, reihen sie sich doch merklos in die Gruppe der Afrikaaner ein und sprechen Afrikaans ebenso fliessend wie Deutsch.

Unerwähnt lassen möchte ich schliesslich diejenigen, die wir Daueraufenthalter als Schwalben bezeichnen: Europäer zumeist, die wie Zugvögel den europäischen Sommer in Europa und den europäischen Winter in Südafrika verbringen. Wer es sich leisten kann - warum nicht. Diese Schwalben sind aber gespaltene Persönlichkeiten, da sie zwischen Europa und Südafrika nomadisieren und sich in einem indifferenten Verhältnis zu beiden Ländern befinden, ganz abgesehen davon, dass es unangenehm monoton werden mag, wenn man 12 Monate im Jahr grüne Natur um sich hat und jahreszeitlich bedingten Klimaveränderungen kaum ausgesetzt ist.

Genug des Einkreisens, der Kern ist freigelegt. Es sind dies aber zwei Kerne, der eine holländischer Abstammung, gemeinhin als Bure gehandelt, der andere britischer Herkunft, der aber im Gegensatz zu den Buren, die allein im Boden der Niederlande wurzeln, von überall dort herkommen, wo in Afrika der Ton von dem einstigen Weltreich angegeben worden ist. Weil - um es mit Churchill zu sagen - das Imperium verloren, eine neue Rolle noch nicht gefunden war. Da die Kolonien zu existieren aufhörten, ergoss sich eine grosse Menge ehemaliger Kolonialisten über Südafrika und führte wie führt immer noch sich dort auf, als ob der koloniale Status ihres jetzigen Gastlandes fortbestünde. Sofern er hingegen direkt aus dem Mutterland stammte, kam der Brite, ich erwähnte das schon, nicht immer nur freiwillig hierher, er "wurde ausgewandert", wenn man so will.

Betrachten wir einmal die Leute britischen Ursprungs näher, welche sich auf die eine oder andere der beschriebenen Weisen in Südafrika angesiedelt haben. Ihre hier angebrachten Duftmarken sollten nicht allein ihrem Naturell zugerechnet werden, sondern auch dem Umstand, dass sie ein Auswuchs des vielleicht noch viktorianischen, alleweil aber verlebten Weltmachtempfindens sind. Arrogant, borniert wie blasiert, eigensinnig und bar jeden Temperaments sind sie, Einzelne neigen gar zu Gehässigkeit und Rachsucht. Ihre Arroganz müsste ich nolens volens gelten lassen, da meine geschätzten Landsleute ebenfalls zur Arroganz neigen und diese Neigung nur zu oft demonstrieren. Der Briten Borniertheit oder Engstirnigkeit geht vordergründig wohl damit zusammen, dass sie einerseits Insulaner mit einem für diese Spezies begrenzten Horizont gewesen sind, andererseits nicht gerade zur gesellschaftlichen Crème gezählt haben, als sie dieser Insel den Rücken zuwandten. Ihre blasierte Hochnäsigkeit - das ist bewusst doppelt gemoppelt - ist sicherlich ein Ergebnis ihres politisch blassen, sprachlich jedoch eher zunehmenden Einflusses weltweit und ihrer wirtschaftlichen Ausbeutung der vielen Ressourcen überall. Und ihr Eigensinn? Wird er mit Sturheit gleichgesetzt, rufen wiederum auch andere Volksgruppen "Hier" - ein Westfale wie ich zum Beispiel. Die vermeintliche, alleweil aber lange schon abgelaufene Berufung zu etwas Besonderem gibt britischem Eigensinn noch heute den Drall, sich von so mancher neuzeitlichen Entwicklung abzukoppeln - oder sie dickköpfig durchzusetzen versuchen. Temperament schliesslich kommt eher von Südländern rüber und drückt sich allein schon dieser Geographie wegen auf den britischen Inseln nicht so deutlich aus. Es scheint, dass Temperament, sofern überhaupt vorhanden, dort schon im Ansatz durch die Erziehung gezügelt wird. Sollte aber diese Zügelung überstanden werden, kann englisches Temperament sogar höchst amüsant sein.

Gehässigkeit und Rachsucht habe ich an Engländern - die Schotten klammere ich bereitwillig aus - erst in Greyton zur Kenntnis nehmen müssen. Wenn den Hiesigen etwas nicht passt, scheuen sie sich nicht, gehässig zu werden, und sollten sie mit ihrer praktizierten Gehässigkeit ein egoistisch gesetztes Ziel nicht erreichen, werden sie gar rachsüchtig. Ich gebe zwei Beispiele: Ein *Developer* hat von der Gemeinde ein Grundstück erworben, dieses wie vereinbart parzelliert und auf diesen Parzellen Wohnhäuser errichten lassen. Sein "Fehler" war, er hat sich nicht mit denen ins Benehmen gesetzt, die irrigerweise meinten, gefragt werden zu müssen. In einer Wurfsendung hat sich dieser Developer im Dezember 2005 unter anderem so an die *"Greyton Lovers"* gewandt:

Ich kam mir wie gesteinigt vor, als mir von Ortsansässigen bedeutet wurde, sie hofften, dass mein Projekt scheitern und ich nicht einen einzigen Cent gewinnen werde; die Verantwortliche eines örtlichen Baugeschäft liess mich zudem wissen, sie würde alles dafür tun, dass mir Erfolg versagt bliebe, und eine weitere Person sagte mir am Telefon, dass mein Projekt nur unter der Bedingung finanzieller Zuwendungen von der Greyton Society abgesegnet werde, da ich Strom und Wasser - ohnehin knapp in der Versorgung des Ortes - stehle.

Das ist starker Tobak, der nach meiner Einschätzung ein gerichtliches Nachspiel hätte haben müssen.

Zu unserer Zeit als Betreiber eines Gästehauses cum Restaurant sahen wir uns ausserstande, die Zusammenarbeit mit dem örtlichen Tourismus-Bureau nach dessen Mitarbeiterinnen Vorstellung auf Korruption zu gründen. Um in eigener Regie das Interesse von Besuchern anzuregen, liessen wir nahe dem Highway N2, also in einer Entfernung von gut 30 km, zwei Hinweisschilder an der Landstrasse nach Greyton aufstellen, nicht ohne vorher sichergestellt zu haben, dass eine behördliche Genehmigung nicht erforderlich war, und uns ein befreundeter Farmer erlaubte, auf seinem Grund diese Schilder zu errichten. Der folgende Leserbrief wurde wenig später im örtlichen Käseblatt unter "*Letters to the Editor*" veröffentlicht:

Für uns hat der Besuch Ihres friedlichen Dorfes immer schon an der Abbiegung von der N2 begonnen und von dort weiter zugenommen, durch leicht hügeliges Farmland meandernd. Leider wird gegen diesen Eindruck seit kurzem auf widerliche Art verstossen, indem eine höchst geschmacklose Werbung auf einem Schild entlang dieser hübschen Landstrasse die Vorzüge eines Restaurants in Greyton einem Trompetenstoss gleich verkündet. Wie vulgar! Wer hat denn diese Invasion der Umwelt sanktioniert? Abgesehen von einem nicht hinnehmbaren Präzedenzfall fragt sich doch, ob eine solche Beschilderung gesetzeswidrig im Sinne der StVO ist. (...).

Bei der Niederschrift dieser anrüchigen Dummheit ist dem anonym zeichnenden Engländer nicht in den Sinn gekommen, dass unmittelbar vor den Toren Greytons ein Schrottplatz für ausrangierte Verkehrsbusse unterhalten wird, der die Gegend tatsächlich verschandelt. Da aber seine Eingabe nicht fruchtete und die zuständige Behörde einen Verstoss gegen Law & Order verneinte, griff dieser Verfasser und ihm gleichgesinnte Agitatoren zum Mittel der Selbstjustiz, indem sie die Schilder in dreister Rachsucht bei Nacht und Nebel zerstören liessen.

Wie den Originalen auf der Insel wird Engländern andererseits auch in Südafrika Toleranz nachgesagt, und technisches oder gar strukturelles Versagen verleitet sie auch hier bestenfalls zu einem Achselzucken. Insofern gehen sie mit Strom- und Wasserrationierung oder von der Natur angerichteten Schäden höchst gelassen um. Es verwundert daher, dass sie zwischenmenschlich gleichwohl - wie an diesem krassen Beispiel nachgewiesen - zu Uneinsichtigkeit und Intoleranz neigen und es mit dem "Korinthenscheissen" grad so halten wie die Vereinsmeier in anderen, nicht zuletzt in deutschen Ländern. Uns merkt man gewiss nicht mehr an, dass Bach, Kant, Goethe & Co die Unsrigen waren. Eine Verbindung aber von Darwin, Newton und Shakespeare zu den - hiesigen - Tommies knüpfen zu wollen, ist ungleich problematischer, und so mancher englische Insulaner lässt sich selbst hier - befördert durch das Internet - vom Daily Express verderben und befindet sich mental daher immer noch im Kriegszustand mit Deutschland - an Skurrilität ist das nicht zu überbieten!

Dass Südafrika insgesamt so allerlei "Unsitten" von der britischen Kolonialmacht übernommen hat, ist ein Faktum, das man schlicht zur Kenntnis nehmen muss - ich gebe einige markante Beispiele:

Hat jemand schon einmal ein Auto rechts gesteuert und links geschaltet? Eben! Nur Linkshänder können das, Briten also und ihre gleichsam linkischen Epigonen hierzulande. Oder nehmen wir das Frühstück, das Briten so toll finden, dass sie keine Hemmungen haben, des Abends dasselbe gleich noch einmal mit vielen Eiern, Tomaten und reichlich Speck zu verschlingen. Aber dieses Frühstück hat sich durchgesetzt - ganz sicher in der *Hospitality Industry.* Allen Unkenrufen zum Trotz ist *Fast Food* keine amerikanische Erfindung, denn *Fish & Chips* gab es in Britannien weit vor den Hamburgers in Amerika, und "Wimpy" ist viel älter als "McDonald's". Apropos Hospitality: Jede Wette halte ich, dass man in fast allen Unterkünften des Landes mit getrennt fliessenden Kalt- und Warmwasserhähnen zurechtkommen muss, von wegen Mischbatterien! Und die Duschköpfe in den *shower compartments*, nur um diese Vorwarnung noch loszulassen, sind fest in die Wand eingelassen statt beweglich aufgehängt, stupid! Und wenn ich mich an diesen Trümmern von elektrischen Steckern und Steckdosen vergehe, ist es nicht abwegig, mit dem Stecker auch gleich die Steckdose aus der Wand zu ziehen. Zur Vermeidung von Stromschlägen bei einem solchen Manöver müssen Steckdosen denn auch örtlich abschaltbar sein. Ein Wort zum Geschmack, wie er *British Homes* auch in Greyton schmückt. Ist die "Hütte" noch so klein, die Vorhänge müssen wie Buckingham sein. Schwulst & Plüsch sind angesagt, Schnörkel und Firlefanz sind Trumpf, heillos überladen auch noch. Und was hiesige Architekten unter

"Viktorianisch" verstehen, wenn sie einen Neubau konzi-
pieren, ist eine Beleidigung ihrer verblichenen Majestät.
Dass wir gleichwohl mit einigen von ihnen gut bekannt
sind, wird mir abgenommen werden müssen, wenn ich mit
westfälischem Zungenschlag darauf verweise, dass es immer "so'ne und solche" gibt, und mit "solchen" wiederum
zu verkehren durchaus freundschaftliche Züge annehmen
kann.
    Nachdem die Tommies und deren auf ihre hiesigen Ab-
leger übertragenen Unsitten derart vorgeführt wurden, könnte beim Leser die Meinung aufkommen, es bliebe nichts
mehr übrig für die Buren. Weit gefehlt! Wiewohl ich à priori nicht verschweigen möchte, dass mir diese weitaus sym-
patischer sind als jene, wie ich im Übrigen noch darlegen
werde. Der Buren grösstes Manko könnte womöglich sein -
ich sag es hinter vorgehaltener Hand nur -, von Holländern
abzustammen. Klingt hässlich und ist es auch. In meiner
beruflichen Karriere aber - wenn es denn eine solche war
- sammelte ich schlechte Erfahrungen nur mit Holländern,
die kaufmännisch einfach schmuddelig waren. Diese Erfahrung mag tiefergehend nur persönlich begründet werden.
Tatsache ist aber, dass die kaufmännische Unzuverlässigkeit - um "schmuddelig" massvoll zu umschreiben - von
Holland auf Südafrika, wahrscheinlich ebenso auf die anderen Kolonien der Oranjes damals, übertragen worden
ist. Auch dazu später mehr.

Als Brückenschlag zum Thema der Buren möchte ich mir erst einmal die beiden wichtigsten hier gesprochenen Sprachen vorknöpfen: Englisch und Afrikaans. Während die deutsche Sprache erheblich älter ist als Deutschland, entstand das Englische erst im frühen Mittelalter, zeitnah mit der Entwicklung zu einem nationalen Königtum auf der Insel. Ursprünglich wurde dort - und wird regional noch heute - Gälisch bzw. Walisisch gesprochen. Diese keltischen Mundarten aber wurden im Zuge der Völkerwanderungen von den Sprachen der Angel-Sachsen, Dänen und Normannen beeinflusst und schliesslich verdrängt. Altenglische Dichtung, die keltischem Einfluss wohl noch unterlag, reicht in das 8. Jahrhundert zurück, und Neu-Englisch dürfte erstmals in der Renaissance seinen literarischen Ausdruck gefunden haben. Heute ist Englisch zweifellos die geographisch am weitesten verbreitete Sprache. Ob ihr Wortschatz tatsächlich so umfangreich ist, wie es dieser Verbreitung und ihrer sprachlichen Entwicklung entspräche, bezweifle ich jedoch. Wie oft muss ich zu einem Wörterbuch greifen, und wie oft muss ich das Ding unerledigt wieder schliessen, weil es ein englisches Pendant zu dem deutschen Suchbegriff einfach nicht gibt. Und so verhält sich das nicht allein mit anspruchsvollen Vokabeln, sondern mit dem Einfachsten schon. Diese Verflachung steigert sich noch, wenn man amerikanisches Englisch in den Vergleich einbezieht. Hier unten wird Englisch bisweilen derart scheusslich (aus-

) gesprochen, dass es nicht abwegig ist, darin die einst er-
zwungene Abkehr der Siedler vom englischen Mutterland
zu erkennen. So nahmen wir als Hausbesitzer in der Greyton Country Village pflichtbewusst an einer für uns ersten
Zusammenkunft der *house owners* teil. Kaum jemals werden wir eine solche Teilnahme wiederholen, denn bei aller
Selbstkritik ob des von uns nur imperfekt gesprochenen
Englisch mussten wir doch erkennen, dass das auf dieser
Sitzung präsentierte Englisch hundsmiserabel schlecht war
und zudem noch saumässig artikuliert wurde.

Das alles aber ist feinste Sahne im Vergleich mit Afrikaans, der erst in den 1920ern anerkannten (Welt?-) Sprache. Sie ist nicht nur die jüngste, sondern wird nach meinem Dafürhalten dereinst als kürzest jemals umlaufende
Sprache in die Geschichte eingehen, denn es ist absehbar,
dass sich Englisch neben den nativen Regionalsprachen im
ganzen Land behaupten wird. In Paarl wurde die erste
Zeitung auf Afrikaans herausgegeben, und von Paarl aus-
gehend wurde Afrikaans im Lande bekannt. Ein Sprachen-
Denkmal, das an Hässlichkeit nicht zu überbieten ist, erinnert an diese Erstpublikation.

Ob das Holländische nun eine eigene Sprache ist oder
gleich dem Schweizerdeutsch nur eine Mutation des Hoch-
deutschen, sei dahingestellt: Hauptspenderin des Afrikaans
ist das Holländische schon. Hinzu kommen englische und
malayisch-indonesische Einflüsse sowie Brocken inländischer

Stammessprachen wie etwa Xhosa oder Zulu. Natürlich führten die Holländer ihre Sprache am Kap ein, und die Voortrekker trugen sie ins Land hinaus. Sie wurde auch adoptiert - so gründlich, dass sich aus der Adoption eine Abspaltung ergab. Mit nachlassendem Einfluss der Niederlande auf die Geschicke des südlichen Afrika trat die spendende Sprache zu Gunsten des abgespalteten Kauderwelsch in den Hintergrund. Afrikaans, das seinerzeit noch nicht diesen Namen trug, wurde zunächst vor allem von Nichtweissen gesprochen.

Dann setzte insofern eine Rückwärtsbewegung ein, als die Buren feststellten, dass sie sich nicht mehr mit ihren farbigen Arbeits- und Hilfskräften verständigen konnten. Sie machten sich also deren Sprache, die sich inzwischen vom Holländischen stark unterschied, zueigen und setzten sie natürlich auch ihren Einflüssen aus. Ob man diese Entwicklung nun empirisch nennen kann, will ich bei der klaren Definition dieses Begriffs lieber offenlassen. Gesichert ist jedoch die Erkenntnis, dass bei diesem Zickzack-Kurs die Sprachwissenschaft auf der Strecke blieb oder gar nicht erst zum Zuge kam, und ein grammatikalischer Unterbau sich nicht herausbilden konnte, wie auch jede Logik ausgeblendet wurde. Nach mehrmonatigen, leicht widerwilligen Lernversuchen habe ich für meinen Teil entsetzt die "Brocken hingeworfen" - ich konnte Afrikaans in meinem durchaus nicht sprachunbegabten Kopf einfach nicht unterbrin-

gen, sortieren schon gar nicht. Um so mehr bewundere
ich die, allerdings wenigen, Co-Patrioten, die sich in den
Jahrzehnten ihres Aufenthaltes hierzulande des Afrikaans
so intensiv angenommen haben, dass sie es heute fliessend
wie Deutsch sprechen. Vielleicht sollte ich gleichwohl noch
einen letzten Versuch machen, Afrikaans zu lernen, indem
ich auf die Mittel der Lautmalerei als Lernstütze zurück-
greife.

Indem ich meine Gedanken über die sprachlichen Aspek-
te beende, möchte ich meiner Muttersprache eine verdiente Würdigung bereiten. Sofern Deutsch unter Deutschen
gesprochen wird, fällt einem in der Regel nicht auf, wie
vielfältig und ausdrucksstark die deutsche Sprache ist, und
ihr Schwierigkeitsgrad namentlich in der Grammatik teilt
sich nur Sprachunkundigen mit. Grundsätzlich aber können
wir getrost den intellektuellen Anspruch des Deutschen zumal dann hoch ansetzen, wenn wir gegen Englisch, Afrikaans ohnehin, abwägen.

Auf Fernsehen und Printmedien aus Deutschland bezogen bin ich aber zunehmend bekümmert, schon gar im
Ausland, lesen und hören zu müssen, wie unpfleglich das
Deutsche darin behandelt wird. Ob es Politiker, Nach-
richtensprecher oder Moderatoren sind: alle sprechen ein
grammatikalisch in vielen Punkten unrichtiges Deutsch und
sind "dem Genitiv sein Feind". Und die zahlreichen Wo-
chenblätter und Magazine können sich nicht mehr auf Druck-

fehler herausreden, würde man sie ob ihres schlechten Deutsch zur Rede stellen. Hinzu kommt die "Verenglischung" unserer Sprache, aber diesem Einfluss ist so manche Weltsprache ausgesetzt: Wie heisst es so schön? In 150 Jahren wird auf der Welt nur noch Englisch gesprochen, mit Ausnahme der USA - dort wird es Spanisch sein.

Zurück zum Thema, den Buren. Dass es scheulose, mutige Kerle sind, habe ich bereits gewürdigt, indem ich auf ihre Rauflust in zahlreichen Begegnungen sowohl mit Einheimischen als auch mit Briten verwies. Gepaart mit ihrer markanten Sturheit und einem Fortempfinden des Apartheidgedankens gehen sie einem heute bisweilen schon auf den Nerv. Die Gleichheit aller Menschen legen die Buren grad so aus wie einst die Führungskader der ehemaligen DDR: sie empfinden sich eben als gleicher denn gleich. In dieser Denke werden sie von der Lehre des Alten Testaments kräftig unterstützt, die in vielerlei Hinsicht immer noch ihr Credo darstellt. In einem Land, dessen Bevölkerung inzwischen ein multikulturelles Musterbeispiel in dieser afrikanisch-europäischen Hemisphäre verkörpert, wirken Buren inzwischen reichlich verstaubt. Die Voortrekker waren es gewohnt, auf sich gestellt zu sein, in mancher Hinsicht erging es ihnen ähnlich wie jenen, die in Nordamerikas Westen vortreckten. Also war es nur konsequent, dass ihnen ihre selbst verschuldete Isolation durch das politische, wirtschaftliche, kulturelle und sogar sportliche Ab-

seits Jahrzehnte lang gar nicht auffiel. Als sich aber die
Apartheid in den ersten 1990ern dank Nelson Mandela
sang- und klanglos verabschiedete, war den Buren auf einmal der Stuhl unter ihrem Hintern fortgezogen, und sie
taten und tun sich noch schwer, in einem freien Südafrika
zurechtzukommen. Stur wie sie nun einmal sind, ignorieren
sie bis heute die wunderbare Entwicklung zur Gleichheit
aller Menschen in diesem Land, wobei ihre Eigenwilligkeit
inzwischen tragischkomische Züge annehmen kann.

Ich möchte mich nicht in so vielen Einzelheiten ergehen, wie ich sie den Briten widmete. Ein paar Worte
aber über burischen Geschmack sollte ich gleichwohl ver-
lieren. Unter dem Begriff des Kap-Holländischen wurde
- vor allem im Western Cape - die Architektur der Buren beflügelt. Leicht barock in den Schwüngen hat sie viel
mit den holländischen Originalen zu tun und ist zugleich
dem burgenländischen Baustil nahe: Eine Gemütlichkeit
des Wohnens, die durch eichene und gleichsam barocke
Portale, Möbel und Zierat sowie kleine Butzenscheiben in
den Fenstern unterstrichen wird. Was aber haben die Buren aus einer so stilvollen Vorlage inzwischen gemacht?
In Greyton gibt es zum Beispiel ein "Ästhetik-Komitee",
dessen Mitglieder in jüngster Zeit dem bis dato recht an-
schaulichen Örtchen einen Tiefschlag versetzt haben. So
genehmigten sie den Neubau eines Supermarktes, der mit
einem Konzentrationslager zum Verwechseln ähnlich ist,

oder die Verlängerung eines ursprünglich ganz niedlichen Bistros um einen Allerlei-Laden, der mit seinen 15 stämmigen Frontpfeilern an Hässlichkeit nicht zu überbieten ist: "Dogshit Castle" habe ich ihn, bewusst anzüglich, genannt und die Meinung fortan vertreten, dass es mit einem solchen Committee nicht getan ist, sondern ordentlicher Bauvorschriften bedarf. Ergänzen sollte ich der Fairness halber, dass abgrundtief hässliche Häuser auch von Britischstämmigen gebaut werden, aber den von ihnen beleidigten Baustil Königin Victorias erwähnte ich ja schon. Geschmack ist in der Tat nicht jedermanns Sache: So oder ähnlich könte man den Missgriff der Buren abtun oder gar entschuldigen. Kein Pardon aber gibt es für das ebenso unverschämte wie beleidigende Verhalten, wenn es um die Kaufmannschaft geht. Da Buren das Bankengeschehen in Südafrika dominieren (der Broederbond lässt grüssen), ist es gerade für jemanden, der die Arbeitsweise Schweizer Banken kennen- und schätzengelernt hat, nachgerade eine Erniedrigung, mit dem Misstrauen der hiesigen Banken, institutionellen Idioten gleich, umgehen zu müssen: Ich komme darauf noch zurück.

Überall im Geschäftsleben wird in diesem Lande erwartet, erst zu zahlen und danach die Leistung zu erhalten, die dieser Zahlung entspricht. Es wird einem immer wieder unterstellt, man würde eine Zahlung säumig bleiben, und viele halten es mit Zahlungsterminen so unmoralisch wie ehedem die Ossies, die nach ihrer Eingemeindung glaubten, ein Geschäft sei mit der Lieferung abgeschlossen und nicht mit deren Bezahlung. In Südafrika erhält man die Mahnung denn auch gleich mit der Rechnung. Es werden Anzahlungen von mindestens 50% eingefordert, sobald ein Geschäft nicht ad hoc gemacht - und bezahlt - wird oder werden kann. Weil Kontoauszüge in der Regel nur ein Mal im Monat zugestellt werden, sollten geleistete Zahlungen dem Empfänger durch Übersendung des Beleges angezeigt werden. Im Gastgewerbe, in dem sich die ganze Welt mit der Angabe von Kreditkarten-Details zufrieden gibt, muss man hierzulande in 9 von 10 Fällen Anzahlung leisten, selbst dann, wenn die Zeit dafür zu knapp bemessen ist. Dass ein solches landesweit anzutreffendes Verhalten nicht gerade förderlich auf den Tourismus wirkt, kommt den Holzköppen nicht in den Sinn. Vielleicht bringt im Jahre 2010 die Fussballweltmeisterschaft Linderung; sicher aber ist, dass es bis dahin noch viel zu tun gibt: Glück Auf dem Regenbogen!

Kapitel 6

Kap der deutschen Hoffnung

Es wird gemeinhin behauptet, zusammen mit den ersten holländischen Siedlern seien, gleich an Zahl, auch Deutsche am Kap gelandet; die grosse, auf einem Poster komprimierte Zahl der Namen deutschen Ursprungs betrachtet, untermauert diese Behauptung solide. Je etwa 40 % stellten die beiden grössten weissen Bevölkerungsgruppen, Holländer und Deutsche, und die übrigen 20 % wurden von Portugiesen dominiert. Ein deutscher Einfluss auf die Sozialgestaltung der erst holländischen, dann britischen Kolonie ist hingegen nicht erkennbar. Siedler aus Deutschland finden in der südafrikanischen Geschichte kaum Erwähnung, weil die von ihnen eingenommene Stellung dazu ungeeignet war. Diener nur waren sie, während sich die Oranjes als Herren gebärdeten. Das hat sich natürlich inzwischen geändert.

Zur Zeit Jan van Riebeecks als erstem holländischen Gouverneur am Kap waren die hier angesiedelten "Freibürger" zunächst nur damit befasst, Ackerbau und Viehzucht zum Nutzen der Ostindischen Kompanie und ihrer Schiffsmannschaften zu betreiben. Später wurden mit der Entdeckung der enormen Bodenschätze nicht nur Glücksritter und Abenteurer angezogen, sondern auch Handwerker und technisch gebildete Fachkräfte, mit deren Expertise die Industrialisierung ihren Lauf nahm. Selbstverständlich stellten die Deutschen unter allen diesen ein gewichtiges Kontingent. Zudem setzte im Bereich der Goldminen und weiter verarbeitenden Scheideanstalten die Belieferung mit industriell hergestellten Produkten aus Deutschland ein - das "Fried. Krupp Grusonwerk" aus Magdeburg-Buckau hat sich diesbezüglich im Witwatersrand ein Denkmal gesetzt. Parallel dazu stellte sich eine wachsende Zahl an Repräsentanten deutscher Unternehmen ein, die in so manchen Fällen ihre Niederlassungen zu örtlichen Produktionsstätten weiterentwickelten.

Während heute angelsächsischer Einfluss die Banken und Versicherungen dominiert, setzt die Realwirtschaft des

Landes auf die Zusammenarbeit mit international tätigen Produzenten. So beschäftigen heute mehrere hundert
deutsche Unternehmen viele tausend Arbeitnehmer, von
denen die grosse Mehrheit mit ihren Brötchengebern zufrieden ist, nicht zuletzt auch deswegen, weil diese sich
mustergültig in der Gleichbehandlung aller Rassen verhalten. Mit Blick auf die merklich zunehmende Kaufkraft aller
Südafrikaner, die aus dem hiesigen Markt ein begehrens-
wertes Absatzgebiet macht, ist diese Einstellung sicherlich
nicht nur selbstlos, aber alleweil aufrichtig. Zudem bleibt es
nicht aus, dass rein wirtschaftliche Interessen auf Wissen-
schaft und Forschung überschwappen. Enge Kooperation
von Schulen und Hochschulen beider Länder und gemein-
same Forschungsprojekte haben Südafrika aus deutscher
Sicht inzwischen zu einem prominenten Standort gemacht.

Da wir uns in den Winelands angesiedelt haben, möchte
ich mit deutschen Weinproduzenten die Zählung von Betrieben in deutscher Hand, die sich hier erfolgreich niedergelassen haben, beginnen. Aus dem Stegreif liesse sich ein
gutes Dutzend Weingüter bezeichnen, deren Bedeutung
aber bei einem Anteil von gerade einmal 2% an der Wein-
produktion insgesamt relativiert wird. Andere Weingüter
werden von deutschen Winzern beraten; so erzählt man
sich schmunzelnd, was ein bekannter deutscher Winzer
auf die Frage nach seiner Rebanbaufläche in der Pfalz
geantwortet haben soll: Etwa so gross wie die Zufahrt zu

dem von ihm beratenen Estate in Südafrika. Schliesslich hat Geisenheim, die wohl bekannteste deutsche Lehrstätte über Wein, hier unten viele einander verschworene Eleven. Bleiben wir bei den Getränken und stellen fest, dass sich in Kapstadt zumindest eine bayerische Brauerei mit ebensolchem Brauer etabliert hat; eine weitere musste zum grossen Bedauern des Berichterstatters und vieler seiner Freunde aufgegeben werden. Dann gibt es einige Schnapsbrenner im Western Cape, die ausnahmslos aus Deutschland stammen und recht ordentliche *fruit destillates* herstellen.

Gutes Brot in der Fremde erwerben zu können, rangiert bei uns ganz oben auf der Skala, und so kennen wir nicht einen aus der regionalen Bäckergilde, der etwa nicht Deutscher oder deutscher Abstammung wäre. Die Verfügbarkeit von Roggenbrot und knusprigen Brötchen ist ein Segen für alle, die mit diesem viel zu weissen Wattebrot nichts anzufangen wissen.

Der Kreis weitet sich, wenn ich von deutschen Metzgern berichte, die sich in Kapstadt, vereinzelt auch übers Land verteilt, einen soliden Ruf erworben haben. Einer von ihnen hat es sogar zur industriellen Erzeugung von ff-Schweinswaren gebracht. Wenn man die in dieser Branche vertretenen Südwester hinzurechnet, kommt nachgerade eine Marktmacht zustande, die sich herausgebildet hat. Andere Metzger gehen im Gegensatz dazu gar schändlich mit Fleisch um, indem sie nämlich das Messer weitgehend durch die Bandsäge ersetzt haben. Eine Würdigung der Fleischqualität muss schliesslich das tierische Produkt einschliessen, das in Südafrika häufig noch *free range* aufgezogen wird, keinesfalls in so wenigen Wochen wie die Schweinemast in Deutschland dauert.

In unserer Hoffnung, eine Lieferquelle für dicke Bohnen und weissen Spargel aufzutun, haben wir gerade erst von einem deutschen Gemüsebauern erfahren, der sich aber auf wenige, hier gängige Gemüsesorten en gros spezialiert hat und auf gut 30 ha jahrein jahraus Tonnen und Abertonnen an Fenchel, Mangold (statt Spinat, der hier nicht gedeiht) und Mohrrüben produziert, denn in unserem Winter muss der Anbau nicht unterbrochen werden.

Selbst an den sensiblen Rooibos-Tee hat sich ein Deutscher gewagt, der ihn weit nördlich von Kapstadt anbaut. Er hat es richtig so gemacht, nämlich in das hiesige Ambaugebiet rund um Clanwilliam zu gehen, weil schon viele Nationalitäten - allen voran die Japaner - insoweit erfolglos versucht haben, Rooibos in ihren Heimatländern anzubauen. Obwohl südafrikanischer Käse inzwischen nahtlos an die guten Käsesorten Europas anschliesst, hat sich ein Deutscher getraut, seinerseits Käse hier herzustellen, indem er rezente, Vacherin und Munster ähnliche Sorten mit Erfolg herstellt und somit dem Trend zu milden Sorten eher entgegenwirkt.

Von hier ist es nur ein Schritt zu den Restaurants. In der Tat werden einige wenige im Raume Kapstadt von deutschen Chefs, wie man hier sagt, bekocht, und zwar sehr gut. Leider wird in Südafrika, und nicht nur hier, mit deutscher Küche lediglich Eisbein und Sauerkraut verbunden, sodass es noch "tätlicher" Überzeugung bedarf, bis sich die Meinung über deutsche Küche geändert haben wird. Zudem sind die Essgewohnheiten der Südafrikaner so einfältig, dass der Einfluss moderner deutscher Köche auf den Grossraum Kapstadt begrenzt ist - ich komme darauf zurück.

Unzählige Deutsche leisten einen grossen Beitrag zur Fortentwicklung des Tourismus und betreiben landauf landab B&B's und Gästehäuser, in denen meistens, aber doch nicht immer, ein recht ordentlicher Komfort geboten wird. Grosse Hotels werden das eine ums andere Mal von Deutschen geleitet, aber auf solche Hotelmanager trifft man inzwischen weltweit.

Im industriellen Bereich muss die Automobilindustrie zuvorderst genannt werden. Drei grosse deutsche Hersteller fertigen im Lande - das ist mehr als nur montieren. Man sagt sogar, dass die rechts gesteuerten C-Mercedes, 3-er BMW und VW-Polo aus südafrikanischer Produktion weltweit in alle Länder mit Linksverkehr exportiert werden und so die Fertigung in Europa entlasten. Wie's der Herr, so's Gescherr! Auch die Subunternehmer haben sich eingestellt, nur die Erzeugung von Stahl haben sie den Asiaten überlassen. Da die wenigen deutschen Ingenieurfirmen während der Apartheid den hiesigen Markt nicht gemieden hatten, besitzen sie nach wie vor eine starke Position namentlich in der Prozessorindustrie, die in Südafrika immer noch von der ursprünglich aus Deutschland stammenden und hier perfektionierten Kohleverflüssigung und deren *Downstream*-Anlagen bestimmt wird.

Sollte bis hierher der Eindruck entstanden sein, der Berichterstatter sei schon ein arger Patriot, so möchte ich dem zumindest grundsätzlich nicht widersprechen, zugleich aber zu bedenken geben, dass er erst jenseits der Grenzen seines Heimatlandes Patriotismus zu empfinden begann, bis hin zur idealistischen Verklärung. Es ist eben etwas anderes, so stellte er fest, wenn man in seinem Heimatland über so viele und so vieles schimpft, als wenn man dieses an ausländischem Wohnsitz tut, denn jenseits deutscher Grenze kommen einem die vermeintlichen Missstände zuhause nicht mehr so widrig vor, zumal dann nicht, wenn sie sich von den Zuständen in dem jeweiligen Gastland immer noch positiv abheben.

Gut Ding braucht nicht nur Weile, sondern auch Persönlichkeiten, deren Engagement erst das "Ding" zum Guten entwickelt und von denen die "Weile" ganz entscheidend abhängt. Da gab es in Somerset West, auf einem Drittel also des Weges von Kapstadt nach Greyton, eine

Hausbrauerei, die nach deutschem Reinheitsgebot braute. Die Biere waren nicht nur frei von Chemikalien, die man bei genauem Abschmecken in fast jedem Bier feststellen kann, sondern auch ungefiltert, ohne Zusatz von Kohlensäure und nicht pasteurisiert. Das Brauhaus mit angeschlossenem Ausschank ähnelte einem Heurigenlokal Wiener Typs, hatte mehrere gewichtige Tresen aus dem Fin de Siècle, die früher einmal den Kapstädter Hauptbahnhof zierten. Brauer Horst, ein gebürtiger Ostpreusse und G'schaftlhuber par excellence, verstand sich aufs Brauen ebenso gut wie auf den Verkauf seines Bräus, sodass ihm die Bude an den Wochenenden eingerannt wurde. Er verkaufte sein "Helderbräu" nicht etwa in Flaschen oder Dosen, sondern ausschliesslich in Fässern zu 50 l oder in Keggies mit einem Fassungsvermögen von 12,5l. Horst tanzte zudem auf mehreren Hochzeiten, und in einem seiner Nebenberufe betrieb er mit Frau Erika ein guesthouse, das zugleich als eine Art Folketing für einen deutschsprachigen Verein galt. Von den natürlichen Säuren im Bier legte uns Horst vor allem Amino ans Herz oder besser in den Magen, weil dessen "gesundheitsfördernde Wirkung" erhalten bliebe, da nicht pasteurisiert werde. Um seine auch ansonsten vielseitigen Kenntnisse über die Heilwirkung von Kräutern, Wurzeln, Blättern, Pasten und Essenzen seiner Umwelt zugänglich zu machen, komponierte der Hobby-Apotheker nebenher einen Kräuterbitter, gegen den ein Underberg sich wie ein niederprozentiger Damenlikör ausmachte.

AAC (Kürzel unbekannt), Aloe, Aminosäure (claro), Angelikawurzel, Bibergail, Conzyme, Diatom, Eberwurz, Enzian, Kalmuswurzel, Kampfer, Kelp, Lärchenschwamm, Magnesium, Muskatblüte, Muskatbohnen, Myrrhe, Rhabarber, Safran, Sennesblätter, Sterols & Sterolins, Terra Sigulata Fer, Theriak, Turmentil, Vitamin B Komplex, Vitamin C, Zink, Zitterwurzel.

Die hochprozentige Flasche mit all diesem Zeugs drin zu 150 Rand. "Ein Stamperl pro Tag, und du lebst länger" war die Devise. Auch befasste sich Horst mit - sagen wir einmal - angewandter Übersinnlichkeit, und zwar in dem Sinn, dass er in einem Hohlkörper ein Drahtgeflecht anlegte, das - liess man werdendes Bier zum Beispiel darüber oder dadurch fliessen - die Bekömmlichkeit förderte. Für den Privatgebrauch war so ein Teil gerade einmal 3 cm im Quadrat und sollte immer mitgeführt werden - gleich Knoblauch als Schutz vor Vampiren vielleicht? Zum allergrössten Bedauern seiner Fan-Gemeinde kam Horst von einem Urlaub in Deutschland nicht zurück und gab mit seinem Unfalltod der These traurige Beweiskraft, dass Erfolg und Nachhaltigkeit eines Geschäftes eng an die Persönlichkeit gekoppelt sind, die es betreibt.

Bleiben wir bei Personen. Den Rang einer Persönlichkeit gar nicht erst erreicht hat zum Beispiel ein pensionierter Bergwerker. Ihn verschlug es in den späten 1960ern nach Südafrika, nur wenige Jahre nach Abschluss seines Studiums zum Bergassessor. Gleich seinen Co-Patrioten, die vor so langer Zeit schon nach Südafrika auswanderten, liess er sich von einem ihm gebotenen hohen Gehalt blenden und übersah dabei, dass die Höhe vor allem dadurch bestimmt wurde, dass der Rand damals mit starken €2,50 zu Buche schlug. 300 % Abwertung später musste auch er erkennen, dass an eine Rückkehr nach Deutschland überhaupt nicht zu denken war. In Greyton hat er sich einen zweifelhaften Ruf als Klugscheisser erworben. Es ist ihm nämlich gelungen, aus seinem Rentnerdasein eine einzige Kette von Besserwisserei zu machen.

Bei einem anderen hingegen handelt es sich um eine äusserst gestandene Persönlichkeit - rundum, auch physisch, und von einer verblüffenden Ähnlichkeit mit dem deutsch-russisch-englischen Schauspieler Peter Ustinov. Gleich vielen anderen kam er schon in den Neunzehnsechzigern hierher und war viele Jahre in einer Porzellanmanufaktur tätig, wie zuvor schon in seiner ostfränkischen Heimat. Er verstand es immer, sich beim anderen Geschlecht wie auch in seinem beruflichen Werdegang beliebt zu machen. Aber er scheute auch nicht den Frevel, im Laufe seiner Karriere von Porzellan auf Plastik umzusteigen, wurde denn auch in dieser Sparte nicht so recht glücklich. Schliesslich landete er bei Metallwaren, deren Herstellung ihm wiederum so sehr lag, dass er vor Jahren eine eigene Produktion aufzog und bis heute mit rund 40 Mitarbeitern von Somerset West aus diesen Sektor bedient. Ein besseres Beispiel als ihn gibt es nicht, wenn man umkehrschlüssig erklären soll, wie stumpfsinnig es sein kann, nach Erreichen des Pensionsalters einfach die Hände in den Schoss zu legen. Entsprechend gut ist unser Freund drauf, seine Geselligkeit ist ebenso gefragt wie sein Rat, und er kennt nicht nur Gott und die halbe Welt, er kennt Götter und die ganze Welt!

Diese Zeichnungen könnten beachtlich weitergeführt werden, mit weitaus zahlreicheren positiven als negativen Tönen, doch will ich mich bewusst auf den Kontrast wie dargestellt beschränken. Erwähnt werden sollten allerdings noch, derselben Sprache wegen (wenn es dieselbe denn noch ist), Schweizer und Österreicher, die im Verhältnis zu allen Einwohnern ihres Heimatlandes sogar die stärksten Kontingente stellen, wie schliesslich Südwester aus Namibia, die sich gerade im Western Cape nur so tummeln.

Kapitel 7

Klima/Wetter, Infra-
struktur/Verkehr,
Tourismus

"Ein nächstes Mal wandern wir nach Südafrika aus, denn
dort soll das Wetter immer so gut sein." Dieser Ironie fühlten wir uns schon einige Male ausgesetzt, weil vor allem
in den Wintermonaten Juni bis September die Temperaturen merklich hinter den Erwartungen zurückbleiben.
Umgekehrt aber nehmen diese kaum die Geographie des
Western Cape in Betracht, die schlicht besagt, dass unsere
Küstenlandschaft klimatisch eher dem Mittelmeer-Raum

denn Afrika vergleichbar ist.

Bevor ich persönliche Erfahrungen mit dem Wetter im Wechsel der Jahreszeiten mitteile, möchte ich einige Fakten anführen. Die Jahreszeiten liegen kalendarisch diametral zu jenen der nördlichen Hemisphäre. Da mit Ausnahme der Drakensberge und hoher Berge in den Kap-Provinzen Frost unbekannt ist, findet der Winter - wenn man so will - nicht statt; im Gegenteil, dort, wo Winterregen fällt, wird sogar Getreide angebaut. Frühling stellt sich hier satte 4 - 6 Wochen eher ein als in Mitteleuropa, und in einer klimatischen Melange mit dem Herbst kommt der Winter entsprechend später - und milder. Es dominiert also der Sommer, gerade von Europäern kann er als ein solcher von November bis April empfunden werden, südlicher Wendekreis sei bedankt!

Südafrika lässt sich in fünf Vegetationszonen einteilen:

- Kalahari (Wüste / Sommerregen) und Halbwüste (Karoo / Winterregen),

- Bushveld (Savanne / Sommerregen),

- Highveld (Grasland / Sommerregen),

- Mediterrane Vegetation (Kapregion / Winterregen) und

- Lowveld (Flussniederungen, Urwald / Sommer- und Winterregen).

Das Klima im Lande wird einerseits beeinflusst von der Topographie mit Erhebungen bis über 3000 m, andererseits von den das Land umschliessenden Ozeanen. Während im Westen der atlantische Benguelastrom tiefe Temperaturen aus der Antarktis heranführt, tut es im Osten der Agulhasstrom genau umgekehrt und leitet hohe Temperaturen aus der Äquatorzone nach Kwa Zulu Natal und weiter südlich.

Im Süden des Western Cape muss man zu jeder Zeit, ganz besonders in den Herbst- und Wintermonaten, auf Wind eingestellt sein, der häufig stärker auffrischt, als mit der Zahl 12 gemessen wird. Erst diese machen die Temperaturen "gefühlt" zu noch weniger als das Thermometer anzeigt. An der Atlantikküste hat man sogar dieses Windes wegen zu Bauten gefunden, die in ihrer Behäbigkeit einem nordfriesischen Haubarg entsprechen, mit einem allseits von Bauten geschützten Innenhof. In diesem Zusammenhang möchte ich auf den ungemein artenreichen Fynbos hinweisen, der Wind in allen Stärken bestens widersteht, und dessen blühende Pracht die auch in Europa bekannte Protea ist.

Trotz dieser Bedenken ist der Berichterstatter nur ungern bereit, jahrszeitlich bedingte Reiseempfehlungen abzugeben, denn sonnige und warme Tage können zu jeder Jahreszeit erlebt werden. Südafrika ist während aller 12 Monate eine Reise wert, und wer daran denkt, sich hier

niederzulassen, sollte es nicht den Schwalben gleichtun.
Die Temperaturkurven des Jahres, um dies zu ergänzen,
reichen in Kapstadt durchschnittlich von $\geq 8°$ im Winter
bis $\leq 28°$ im Sommer und in Johannesburg entsprechend
von $\geq 5°$ bis $\leq 25°$. Die Luftfeuchtigkeit reicht in Kapstadt
von 55% im Sommer bis 65% im Winter, in Johannesburg
umgekehrt von 30% im Winter bis 50% im Sommer. In
Durban liegen die Temperaturen nur geringfügig über den
genannten Werten für Kapstadt, während die Luftfeuchtigkeit umso höhere Messwerte anzeigt. Um unsere Reisen
in Süd- und im südlichen Afrika nach ihrer Datierung zu
ordnen, fallen tatsächlich die unserer Meinung nach wenig
attraktiven Monate Mai und Juni aus, ebenso April und
Dezember, diese hingegen eher wegen der hier mit ver-
gleichbarer Intensität begangenen christlichen Feiertage.

Nach den lokalen Wetterfröschen, die wohl zuverlässiger vorhersagen als diejenigen, welche uns in Deutschland
"in der Ersten Reihe" mit ihren Prognosen beglückten,
zeigt ab Ostern der Herbst an, was er draufhat: Temperaturen nurmehr zwischen 12 und 17 Grad und Regen in
regelmässig-unregelmässigen Abständen. Sobald aber die
Sonne Oberhand gewinnt, und das tut sie immer wieder,
sogar ergiebig, gehen die Tagestemperaturen wieder ab wie
die Post. Abends (nachts) und morgens aber empfinden
wir's dann als relativ kühl. Es muss in diesem Zusammenhang wiederholt werden, dass Zentralheizung die gros-

se Unbekannte ist in Südafrika. Bei kühlen Temperaturen wird lediglich stromabhängig geheizt - bei der nicht ganz regelmässigen E-Versorgung ein riskantes Unternehmen. Da ein offener Kamin als Wärmespender nicht sehr ergiebig ist, bleibt häufig nur sich warm anzuziehen - und das Gros der Südafrikaner kommt damit bestens zurecht. Folgen wir andererseits der Meinung des ARD-Wetterdienstes, nach dem Temperaturen >20° bereits "tropisch" genannt werden, hielten wir uns während des weitaus grössten Teils des Jahres - einschliesslich zahlreicher Wintertage - sozusagen in den Tropen auf. Einige Hundstage aussen vor, liegt die Durchschnittstemperatur selbst im Sommer bei nicht mehr als 25°- erträgliche Tropen, um in diesem Bild zu bleiben.

Das Strassennetz in Südafrika ist, trotz $3\frac{1}{2}$-facher Grösse und nur der Hälfte der Einwohner Deutschlands, ausgesprochen gut. Insoweit es sich um geteerte Strassen handelt, werden sie auch vorbildlich unterhalten und so regelmässig geteert, dass man (wie in Italien) unwillkürlich an die Familien der behördlichen Auftraggeber denkt, wenn nicht der Strassenzustand, sondern die Jahreszeit (Weihnachten!) solche Arbeiten auslösen. Alle National ("N") Roads sind ausnahmslos von guter Qualität, ausserhalb der Ballungszentren aber selten vierspurig wie unsere Autobahnen. Leider nimmt die Zahl der Mautstrecken auf

den *National Roads* zu. Die wir in unserer Terminologie
Bundesstrassen nennen ("R"-Roads) sind nicht nur, jedoch meistens geteert, werden aber nicht mehr so pfleglich
behandelt wie ihre "N"-Kollegen. Auf beiden, "N" und
"R" also, ist die Beschilderung ordentlich, von Süden gegen Norden jedoch abnehmend bis abhanden.

Die meisten Wege-Kilometer aber werden von den gravel roads gestellt, auf denen man allerdings in jeden, aber
auch wirklich jeden Winkel des Landes gelangen kann.
Entsprechend sind mehrere hundert Kilometer gravel keine Seltenheit. Diese Schotterpisten können zwar meistens
mit 2 x 4-Fahrzeugen befahren werden, doch gewährleistet
ein 4 x 4-Antrieb bei den mannigfachen Unebenheiten eine
bessere Bodenhaftung. Diese Strassen oder Wege sind zwar
irgendwann einmal angelegt worden, entbehren aber fast
jeder Befestigung, von Fundament ganz zu schweigen. Also
nutzen sie ziemlich schnell ab, gar nicht einmal durch Fahr-
zeuge allein, sondern schneller noch durch häufig ergiebi-
gen Regen. Auch diese gravel roads werden unterhalten.
Die entsprechenden Massnahmen allerdings kommen der
Arbeitsbeschaffung weitaus näher als Sinn und Verstand
(aber das war mit ABM in Deutschland auch nicht anders).
Ich möchte sie einmal als "Handlungsreisende im Strassen-
bau" bezeichnen, die sich mit einem durchaus gewichtigen
Gerät, einem Scraper etwa, der besonders verkommenen
Schotterpisten rund ums Jahr annehmen. Lokal wird ihnen

oft genug ein in der Nähe abgetragenes Schotter-Lehm-
Gemisch zugeführt, mit dem sie die jeweilige Piste ebnen,
je nach Verkehrs-Aufkommen und Niederschlag bis zu drei
oder gar vier Mal im Jahr. Ein Mal teeren spart wohl zu
viele Kosten - und Arbeitsplätze.

Die Beschilderung auf diesen Wegen ist oft sehr dürftig,
und weit draussen im Land trifft man häufig auf Gatter,
die man öffnen muss und nach Durchfahren zu schliessen
gehalten ist, damit den Farmern das Vieh nicht wegläuft.
In den ehemaligen Homelands kann es vorkommen, dass
man sich bar jeder Beschilderung in Orten wiederfindet,
die auf der Strassenkarte gar nicht verzeichnet sind - eine Reliquie der Apartheid. Ohne diese spezifische Einschränkung sind die Strassenkarten aber allein schon deswegen ungenau, weil sie - von Ballungsräumen abgesehen
- nur in einem Massstab von 1:1.500.00 erhältlich sind;
im Vergleich dazu ist in Deutschland ein Massstab von
1:300.000 handelsüblich.

Ein Eisenbahn-Netz ist in Südafrika durchaus vorhanden - schliesslich waren hier Tommies am Werk. Wer aber
heute mit der Eisenbahn unterwegs sein möchte, sollte dieses Begehren nicht dem Transport von A nach B widmen,
sondern einzig dem Vergnügen, das allerdings seinen Preis
hat. "Rovos" und "Blue Train" sind die Anlaufadressen,
wenn man im Kolonialstil höchst komfortabel mit der Eisenbahn durchs Land reisen möchte. Landschaftlich ziem-

lich monoton, gleichwohl von Touristen sehr beliebt, ist die Diagonale zwischen Kapstadt und Pretoria. Es wird aber eine erkleckliche Zahl weiterer, sehr viel interessanterer Routen angeboten, die gerade von Nostalgikern gerne in Anspruch genommen werden. Für Dampflok-Enthusiasten gibt es zudem auf relativ kurzen Distanzen so einiges im Angebot. Das gar nicht einmal grobmaschige Bahn-Netz dient vornehmlich dem Güterverkehr, denn die einst zahlreichen Personenzug-Verbindungen, die sogenannten Name Trains, kommen gegen den regen Flugverkehr nicht an, sodass einige von ihnen schon stillgelegt sind. Stattdessen können alle namhaften Orte mit Linienbussen erreicht werden, die nach der zu beobachtenden guten Belegung erfolgreich gegen das Flugzeug antreten. Das Mietauto schliesslich bietet sich dem Individualtouristen als ideales Transportmittel an. Ich möchte nachdrücklich empfehlen, weder die zahlreichen gravel roads als Hürde zu verstehen, noch den Linksverkehr, an den man sich sehr schnell gewöhnt, wenn das Auto rechts gesteuert wird - und das ist ja immer der Fall (Obacht geben sollte man hingegen bei der Rückgewöhnung an den Rechtsverkehr in Deutschland).

Entwickeln wir die Überlegungen zum landesweiten Verkehr weiter, indem wir uns mit dem Tourismus und damit beschäftigen, wie man hierzulande mit Touristen umzugehen pflegt. Was allerdings unter dem Begriff der "Hos-

pitality Industry" in Südafrika verstanden wird, hat mit
Gastfreundschaft (= Hospitality) nur selten etwas gemein.
Während wir beispielsweise in unserem eigenen Betrieb zur
Maxime erhoben, dass unsere Gäste mindestens denselben
Anspruch auf Komfort und Qualität haben sollten, den uns
selbst zu stellen wir gewohnt sind, hält es der afrikaanse
landlord eher mit der Umkehrung dieses Leitsatzes, denn
alles, was ihm nicht oder nicht mehr behagt, ist er seinen
Gästen sehr wohl bereit noch zuzumuten.

Tourismus in Südafrika präsentiert sich also, selbst 15
Jahre nach den ersten freien Wahlen, immer noch ziemlich
kantig. Da wurde schon bald ein Tourism Grading Council
(TGC) ins Leben gerufen, eine halbstaatliche Institution,
der zur Aufgabe gestellt wurde, in das Gestrüpp der in
puncto Komfort und Qualität sehr unterschiedlichen Unterkünfte Ordnung zu bringen und durch die Zuteilung von
maximal 5 Sternen zu graduieren. Was weiss denn, so frage ich mich, die Kuh vom Sonntag, wenn wir es immer
und immer wieder erleben, wie konzeptlos da vorgegangen
wird.

Nicht eine Herberge, nicht eine derselben Gradation
haben wir bei aller Umtriebigkeit bisher herausfinden können,
die ein tatsächlich vergleichbares Niveau geboten hätte.
Dem Vorgehen der TGC-Prüfer sind demnach keine tragfähigen, schon gar international tragfähigen Massstäbe anheim
gegeben, sodass sie aus ihrem zumeist recht eingeschränk-

ten Blickwinkel urteilen müssen und - o Graus - verglei-
chend nur ihr eigenes Zuhause zugrundelegen können. Feh-
lende Courage verführt sie zudem, weniger als 3 Sterne gar
nicht erst zu vergeben, und die von ihnen geprüften Etablissements kommen mehrheitlich mit 4 Sternen davon -
zwei oder gar nur einer werden in der Branche inzwischen
gar als Beleidigung verstanden. Wundert es daher, dass
Ambitionen und Initiativen dieser Institution völlig fremd
sind?

So klein bemessen, ungemütlich und komfortlos die
Zimmer in B&B's und Gästehäusern auch sein mögen,
deren Betreiber gefallen sich in dreister Anmassung, wie
sich aus unserer Erfahrung mit Übernachtungsbuchungen
schliessen lässt. Das Buchen ist ja - auch aus Übersee - eine
einfache Geschichte, zumal per Internet. Nur wird beinahe
ausnahmslos zur Buchungsbestätigung auf einer Anzahlung bestanden, die mit üblichen 50% hoch bemessen ist
(in den game parks sind es - in Stufen - gar 100%, die
jedoch berechtigt sein dürften). Dabei reicht selbst in den
"cash-as-cash-can" USA die Angabe von Kreditkarten-Details, um eine Buchung zu sichern. Ob Unzuverlässigkeit
der südafrikanischen Kundschaft Auslöser dieser stupiden
Attitude sind, wie so oft behauptet wird, haben wir als
Gastgeber seinerzeit keineswegs erfahren. Nur ein Mal im
Laufe von etwa 6 Jahren blieben wir auf einer Buchung
hängen: Die Reisenden hatten Greyton mit Greytown ver-

wechselt, einem Städtchen in der Provinz Natal, etwa 1000 Km von Greyton entfernt.

Die Preise für Zimmer mit Frühstück sind für deutsche wie alle überseeische Touristen immer noch erschwinglich; es ist aber diese Aussage eng an den Wechselkurs des Rand gekoppelt, der sich so schwindsüchtig entwickelt wie anno dazumal der italienische Lira. Hotelunterkünfte, gerade solche der höheren Kategorie, sind in dieser Betrachtung für einheimische Privatiers kaum noch erschwinglich, da sie preislich um nichts den vergleichbaren Herbergen in London, Paris oder Manhattan nachstehen. Selbst in solchen heimischen Hotels aber wird Unterkunft nur unter der Bedingung einer Anzahlung gebucht - ist es nicht ein Armutszeugnis oder etwa nur Habgier? Unumstritten ist doch, dass ein Jeder, der einen fast 12-stündigen Flug auf sich zu nehmen bereit ist, nachgerade ein Anrecht auf Kompensation dergestalt hat, dass seine Unterkünfte und touristischen Exkurse die Widrigkeit einer so langen Anreise aufwiegen, und zwar in jeder möglichen Beziehung.

Also stellt sich der südafrikanische Tourismus nicht im Entferntesten den internationalen Gepflogenheiten, und der naive Glaube an das schnelle Geld in 2010 muss kollabieren, sobald die Fussball-WM ausgetragen sein wird. Mit dem Tourism Grading Council jedenfalls ist kein Staat zu machen, denn Entwicklung und Administration eines "Star Grading" Systems müssen schon jetzt als gescheitert betrachtet werden, gleich welchen Radius der TGC zu ziehen noch beabsichtigen sollte. Hinzu kommt, dass die örtlichen Tourism Bureaux ihrer Aufgabe ebenso wenig gewachsen und viel zu häufig der Korruption erlegen sind. Wenn man diese touristische Apathie mit den ansonsten so ungeliebten USA vergleicht, wird man konzedieren müssen, dass die Amerikaner ihr schönes Land und seine sights den Besuchern vorbildlich, in jedem Fall um ein Vielfaches besser präsentieren als Südafrilaner (gleich welcher Hautfarbe) ihre ebenso schöne Heimat.

Zum Glück gibt es einige Reiseführer in das südliche Afrika, mit denen allen sich die Reisen hierher recht gut planen und begleiten lassen. Man ist, sofern der eine und andere Führer neu aufgelegt ist, nicht einmal auf die örtlichen, regionalen und nationalen Informationsstellen angewiesen. Nur sollte man gewahr sein, dass direkte Kontaknahme vor Ort, gerade im mittleren Preissegment der B&B's und Guesthouses, nicht selten ins Leere führt, vor allem dann, wenn es dort an Personal mangelt, schon gar an geschultem. Unsre Empfehlung sollte daher ernst genommen werden, besser im Vorwege zu buchen, auch wenn mit Anzahlungen umzugehen sein wird.

Nach dieser unverblümten Tourismus-Schelte ist mir daran gelegen, zu guter Letzt einen Sektor lobend hervorzuheben, mit dem wohl ein jeder Besucher Südafrikas in Berührung kommt, jenem nämlich, der mit Game (Wild) liiert ist: Game Park, Game Reserve, Game Farm, Game Sanctuary (Schutzgebiet). Wild, zumal das Grosswild, ist nicht mehr in freier Wildbahn anzutreffen, sondern in eben diesen Wildparks (u ä), von denen es aber zahlreiche - private wie staatliche - in Südafrika gibt, auch gab. Die vorbildliche Wildhege hat eine ebenso grosse wie lange Tradition, und es ist immer wieder eine helle Freude, von dieser Vorbildlichkeit Notiz nehmen zu können.

Ohne die eher unterzähligen privaten Wildparks abschätzen zu wollen, möchte ich jedem Südafrika-Besucher empfehlen, sich in den staatlichen Parks zu bewegen. Er kann das in seinem eigenen Wagen während der täglichen Öffnungszeiten ebenso tun wie sich den game drives anschliessen, die mit ihren vielsitzigen Geländewagen meistens früh morgens und am späten Nachmittag auf Pirsch gehen und jeweils etwa 3 Stunden unterwegs sind. Eine Kombination dieser beiden Möglichkeiten sollte erwogen werden: Zu Beginn eines Park-Aufenthaltes der gamedrive, und wenn man sich durch diesen "akklimatisiert" hat, lässt man den selfdrive folgen - oder gleich mehrere davon.

Mit Ausnahme von Western Cape und Gauteng gibt es in allen Provinzen zahlreiche Wildparks. Der bekannteste, wiewohl gar nicht einmal mehr der grösste ist der Kruger Nationalpark, dessen Vermessung nach grenzüberschreitendem Zusammenschluss mit seinem Pendant auf mosambikanischer Seite der Schweiz Paroli bietet. Doch kommt es auf die Grösse eines Parks gar nicht einmal an - sie ist ohnehin in der üblicherweise zur Verfügung stehenden Zeit nicht zu vermessen. Auch kommt es nicht darauf an, ob die big five , um die in der Werbung leider viel zu viel Klamauk gemacht wird, gesichtet werden oder nicht. Die Tiere, - jedes einzelne, jede Spezies - in freier Wildbahn zu sichten ist immer ein Erlebnis, das in dieser Qualität nur in Afrika geboten wird.

Kapitel 8

Essen und Trinken

Greta und ich haben uns über die Jahre eine hohe Meinung von gutem Essen angeeignet. Noch heute freut uns daran zu denken, dass wir im letzten Jahrzehnt des vorigen Jahrhunderts unseren kulinarischen Ehrgeiz darauf verwandten, alle - jawohl, alle - Michelin-besternten Restaurants in Deutschland bis zur Wende ins Einundzwanzigste besucht zu haben. Dass dieser Plan letztendlich scheiterte, lag nicht einmal an fehlender Bereitschaft, sondern an einer im Laufe der Neunziger rasant gestiegenen Zahl solcher "Fresstempel". Gleichwohl brachten wir - unter Einschluss allerdings Belgiens, Frankreichs und der Schweiz - die Zahl der besuchten Sterne-Restaurants knapp in die Dreistellig-

keit - ein Erfahrungsschatz, den gesammelt zu haben wir
nicht missen wollen.

Ein solches "Gourmetieren" hat nur die Minderheit
aller Deutschen mit uns gemein; gleichwohl essen inzwischen ziemlich viele Co-Patrioten ziemlich gerne ziemlich
gut. Nachdem die Stopferei mit Sättigungsbeilagen spätestens in den Siebzigern (im Osten der Republik erst nach
dem Mauerfall) zu Ende ging, besann man sich nicht nur
der tatsächlich vorzüglichen deutschen Küche, sondern be-
schäftigte sich zunehmend mit der Kulinaria vor allem der
Franzosen und Italiener. Das "Leben um zu arbeiten" wurde gar umgewidmet in "Leben um zu essen", ob in Restaurants oder zu Hause. Unsere häusliche Küche jedenfalls bietet immer neuen Anlass zu Gourmetfreuden, wozu
in erster Linie die Kochkunst der Ehefrau, aber auch die
Verfügbarkeit ordentlicher Ausgangsprodukte beiträgt.

Dieses Vorwort ist angezeigt, um die Kompetenz unserer Meinung zu untermauern, wenn nun über die südafrikanische Küche berichtet wird. Zwar sind nicht wenige Portugiesen ins Land gekommen, doch blieb ihre Küche ohne
ne nennenswerten Einfluss. Der wiederum geht in hohem
Masse auf diejenigen zurück, deren Wurzeln in die Niederlande und nach Grossbritannien reichen und die das Gros
der weissen Bevölkerung stellen. Oh je! Die Tommies, im
Gegensatz zur weitläufigen Meinung die Erfinder der Fast-
food; die Holländer, deren Küche indonesischen Ursprungs

sein muss, um überhaupt erwähnt zu werden, zeichneten sich schon zu Voortrekker-Zeiten als Spezialisten lediglich des Brotpuddings aus - das entsprechende Kochgeschirr genoss absolute Priorität auf ihren Trecks. Mehr war nicht drin und das ist - bis heute - einfach zu wenig. Schlimmer noch wiegt, dass sie alle - ein Tribut ihrer Sturheit - auch in kulinarischen Fragen Holzköppe sind: Was der Bauer (= Bure) nicht kennt, das frisst er nicht - und er kennt so vieles nicht! Während wir - und gewiss nicht nur wir - das am liebsten in einem Restaurant auswählen, das wir kaum oder gar nicht kennen, macht es der Südafrikaner genau umgekehrt. Ich gebe ein, zwei Beispiele:

Da boten wir in unserem ”Greyt-on-Main” Restaurant *Quiche Alsacienne à la carte* an und beschrieben die Zutaten mit Schinken, Speck und Zwiebeln, doch erst nachdem wir ”*Quiche*” durch ”*Pie*” ersetzt und das ”*Alsacienne*” ersatzlos gestrichen hatten, verkaufte sich diese Vorspeise leidlich gut. Gleiches galt für ”Minced Lamb Lasagne”: nachdem wir aus der ”*Lasagne*” ebenfalls ”*Pie*” gemacht hatten. Oder wir boten *Choice Beef Fillet* an und beschrieben, dass das Fleisch gedünstet wird (poached), eine köstliche Variante des ansonsten eher langweiligen Filets. Mitnichten verkaufte es sich. Sollte vereinzelt gleichwohl der Mut aufgebracht worden sein, so etwas Unbekanntes zu bestellen, dann doch erst, nachdem penetrant anmutende Detailfragen nach dem Wie und Was und Womit beant-

wortet wurden. Wenn es sich bei diesen Fragen wenigstens
um den Ausdruck kulinarischer Neugier gehandelt hätte,
wären sie ja durchaus akzeptabel gewesen; sie wurden aber
in der Regel nur aus schierer Dummheit und eigensinniger
Verblendung gestellt. Hier ist noch ein massives Aufgebot
an kulinarischer Aufklärung angesagt!

Um der Unerfahrenheit ihrer Gäste zu begegnen, verfällt
die hiesige Gastronomie auf eine detaillierte, unserer Meinung nach viel zu detaillierte Beschreibung ihres Speisen-
angebotes. In einem renommierten Restaurant in Franschhoek beispielsweise, das von der Fress-Journaille gar zu
den besten 50 weltweit gezählt wird, hiess es etwa *"crispy
pig cheese roulade, butter poached prawns, celeriac remou-
lade, red wine jus, butterfly prawn tail, tomato confit, leek
and sardine terrine, garlic cream, almonds"* - es fehlte nur,
dass Pfeffer- und Salzkörner abgezählt aufgeführt würden.
Abgesehen davon, dass die Kombination von Schweine-
fleisch mit Shrimps - doppelte Nennung erhöht den Preis? -
geschmacklich daneben gegriffen ist, erst recht, wenn auch
noch mit Käse versetzt, könnte man letztendlich folgern,
dass sich die Ausbildung südafrikanischer Köche auf die
Beschreibung, nicht aber auf die Bereitung von Speisen
konzentriert.

Die Schlussfolgerung ist tragisch für den Gaumen eines
Kenners: Die südafrikanische Küche - sofern sie überhaupt
eigenständig als eine solche bezeichnet werden kann - ist

schlichtweg uninteressant, um es vorsichtig zu formulieren. Und die wenigen guten Restaurants im Western Cape, deren Küche aber in kaum einem Fall als südafrikanisch bezeichnet werden kann, sind an weniger als zwei Händen schnell aufgezählt. Unter dem Begriff des *contemporary food type* lässt sich aus dem einzigen überregionalen Führer diese Zahl an tatsächlich guten bis sehr guten Restaurants schnell herausfiltern. Nämlicher guide tut sich andererseits so schwer mit der Kategorisierung aller von ihm beschriebenen Küchen, dass sich einem der Eindruck aufdrängt, es gäbe beispielsweise in Kapstadt so viele food types wie Restaurants. Die sich schnell vermehrenden *eateries* auf - zumeist renommierten - wine estates sind hingegen bei gutmütiger Betrachtung im Begriff, sich mit einer geübten Küche in eine ihren Weinen angemessene Qualitätsriege zu kochen.

Ansonsten trifft man beinahe überall auf Speisen, die weder frisch noch mit frischen Zutaten bereitet werden, die nicht oder nicht richtig abgeschmeckt sind und in Phantasielosigkeit gipfeln. Lediglich das Gemüse, nach britischer *Usance* nur kurz in heisses Wasser getaucht und völlig ungewürzt, kann dem Frischeanspruch genügen.

Noch vor wenigen Jahren war es schliesslich ungeschriebenes Gesetz in diesem Land, dass nationwide einem derselbe Frass vorgesetzt wurde, hatte man sich einmal ausserhäuslich zu verköstigen. Je mehr Saucen beispielsweise

- ich spreche nicht etwa von Farcen, sondern von grausigen Plempen zumeist auf Käse- oder Pilzbasis - angeboten werden, desto höher gerät der Akzeptanz-Level des Afrikaaners. Und wenn das Lokal erkennbar in burischer Hand ist, kann das Essen noch so schlecht sein, sofern reichlich ist es gut. Die "Brüder im Geiste" kommen und mampfen sich den Magen voll und das in einer Geschwindigkeit, die dem Beobachter beinahe schon Achtung abnötigt. Sie kennen es ja nicht anders, denn Essen ist für sie einzig eine Pflichtübung zur Existenzwahrung, weit entfernt von jeder Gaumenfreude. Hinzu kommt, dass beinahe alle Restaurants ebenso scheusslich eingerichtet sind wie deren Küche schmeckt: - Rumpelkammern böten hin und wieder ein vergleichsweise geschmackvolles Ambiente. Und dazu das billigste Geschirr, platt gestanztes Blechbesteck, Plastik-Tischdecken (wenn überhaupt) und einlagige Papierservietten - da fällt einem nichts mehr ein, oder etwa doch? Ja, den Service habe ich vergessen - und sollte dabei bleiben, so schlecht ist er. Der Afrikaaner aber fühlt sich wohl in diesem Ambiente - es kommt seinem Zuhause wahrscheinlich recht nahe.

"Sugarbean soup with cheese and apricot roosterkoek
oOo
Pap & Boerewors with Tomato smoor
oOo

Springbok Pie, Tomato Bredie, Curry Afval, Rice,
Pumpkin Fritters, Peas, Califlower & Cheese sauce
oOo
Pannekoek filled with Melktertpap and Amarulla Custard
oOo
Coffee & Koeksisters""

Das war die Speisenfolge eines "stolzen südafrikanischen Abends", zu dem wir nach Hermanus einst geladen wurden, uns aber nicht überwinden konnten hinzu-
gehen, weil wir den Begriff "Afval" mit "Abfall" übersetz-
ten, also den Schlachtresten, die in europäischen Breitengraden (Bayern bekanntlich ausgenommen) bestenfalls zu
Tierfutter verarbeitet werden. Zum besseren Verständnis
gebe ich weitere Erklärungen bzw. übersetze: "Roester-
koek" sind geröstete Brotwürfel (wie grausam: mit Apri-
kosengeschmack und Käse, dazu Bohnen!). "Pap" ist ge-
trockneter Porridge (wir würden vielleicht auf Müsli-Riegel
erkennen); die "Boerewors" - im Original je hälftig aus
Schweine- und Rindfleisch - kann sogar recht schmackhaft sein: kann, sage ich. Unter "Smoor" versteht man
mit Zwiebeln angereichertes Geschmortes. Den "Pie" habe
ich schon nahegebracht, und "Bredie" würde ich mit Ein-
topf übersetzen. Unter "Afval" werden Innereien aller Art
verstanden. "Pumpkin" wiederum ist Kürbis, von jeder-
mann in seinen vielen Varianten sehr geschätzt. Die Saucen

müssen sein, wie an anderer Stelle schon beschrieben. "Custard" ist - schlichter ausgedrückt - Pudding, und "Melk-
Tert-Pap" ist eine Milchkuchen-Plempe, die sich während
des letzten Krieges der Buren gegen die Engländer einen
Namen gemacht haben soll. "Koeksisters" schliesslich sind
ein zu einer Rolle geformter Erdnussteig. Mahlzeit!

Bezüglich des Getränke-Angebotes sieht es schon we-
sentlich freundlicher aus, sofern man an Wein, Bier und
Destillate denkt. Wenn ich mir jedoch die Letztgenann-
ten zuerst vorknöpfe, muss ich doch auf den - mit Ver-
laub - "Cognac der Arschlöcher" zu sprechen kommen und
feststellen, dass die Buren in puncto Whisky die höchst
einseitige Trinkgewohnheit der von ihnen ansonsten ungeliebten Briten adoptiert haben und mit der sattsam bekannten Sturheit anderes im Bereich des Hochprozentigen
nicht einmal probehalber zu trinken bereit sind. Einzige
Ausnahme neben dem gleichsam konsumierten Gin ist vielleicht der sogenannte "Witblitz", ein Trester-Destillat, das
trotz seiner mehr als 60 Umdrehungen - je nach Hersteller
- sogar schmecken kann. Obstschnäpse nach europäischem
Muster - einige wenige Hersteller ausschliesslich deutscher
Herkunft gibt es schliesslich im Western Cape - sind keine Sache der Afrikaaner, und es hat sich in der Rolle des
"Mundschenks" als müssig erwiesen, ihre Trinkgewohnheit
in diesem Punkt zu ändern. Dabei sind sie noch so naiv
zu behaupten, diese Obstschnäpse seien alkoholisch stärker

als Whisky oder Gin, obwohl 43 Vol.-% gesetzlich für alle diese vorgeschrieben sind. Aber sie - sofern sie nicht echte Schotten sind - verlängern ihren Whisky mit Eis, eventuell auch mit Wasser. Gin schmeckt ohnehin nur in der Verlängerung mit Tonic oder ähnlichem Zeugs, und so empfinden sie beide nur deswegen als minderprozentig. Schnapps (zwei "p") nach südafrikanischer Definition ist süss, schlimmer noch als Apfelkorn, mit einem Alkoholgehalt von nicht mehr als 25 Vol.-%. Diese Ergänzung aber nur der Vollständigkeit halber, denn trinken kann man Schnapps nicht, nicht einmal in der Küche sollte er zum Einsatz kommen.

Bier ist - vielleicht nicht so sehr im Weinland des Western Cape - Nationalgetränk Nr. 1. Der Markt wird beherrscht von SAB, den South African Breweries. Neben diesem weltweit dritt- oder viertgrössten Braukonzern, der hierzulande auch die Hopfen- und Malzproduktion kontrolliert, gibt es nur kleine lokale Braustätten mit einem kaum nennenswerten, mit den Brauereigaststätten im Rheinland vergleichbaren Ausstoss. Ausländische Biere werden nur höchst selten angeboten - nicht zuletzt eine Preisfrage. Nur das Pilsner Urquell - im Besitz der SAB - und das namibische Windhoek-Bier haben ihren hiesigen Markt gefunden, das letztere begünstigt sowohl von der Zollunion mit Südafrika als auch davon, dass es nach dem deutschen Reinheitsgebot gebraut wird. Das eine und andere Bier deutscher und holländischer Provenienz ("Holsten", "Amstel") wird in Lizenz hergestellt - natürlich von SAB.

Der dritte im Bunde der alkoholischen Getränke ist Wein, und der verdient besonders gewürdigt zu werden, zumal er die Schatten seiner unvorteilhaften Vergangenheit nahezu vollständig überwunden hat. Meine Begeisterung für südafrikanischen Wein möchte ich an zwei Beispielen belegen. In Europa lagen mir die Spätburgunder nicht so sehr, selbst dann nicht, wenn es sich um Burgunder Kreszenzen handelte. Hier aber begeistern mich die südafrikanischen Pinot Noir. Farbe, Bouquet, Körper, Restzucker, Säure: alle sind im Vergleich mit europäischen Gewächsen, ausdrucksstärker, nur der Alkohol liegt mit 14 bis 15 Vol.-% zu hoch, eine Folge vor allem des anderen Klimas (das den Alkoholgehalt aller Weine - weiss wie rot - nach oben schaukelt). An Cuvées liess ich in Europa nur solche aus dem Médoc gelten und blieb dieser Präferenz auch in Südafrika treu - erleichtert allerdings dadurch, dass einige "Bordeaux-chen" einst den Umzug mitmachten. Dann aber musste ich in einer Blindprobe von Blends hinnehmen, dass selbst eine Bouteille "Premier Grand Cru" aus Pauillac von hiesigen Bordeaux-Blends auf die Plätze verwiesen wurde, mein Votum - wohlgemerkt - eingeschlossen. Da war's um "meinen" Bordeaux geschehen, und ich gehe inzwischen so weit, dass ich die südafrikanischen blends den hiesigen, so genannten single

cultivars vorziehe, und zwar in beiden Farben. Sie werden
derartig facettenreich ge-"blended", dass dem Ideenreich-
tum der Winzer grosser Respekt gebührt, sowohl für ihre Bordeaux-vergleichbaren als auch Non-Bordeaux Blends
(mit Shiraz) und Cape Blends (mit Pinotage). Gleichwohl
sind auch Singles ganz ausgezeichnet, die Chardonnay, Che-
nin Blanc, Sauvignon Blanc, die Cabernet Sauvignon, Mer-
lot, Shiraz und Pinotage, um nur die gängigen Sorten zu
erwähnen. Der einzige Tropfen Vermouth fällt, mit bestenfalls einer Ausnahme von den mountain vinyards oberhalb
Stellenbosch, auf den Riesling, für den es hier einfach zu
warm ist.

Franschhoek und Paarl mit Wellington sind besonders
gute Rotwein-Regionen. Stellenbosch-Weine sind in allen
Farben sehr gut, dies aber auch preislich. Ausgezeichnete
Weissweine werden in Constantia im Süden von Kapstadt
angebaut und gekeltert, inzwischen sogar auf der Kap-
Halbinsel. Recht gute Weine stammen von der Westküste
nördlich von Kapstadt und von der nordöstlichen Hügelre-
gion um Durbanville. Im Tal des Breede River besinnt man
sich erfolgreich auf Qualität statt Quantität (die ihrerseits von der weltgrössten Weinbrandproduktion gefordert
ist). Weine aus der Region Bonnievale-Robertson sowie
aus verselbständigten Teilbereichen von Worcester haben
sich einen sehr guten Ruf erworben. Unsere Heimat Overberg schliesslich produziert hochwertige Tropfen (Apellati-

on Elgin-Walker Bay), und das uns nächst gelegene Weingut liegt - in Greyton. Platter's South African Wines 2009 nennt eine Anbaufläche in Südafrika von insgesamt etwa 100.000 ha. Die viel zu hohe Zahl von 80 offiziellen Appellationen lässt sich geschwind relativieren, wenn man weiss, dass "WO" (Wine of Origin) Stellenbosch nach dem neuen Weingesetz allein in 8 Appellationen unterteilt wird. Insofern lässt sich die Zahl 80 ohne weiteres auf weniger als 20 reduzieren: Bot River, Breedekloof, Darling, Durbanville, Cape Agulhas, Cape Point, Constantia, Elim, Klein River, Overberg, Paarl, Robertson, Stellenbosch, Swartland, Swellendam, Tulbagh, Walker Bay, Worcester.

Kapitel 9

Medizinische Versorgung

Dass in Kapstadt das weltweit erste menschliche Herz transplantiert wurde, wissen wir alle. Christiaan Barnards chirurgische Höchstleistung konnte aber nur mit einem exzellenten medizinischen Apparat - sachlich wie personell - erbracht werden. Zurück auf den Teppich. Ohne das Thema der medizinischen Versorgung von der behandelnden noch behandelten Warte personifizieren zu wollen, ziehe ich nun aus unseren Erfahrungen mit medizinischer Betreuung und Ärzten in Südafrika die folgend beschriebenen Schlüsse. Vorab stelle ich nachdrücklich fest, dass sich

- ungleich deutscher Praxis - hiesige Ärzte jeder Gattung
darum bemühen, die Sprechzeiten zeitlich so einzuhalten,
wie sie vereinbart wurden. Wartezeiten - wenn überhaupt -
beschränken sich auf wenige Minuten, keinesfalls auf mehr
als $\frac{1}{4}$ Stunde. O.K., es handelt sich hierbei vornehmlich
um solche Ärzte, die - weil kostenpflichtig konsultiert -
in erster Linie Weisse behandeln. Hinzu kommt, dass bestimmte Funktionen wie etwa die Pathologie und das Scan-
nen/Röntgen zentral organisiert sind und den Fachberei-
chen zur Verfügung stehen, sodass die entsprechend hoch-
wertigen Anlagen besser genutzt werden.

Wie überall in der Welt ist der Hausarzt gewiss der
Schlüssel zur Gesundheit und weist, wenn diese ein Mal
nicht in den besten Heften ist, den Weg zum Facharzt.
Ein solcher Richtungshinweis darf nicht unterschätzt werden in einem Land, das uns in vielen Dingen doch weniger
bekannt ist als die Heimat. Allgemeinmediziner besetzen
auch in Südafrika eine untere Stufe der ärztlichen Kompetenz, aber es lässt sich damit gut leben, zumal dann,
wenn die Notwendigkcit cincn Facharzt aufzusuchen, unverzüglich erkannt wird. Das wiederum setzt diagnostische
Fähigkeiten voraus, die alleweil vorhanden sind und so weit
reichen können, dass auf den Besuch cincs Facharztes das
eine ums andere Mal gar verzichtet werden kann.

Beschäftigen wir uns nun mit unseren liebsten, den
Zahnärzten. Sie sind technisch auf derselben Höhe wie ihre

Kollegen in Europa und gleichsam modern ausgestattet.
Vielleicht zu eilfertig auf den finanziellen Teil ihrer Behandlung schielend (Niemals ohne vorheriges Preisangebot
in die Hände eines Zahnarztes begeben!) lassen sie sich bei
ihrer Beratung von preistreibenden "Ganzheitslösungen"
leiten. Ihrer Behandlungsliege steht kein Spucknapf mit
antiseptisch wirkendem Spülwasser zur Seite - ein solcher
Dienst am Kunden ist unbekannt. Stattdessen wird dieser "dentale Staubsauger" (über-) beansprucht. Nur eine
Minderheit der Zahnklempner befasst sich sowohl mit der
Zahn- als auch mit der Implantationstechnik, sodass man
mit dem Erkennen einer entsprechenden Notwendigkeit gehalten ist, zur Lösung eines Problems zwei Ärzte einzuschalten, was zu einer nicht immer glücklichen und zudem
teuren Paarung führen kann. Ganz eindeutig schlechter als
in Deutschland aber sind die südafrikanischen Zahntech-
niker. Des Berichterstatters mannigfache Erfahrungen mit
diesen sind durchwegs schlecht bis sehr schlecht, und zwar
sowohl hinsichtlich der Konfiguration eines einzelnen Zah-
nersatzes als auch der richtigen Passung an die nachbarlichen Zähne.

Verlängern wir von den Zähnen in den Hals und von
dort in Nase und Ohren. HNO's gehören ja im Vergleich
mit den Dentisten zu den selteneren Vertretern der Ärzte-
Zunft, und es kann in diesem Zusammenhang denn auch
nur festgestellt werden, dass es sie gibt. Auf ein Urteil -

es wäre sicherlich kein schlechtes - muss also verzichtet werden. Und weil wir gerade bei den "Inkognitos" sind: Hautärzte machen sich hier ebenso rar wie in Deutschland, aber sie gibt es vereinzelt.

Die Erstklassigkeit in der Betreuung durch den hiesigen *Ophthalmologist* - so kompliziert heisst der Augenarzt auf Englisch - steht dem Fachkollegen in einem Hamburger Krankenhaus nicht nach, und der Letztere nimmt immerhin einen Platz auf dem Stammbaum der deutschen Augenarzt-Schule ein.

Weiter zu den Internisten. Obwohl ihr Job vornehmlich (und, wenn es sein muss, regelmässig) vom Hausarzt übernommen wird, vertrauen wir uns einem solchen im Jahresrhythmus an, und der hat es mit dem Blut: Bislang wurden wir nicht ein Mal "befummelt" - eine sympathische Komponente. Als Wissenschaftler ist der Besagte ausserdem ein geschätzter Berater der europäischen Pharmaindustrie.

Frauenärzte erinnern Greta immer wieder - sie hat noch keinen gefunden, dem sie uneingeschränkt vertrauen würde - an die Kolportage vom Beischlaf in England: Licht aus! Natürlich ist der Gegenstand einer Untersuchung oder Behandlung "intimissimo", gleichwohl versteht sie nicht, dass er stets abgedeckt wird, bevor es "in medias res" geht. "Abgedeckt" heisst aber zugleich "abgedunkelt", und sie fragt sich zurecht, ob im Dunkeln die Akkuratesse einer Untersuchung noch gewährleistet ist. Der Urologe hingegen dunkelt nicht ab und ist auch ansonsten ein fähiges Kerlchen. Neben seiner Ordonnanz nimmt er auch chirurgische Eingriffe vor - wie schön, dass man ihm recht vertrauen kann, denn man weiss ja nie ...

Der Orthopäde schliesslich betätigt sich in seiner Freizeit als winemaker - allein das schon macht ihn sympathisch. Aber auch sein Fachwissen beeindruckt. Und wenn die Knochen nicht mehr so wollen wie sie wollen sollen, beruhigt es kolossal, sich auf eben diese Kompetenz verlassen zu können, auch dann, wenn man von der "Altersbandscheibe" gequält wird.

Es klang bereits an, dass sich der eine und andere Facharzt auch chirurgisch betätigt. Wenn Vertrauen bereits aufgebaut ist, fällt einem der Gang ins *Theatre* - so witzig heisst der Operationssaal auf Englisch - leichter. Gewiss werden mit dieser Arbeitsteilung die Chirurgen als solche entlastet und können sich besser um die schwierigen Fälle kümmern.

Zum Schluss eine Bemerkung zu den Krankenhäusern, von denen es staatliche ebenso gibt wie privat betriebene. Wir haben an einem Beispiel erleben können, dass die staatlichen Krankenhäuser nicht nur in medizinischer Betrachtung ausgezeichnet sind, sondern auch über ein Pflegepersonal verfügen, dass an Aufmerksamkeit und Freundlichkeit jedem deutschen Krankenhaus den Schneid abkauft. Diese Hospitäler werden massiv subventioniert und

fallen einem Patienten nur äusserst massvoll auf die Ta-
sche. Insofern werden in den staatlichen Krankenanstalten
mehrheitlich Nichtweisse behandelt. Die privaten Krankenhäuser werden von Verwaltungsgesellschaften betrieben - mir fallen ad hoc drei Namen ein -, deren Arbeit
gewinnorientiert ist. Und das funktioniert so gut, dass die
deutschen Häuser ihre Malaise beheben könnten, würden
sie ihre Überheblichkeit auf die Seite legten und sich an
diesen südafrikanischen Krankenhäusern ein Beispiel näh-
men.

Kapitel 10

Behörde, Gericht, Banken, Versicherungen

Eine Banana Republic ist Südafrika weder als Ganzes noch in seinen Teilen - den Provinzen - jemals gewesen, und zur aktiven Korruption fehlen dem Berichterstatter die Fregatten (!). Bei den nächst kleineren Gebietskörperschaften fällt dieses Urteil hingegen nicht so deutlich aus. Die Grossgemeinde *Theewaterskloof* (TWKM), zu der Greyton Anfang 2001 zu zählen genötigt wurde, könnte vor allen Körperschaften des Landes als Banana Municipality bezeichnet werden. Wenn ich jetzt über unsere Erfahrung im Umgang mit Behörden, besser deren Umgang mit uns, berichte, lasse ich die Belange dieser Gemeinde bewusst aussen vor, denn es ist ihr bis dato nicht gelungen, diese überhaupt wahrzunehmen, geschweige denn zu lösen oder zu ändern bzw bessern, weder unter einem farbigen noch einem weissen Bürgermeister.

Nein, ganz aussen vor nun doch nicht. Ein krasses Beispiel dafür, wie weit "banana" reichen kann, muss ich doch geben. Ob es die Folge eines katastrophalen Unwetters war oder nicht, die Kläranlage im benachbarten Genadendal jedenfalls, in die Greyton's "honey sucker" ihre Gülle entleeren dürfen, hörte auf einmal zu funktionieren auf. Ein technischer Defekt, der in allen "non-banana"-Gemeinden umgehend behoben werden würde. Nicht so in der TWKM. Da aber der "honey" weiterhin "*ge-sucked*" werden musste, kippte man die Gülle einfach in den Sonderend Fluss, der - stetig Wasser führend - Namensgeber sowohl des Tals als auch der Bergkette nördlich Greytons ist. Dieses nur ein Mal tun zu lassen, ist schon eine Unglaublichkeit ohnegleichen. Für die TWKM wurde es aber zur Gewohnheit, und die Milchbauern flussabwärts konnten ihre Kühe kaum mehr vom Wasser des Flusses saufen lassen, die Citrus-Farmer gerieten in Panik ob eines nächsten Kontrollbesuches aus dem Dunstkreis der EU. Aber die TWKM hielt es nicht einmal für notwendig, den unmittelbar am Son-

derend gelegenen Campingplatz Greytons zu sperren, von
dem man vordem in einem leicht angestauten und von See-
rosen überzogenen Flussabschnitt herrlich baden konnte.

Bislang haben oder hatten wir mit zwei Behörden im
Rang von Ministerien zu tun, und zwar mit dem Department of Trade & Industry (DTI) und mit dem Department of Home Affairs (DHA). Kein Zweifel: sie funktionieren, wiewohl eine Studie gerade erst zutage beförderte, dass 80% (!) der DHA-Mitarbeiter keine Ahnung von
ihren Aufgaben bzw deren Erledigung haben. Darin mag
nicht zuletzt die speed ihrer Arbeit liegen. Sie in Tagen zu
zählen, ist frivol, in Wochen dreist. Auf einen Taktschlag
von Monaten muss man sich mindestens einstellen, besser
aber gleich in Jahren zählen. Ich bringe ein paar Beispiele:

Die Bayern unter den Lesern mögen ruhig gackern:
Ich besitze einen Jagdschein, und kraft dieses die üblichen
Hand- und Faustfeuerwaffen, die unseren Umzug mitma-
chen mussten, obwohl sie zur Jagd auf afrikanisches Grosswild ob ihres zu kleinen Kalibers ungeeignet wären - ohnehin würde ich nicht auf diese wunderbaren Geschöpfe anlegen. Um diese Dinger nun ins Land zu bringen, benötigt
man eine *Import Permit*, die aber nur eine begrenzte Gültig-
keit hat, und - je Waffe - eine licence to pocess an arm. Bei
dem *Permit* wurde mir noch die Hilfe des korrespondenten
Spediteurs zuteil, der den Weitertransport des "Kriegsma-
terials" (so die Schweizer Ausfuhrbewilligung) vom Table

Bay Harbour nach Greyton zu verantworten hatte und
in die Feinheiten des Umgangs mit DTI eingeweiht war.
Um aber an Waffenbesitz-Karten zu gelangen, musste ich
mich nolens volens an die örtliche Polizei, quasi als eines verlängerten Armes des DTI-Ministeriums, wenden. Jo
mei. Meine Fingerabdrücke wusste der *Constable* ja noch
zu nehmen, doch als es an das Schreiben ging, konnte ich
nur noch mit unserem Gärtner Wally, einem bekennenden
Analphabeten, vergleichen. Der Papierkram hat denn auch
gar nicht erst die Polizeistation verlassen, bis das DTI bei
mir direkt die Erledigung anmahnte - die Frist des Permits war schon lange abgelaufen. Also marschierte ich zur
nächst höheren Polizeidienststelle, wo mir - einer Ehren-
rettung gleich - recht fundiert geholfen und, logo, Geld abgeknöpft wurde. Alles gut, Ende gut nach knapp 2 Jahren
seit Erstgesuch.

Bleiben wir beim DTI und wenden uns seiner Zuständigkeit für die Ausreichung von Fördergeldern zu. An solche
heranzukommen sei möglich, wurde mir im Zusammenhang mit den für unser Restaurant und Gästehaus ent-
standenen Kosten bedeutet. Es stellte sich also nur noch
die Frage nach dem Wie. Da gibt es Beratungsfirmen, die
als eine Art Brückenschlag zwischen einem Antragsteller
und DTI tätig sind. Es wurde auch gleich, *à fond perdu*,
ein namhafter Betrag abkassiert und eine ebenso namhafte
Provision auf Erfolgsbasis vereinbart. Innerhalb von "nur"

(das meine ich ernsthaft - siehe später) acht Monaten wurde unser Antrag abschlägig beschieden. Eingedenk meines westfälischen Dickkopfes gab ich mitnichten auf, sondern wandte mich an einen anderen Vermittler dieses Genres, der das Thema neu aufrollte und seine Entlohnung einzig auf den Erfolg abstellte. Hätte er nicht machen sollen, denn ihn ereilte der vorzeitige Bankrott, und wir gelangten an Nr. 3 in dem Bunde. Und tatsächlich: Nach weiteren 12 Monaten wurde dem Antrag stattgegeben, die Arbeit aber ging jetzt erst los, denn ab diesem Datum mussten wir über einen Zeitraum von 2 Geschäftsjahren bestimmte Auflagen erfüllen und kamen erst danach in den Genuss einer Zahlung. Da für den Berichterstatter diese Geschichte längst zu einem sportlichen Ereignis geraten war, machte es ihm zu guter Letzt nichts mehr aus, als nach all dem Klimbim mittels eines Tax Clearance Certificate auch noch belegt werden musste, dass Steuern bis dato brav abgeführt worden seien. Als das zuständige Finanzamt ("SARS" - wie die hochansteckende Tropenkrankheit) aber erklärte, die beantragende *Closed Corporation* (so eine Art Gesellschaft bürgerlichen Rechts) sei dormant (steuerlich inaktiv) und ein solches Zeugnis daher nicht ausstellbar, geriet der zum Sportler Mutierte doch noch aus der Fassung, die er erst wiedergewann, als die Zahlung im Februar 2007, also drei Jahre und acht Monate nach Antragstellung, tatsächlich eintraf. Wie gut, dass er sich das "HB-Männchen" schon lange vorher abgeschminkt hatte.

Nach angelsächsischer Tradition gibt es in Südafrika keine Meldepflicht, also auch keine Meldeämter, sodass deren Aufgaben vom Department of Home Affairs wahrgenommen werden. Aufenthaltsgenehmigungen also werden vom DHA ausgesprochen, und mangels einer solchen wird vorübergehendes Bleiberecht gewährt oder verlängert. Ich will mich gar nicht darüber auslassen, dass unser Antrag auf Daueraufenthalt schon seit 20 Monaten lief, als wir auf Dauer einreisten, und wir selbst nach südafrikanischer Zeitrechnung Aufenthaltsrecht schon hätten geniessen sollen. Notgedrungen mussten wir aber unser Touristenvisum verlängern lassen, zu Bedingungen jedoch, die hanebüchend waren und von einem Touristen schon gar nicht hätten erfüllt werden können: Der Nachweis eines Bankkontos bei einem südafrikanischen Geldinstituts zum Beispiel, schwierig genug für residents (siehe später), für Touristen aber - und als solche galten wir ja noch - praktisch unmöglich. Der Nachweis einer Krankenversicherung bei einer hiesigen *Medical Aid*: Welcher Stuss! Wir waren ja noch im Besitz einer solchen in Deutschland, die wir selbstverständlich auf unsere Reise hierher hatten erweitern lassen. Hausbesitz schliesslich, man stelle sich das vor, ein Haus erwerben zu müssen, um drei Monate Aufenthalt auf sechs zu verlängern! Solcherart Nachweis konnte praxisnah überhaupt nicht erbracht werden - das ist doch ätzend!

Oder war es nur Dummheit gepaart mit Gleichgültigkeit
des consultant in der nächstgelegenen DHA-Anlaufstelle?

Dem Letzteren zu glauben wird man bereit sein, wenn
ich über das bitterwahre Erlebnis berichte, an dem die
Passstelle des deutschen Generalkonsulats (GK) in Kapstadt tüchtig Anteil hat. Greta benötigte einen neuen Pass,
und es wurde ihr von der Konsularbeamtin aufgegeben,
zwecks späteren Empfangs des beantragten Reisepasses eine Bestätigung des DHA darüber vorzulegen, dass sie die
südafrikanische Staatsbürgerschaft weder beantragt noch
erhalten habe. Die Unsinnigkeit dieser Auflage, ja, die mit
ihr verbundenen Beleidigung der Antragstellerin, die schliesslich an Eides statt zu versichern hat, dass sie nur die deutsche Staatsangehörigkeit besässe, ist so starker Tobak, dass
ein Nachspiel nicht auszuschliessen ist. Das Dummerchen
im Konsulat konnte sich gar nicht vorstellen, dass eine solche Bestätigung keineswegs "mal eben" ausgehändigt werde. Oder wusste sie bzw. wusste der Leiter der Passstelle,
dass die in Kapstadt - und nur in Kapstadt - nach Mühen
tatsächlich ausgestellte Bestätigung die reinste Augenwi-
scherei ist? Die Beamtin in der dortigen DHA-Anlaufstelle,
an die wir namentlich verwiesen wurden, hatte bei Erst-
konsultation keine Meinung, eine solche Bestätigung auszustellen und gab sich entsprechend kratzbürstig. Immerhin überliess sie uns ein Antragsformular, in dem ohne Ei-
desstattlichkeit die Beantwortung allerhand Unsinns abge-

fragt wird. Da wir immer noch der irrigen Auffassung sind,
Staatsangestellte hätten dem Bürger zu dienen und nicht
umgekehrt, verliessen wir den Schauplatz der erfahrenen
Kratzbürstigkeit und trugen wenig später der schon vor-
geführten Anlaufstelle nahe unseres Wohnorts unser Anliegen nochmals vor. 3 Monate Wartezeit wurden uns mit
der Begründung genannt, dass die gewünschte Bescheini-
gung nur in Pretoria ausgestellt werden könne. Nach Ablauf dieser 3 Monate hiess es dann, man habe immer von
3 bis 6 Monaten gesprochen. Und das Thema wäre bis
heute (9 Monate nach Antrag) immer noch aktuell, wenn
wir nicht einen zweiten - dieses Mal erfolgreichen - Anlauf
in Kapstadt unternommen hätten. Und tatsächlich: Die
höchst windige Formulierung des DHA - "From availa-
ble information it would appear that ..." - genügte dem
GK, Greta ihren neuen Pass auszuhändigen. "Aus (den
uns) verfügbaren Information würde erscheinen, dass ..."
kann doch nur bedeuten, dass "allerhand Unsinn" von einer deutschen Behörde als "bare Münze" genommen und
vor allem über die eidesstattliche Versicherung einer deutschen Antragstellerin in einem deutschen Antragsformular
gestellt wird. Muss denn der Schluss zutreffen, dass das
deutsche Generalkonsulat (gleich eines solchen einst in der
Ukraine?) auch mit "banana" attribuiert werden muss?
Meine Erwähnung der Gerichtsbarkeit hat zwei Gründe:
Ich hatte bzw. habe mit ihr tatsächlich zu tun und finde

zweitens die Art dieser Rechtsprechung und der Konse-
quenzen daraus bemerkenswert. Der Fall: Rückforderung
einer geleisteten Anzahlung auf ein Möbelstück, das nicht
geliefert wurde. Das Gericht: Small Claims Court, eine
Sonderheit vermutlich nur in diesem Lande, nach der unter dem Motto "Institutionalisiere deine Ansprüche" in
Schnellverfahren von ehrenamtlich zu Richtern bestellten
Anwälten Recht gesprochen wird. Es sind nur physische
Personen als Kläger zugelassen und ein einzelner Anspruch
darf den Gegenwert von derzeit R7.000,- nicht übersteigen.
Der Anruf dieses Gerichtes ist fakultativ und muss ohne
anwaltliche Vertretung erfolgen. So weit aus einem - ich
möchte fast sagen - Werbeprospekt über diesen Court. Die
Praxis schaut dann weniger idealistisch aus; der *Clerk of
the Court*, über den - und nur den - ein Anspruch einzu-
bringen ist, soll zwar eine der Rechtspflege kundige Person
sein, erwies sich aber als mürrisch, zerfahren und entsprechend flüchtig. Loriot hätte an ihm seine helle Freude gehabt. Die vom clerk abzustempelnde Klage muss dann zum
Sheriff getragen werden, der sie gegen Geld dem Beklagten zustellt. Ob der nun reagiert oder nicht, hat keinen
Einfluss auf den vom clerk festgelegten Gerichtstermin -
das alles in weniger als 4 Wochen, nicht Jahren. Wird
die vorgebrachte Klage für Recht erkannt (beim hearing
ging es zu wie früher beim Lösen einer Fahrkarte), wird
der Beklagte abermals vom clerk (soll automatisch gesche-

hen, funktionierte aber erst, als der Kläger nachhakte) zur Zahlung aufgefordert. Wird nicht gezahlt, muss ein Warrant of Execution her und zur Vollstreckung wieder zum Sheriff getragen werden, nachdem - schon wieder - der clerk das Papier mit seinem Stempel legitimiert hat. Es dämmert dem geneigten Leser, dass sich ein solcher case über Gebühr verkompliziert und zeitlich - ich befürchte es - gegen n verlängert, zumal dann, wenn man nicht am place of venue wohnt und immer und immer wieder nach Kapstadt fahren muss. Dass der schon zitierte Werbeprospekt bei andauernder Zahlungsunwilligkeit des Beklagten allerdings vorgibt, das Amtsgericht (Magistrate's Court) einzuschalten und sich von einem Anwalt vertreten zu lassen, ist angesichts der dem Small Claims Court zugrunde liegenden Idee nackter Hohn.

Apropos Hohn: Ich beschäftige mich nun mit den Banken in Südafrika. Hier wie anderswo auf dieser grossen weiten Welt gerieren sich die Banker so, als sei das Geld, das sie lediglich für andere verwalten, das ihre. Zudem wollen sie nicht erkennen, dass Geld die uniforme Ware schlechthin ist und dass nur Konditionen die Attraktivität dieser Ware bedingen - oder eben nicht. Ihre Vorturner in den Leitungsetagen haben längst erkannt, dass mit praktizierter Verquickung von Halbwissen und Dummheit die Übernahme von Verantwortung infrage steht. Also werden selbst unbedeutende Entscheidungen nicht mehr in den Filialen getroffen, sondern in den überregionalen Verwaltungen - Klammerbeutel und Puder lassen grüssen. Das hat aber im Angesicht der 2008er Finanzkrise (und der - abschwächenden - Devisenbewirtschaftung) den Vorteil, dass sich diese rotzigen Brokermentalitäten gar nicht erst entwickeln können, und der Wirkungsgrad südafrikanischer Fonds und der in ihnen beheimateten Derivate eher beschränkt ist.

Es gibt vier grosse Banken, die ihr Netz nationwide gespannt haben: ABSA (die südafrikanische Version der Sparkasse), FNB (First National Bank), Nedbank (klingt so, ist aber nicht holländisch) und Standard Bank. Mittlerweile habe ich Erfahrungen mit allen Vieren gesammelt - hier die Kostproben.

Da erhielt Greta unlängst einen Anruf von der ABSA Home Loan Division. Die Anruferin teilte ihr mit, dass das ihr gegebene Darlehen - sie sprach gar von einem grundbuchlich gesicherten - notleidend falle, wenn nicht unverzüglich die Annuitäten wieder entrichtet würden. Natürlich bestritt Greta, jemals ein Darlehen bei der ABSA aufgenommen zu haben und ergänzte, dass wir keinerlei Verbindung zur ABSA hätten. Da die Anruferin über keine präzisen Daten verfügte - wie konnte es anders sein -, musste sie sich mit der ihr gegebenen Auskunft bescheiden. Chaotisch, wie ABSA in diesem Punkte wohl organisiert zu sein scheint, wanderte dieser nebulöse Fall dann auf den Tisch einer Kollegin, die wenige Tage später wieder anrief und dasselbe Ansinnen stellte. Nun hatten wir uns zwischenzeitlich erinnert, dass vor geraumer Zeit eine Dame desselben Nachnamens in Greyton wohnte, die in finanziellen Dingen - ich sage einmal - nicht den besten Ruf genoss. Also wies Greta die zweite Anruferin auf diesen möglichen Zusammenhang hin. Wiederum ein paar Tage später rief ein ABSA-Mannsbild an, wahrscheinlich den beiden Mädels vorgesetzt und kam, dreist sogar, auf denselben Fall zu sprechen. Ihm wurde tüchtig der Kopf gewaschen und schriftliche Beschwerde angekündigt. Als Wochen später eine ABSA Reaktion auf die Beschwerde einging, indem die Nummer von Gretas Personalausweis ("ID") angefordert wurde, um den Vorgang "richtig zuordnen" zu können, war das Fass voll und wir fragten uns (und ABSA), wie denn ein Vorgang lokalisiert werden könne, den es gar nicht gäbe, und schon gar nicht mittels einer ID-Nr., die ABSA niemals genannt worden sei.

Next Bank, next case. Bei der FNB weiss ich nicht, wo ich anfangen soll, wohl aber, wann Schluss ist: Jetzt. Dass ich an diese Bank geriet, war gar nicht einmal mein Versehen, denn ich übernahm das Anderkonto des in den Hauserwerb eingeschalteten Notars. Doch schon der Willkommensgruss dieser Bank hätte mir Warnung sein müssen, denn es wurde eine Service Fee in Höhe von "1.00 / 1.00 / 19.00" (ob % und wovon blieb vorenthalten) und ein

Zinssatz von 33% bei Überziehung angekündigt. O.K., der Diskontsatz damals lag in den hohen Zehnern, aber daraus 33 % zu machen, ist nicht mehr allein mit Unverschämtheit zu begründen. Seitdem ich kaufmännisches Verständnis entwickelt habe und im Lichte der weltweiten Finanzkrise 2008 schon gar einzusetzen trachte, bezeichne ich Leihen und Verleihen als die Grundlage eines jeden Finanzsystems, also auch des südafrikanischen. Private banking beruht also auf der Differenz zwischen Soll- und Habenzins, und 6% Soll gegen 8% Haben entsprechen aus Bankensicht einer Spanne von ordentlichen 25%. Diese noch zu steigern bedienen sich alle genannten Banken, vor allen aber die FNB, offener Massnahmen, wie die oben zitierten 33% beweisen, die nach der 6 gegen 8 Rechnung bestenfalls 25% hätten betragen dürfen, und verdeckter Massnahmen im Wege einer Unzahl von phantasievoll betitelten und monatlich anfallender Gebühren. Genau hier liegt wohl der Schlüssel zum Erfolg gerade der FNB, denn ihr starrsinniges, was sag ich: starrsüchtiges Verhalten bei der Einräumung selbst eines bescheidenen Überziehungsrahmens lässt nur den Schluss zu, dass diese Gebühren, und nicht etwa die Zinsdifferenzen aus Leihen und Verleihen, das Brot dieser Bank ausmachen. Oder das Kreditkartengeschäft mit nicht-amerikanischen Emissionen wie "Master" oder "Visa". Nachdem mir die beantragte Inanspruchnahme auf wenig mehr limitiert wurde als ich übli-

cherweise cash ohnehin bei mir habe, wiederholte ich meinen Antrag ziemlich deutlich, doch es wurde mir von einem
subalternen Deppen daraufhin nur angeboten - man höre
sich diesen Unsinn an -, mein bei der FNB geführtes Gi-
rokonto mit eben diesem Betrag unkündbar auszustatten
und der (Kreditkarten-) Kredit wäre bewilligt. Der dann
ja gar keiner mehr ist. Ein jedes Schlechtes aber hat sein
Gutes, denn mit der Mentalität kommt diese Bank niemals
in den Sog einer Finanzkrise!

Die nächste Bank, derselbe Berichterstatter. Nedbank.
Ich erinnere mich in ihrem Zusammenhang nur zu gut an
meinen Versuch, ein weiteres Bankkonto zu eröffnen. Mein
Antrag müsse dem Kreditausschuss vorgelegt werden, wurde mir beschieden, nachdem ich bereits Fragen gutmütig
beantwortet hatte, die in Deutschland aus Gründen des
Datenschutzes gar nicht gestellt werden dürften. Ich versuchte darauf, dem Bankangestellten zu verklaren, dass ich
nicht die Absicht hätte, mit meinem neu zu eröffnenden
Konto "in die Kreide" zu gehen, dass nicht die Bank demnach mir, sondern ich der Bank Kredit geben würde und
dass insofern ein bankinterner Kreditausschuss überhaupt
nicht gefragt sei. Diese Argumentation aber war nicht zu
vermitteln und so geriet ich in die Fänge der nächsthöher-
en Instanz, die zumindest in dieser Frage Verständnis an-
deutete, nicht aber in den weiteren, ebenso unzähligen wie
unsinnigen. Irgendwann ging mir denn auch der Hut hoch

und ich schlug ihr vor, statt weiterer Antworten meine Ge-
nitalien auf den Schreibtisch zu legen, damit sie sich davon
überzeugen könne, dass ich männlich und von dieser Welt
sei. Es versteht sich, dass ich über die betroffene Bank
nicht mehr als diese Episode berichten kann.

Das Beste nun zum Schluss, wobei es nicht mehr ist
als die Minderung des Schlechten, denn alle Kuriositäten
wie zuvor beschrieben treffen in ähnlicher Heftigkeit auch
auf die Standard Bank zu. Diese Bank legte kürzlich sogar
noch einen drauf, indem sie ein 800-er call center einrichte-
te, über das die Filialen nur noch erreicht werden können -
oder eben nicht, denn die Call-Mädchen stellen sich derart
dämlich an, dass ich es schon lange aufgegeben habe, mich
telefonisch mit meinem Ansprechpartner zu verständigen
(zum Glück gibt es auch in diesen Landen das Internet
Banking). Weitere spotlights aus dem Umfeld dieser Bank
sind hingegen verblüffend ähnlich mit dem Gebaren der
Kollegen. Es drückt sich beispielsweise Vertrauen nur in
Gradation von Misstrauen aus. Wird man zu einer notari-
ellen Handlung veranlasst, geht dieses Misstrauen so weit,
dass eine eidesstattliche Erklärung gar darüber abzugeben erwartet wird, dass man einst zur Welt gekommen
ist und in dieser lebt, obwohl allein schon das Identifica-
tion Book diesem Umstand hinreichend Rechnung trägt.
Die ID-Nummer und alle weiteren Ausweisdaten sind elek-
tronisch gespeichert - oder sollten zumindest sein, doch

werden immer wieder die Kenndaten des Personalausweises und das Geburtsdatum abgefragt. Nun muss man wissen, dass die ersten 6 digits der ID-Nummer das jeweilige Geburtsdatum wiedergeben: Das könnte doch selbst ein "Blinder mit Krückstock" erkennen, nicht aber ein Bankangestellter. Scheckzahlungen sind hierzulande noch Gang und Gäbe. Da wundert es bei diesen Bänkern voller Misstrauen, dass Schecks ausgestellt und akzeptiert werden, die nicht einmal - wie ehedem in Europa - mit einer Scheckkarte legitimiert werden müssen, wiewohl diese zum "Geldziehen" gebräuchlich ist. Bei einem Geschäft mit Unbekannten ersetzt häufig die Telefonnummer einen Scheckkarten-Code - ja, muss ich denn auf die Anzahl der Anschlussnummern im Kapstädter Telefonbuch verweisen oder an die Glockengasse 4711 erinnern?

Versicherungen? Hm. Ein ergiebiges Feld, das ich jedoch nicht allzu gründlich beackern möchte, da diese Branche von Land zu Land die grösste Ähnlichkeit aufweist. Eine Sachversicherung abzuschliessen wurde mit dem Erwerb unseres Hauses notwendig, doch konnten wir die zahlreichen Teilversicherungen, die da unter einem Hut zusammengefasst wurden, zumindest in jenem Moment gar nicht beibringen. Es waren dies neben der Versicherung des Hauses insbesondere gegen Feuer dessen Inhalt (Household), Unfall (Personal Accidental Risk), Haftpflicht (Personal

Liability) und die Kfz-Versicherung (Motor). Mehr noch
als in Europa sind für Kamerad Normalverbraucher die
Versicherer nur über Makler zu erreichen. Und die glänzen
zumeist mit Halbwissen, was nur damit zu entschuldigen
wäre, dass ihre Provisionen ausserordentlich gering, sie andererseits - ungleich der gängigen Praxis in Deutschland
- an einen einzigen Versicherer gebunden sind. Und genau das war - und ist noch - die Crux. Da erspähten wir
im nächstgrösseren Ort ein stattliches Gebäude, das au-
genfällig von einer Versicherungsgesellschaft besetzt war
und glaubten, dort allein schon der Stattlichkeit wegen gut
aufgehoben zu sein. Drinnen wurden wir von einem Herrn
empfangen, der von Versicherungen nicht einmal die Ahnung einer Kuh vom Sonntag hatte. Darauf war sein Ar-
beitgeber wohl auch gekommen, denn als wir bei unserem
nächsten Aufenthalt in Südafrika "Nägel mit Köppen" machen wollten, war er in die maklernde Selbständigkeit fort-
gelobt worden. Da sich eine Alternative zu der Zeit nicht
anbot, ergaben wir uns in dieses Schicksal, das sich letztendlich als nicht so tragisch herausstellte, weil das Papie-
rene des Versicherers einen ordentlichen Eindruck machte.
Als aber bei der ersten Laufzeitverlängerung die Jahres-
prämie einen gewaltigen Satz nach oben tat, wechselten
wir den Broker und damit den Versicherer, gerieten mit
diesem Schritt aber vom Regen in die Traufe, und zwar
einfach deswegen, weil dieser seine Aufgabe auf den Ab-

schluss reduzierte und uns beim Eintritt eines Schadens-
falles jede Beratung versagte, ganz abgesehen davon, dass
die Prämien wiederum nach oben schnellten, kaum dass
sich Gelegenheit dazu bot. Also war auch der weg. Dann
gerieten wir an einen Luftikus, der sich bald schon in ein
anderes Gewerbe verabschiedete, dessen Versicherer immerhin so aufmerksam war, uns einen Deutsch sprechen-
den Makler zu nennen und mit ihm zu arbeiten empfahl,
und der schien zudem ein wenig beweglicher zu sein insoweit die Wahl des Versicherers betroffen war. Er hält denn
auch nach wie vor die Stellung, nur hat die von ihm aus-
gesuchte Gesellschaft einen Schönheitsfehler: Es ist AIG,
der amerikanische Pleitegeier.

Nachdem wir in Südafrika dauerhaft Anker geworfen
hatten, wollten wir uns krankenversichern und uns mit diesem Schritt von dem deutschen Vollkasko-Denken verab-
schieden, dem wir immer schon skeptisch begegnet waren.
Abermals machten wir eine denkbar schlechte Erfahrung
mit einem regionalen Makler, und nicht nur mit diesem,
der immerhin erkannte, dass er zur Beantwortung unserer
ganz gewiss einfachen Fragen nicht das Zeug hatte. Es gelang ihm, einen consultant des Versicherers nach Greyton
zu locken, der ihm in puncto Halbwissen aber um nichts
nachstand. Da die Zeit drängte - bis Jahresfrist mussten
alle Krankenversicherer kraft Gesetz einen jeden ohne ärzt-
liches Zeugnis akzeptieren -, schlossen wir gleichwohl ab

und begnügten uns mit gründlichem Studium der umfangreichen Dokumentation. Aber der rote Faden meldete sich stante pede, und die nächste Prämie artete zur Frechheit aus. Weg also mit dieser medical aid, wie man die Krankenversicherer hier bezeichnet. Auf zur nächsten, die uns von einer Dame mit dem Hinweis darauf angeraten wurde, dass mit den Prämienzahlungen Meilen bei Swissair gesammelt werden könnten - die Schweizer Fluglinie war zu der Zeit schon dem Untergang geweiht. Als später gleich einem Donnerschlag die Prämienrechnung um sage und schreibe 60 % erhöht wurde und die maklernde Dame sich in Hilflosigkeit verkrümelte, kümmerte ich mich maklerfrei um das Thema Krankenversicherung und schloss mit derselben Gesellschaft, deren Leistung auf die Erstattung von Krankenhaus-Kosten und chronischer Medikation begrenzt ist, zu einer entsprechend günstigeren Prämie ab. Und damit - ich schreibe dies ausdrücklich mit Blick auf Deutschland - lässt sich ganz gut leben, zumal die Prämien der verringerten Leistung deutlich angepasst sind.

Kapitel 11

Umbauen und Bauen in Südafrika

Mit der ersten, nach aktuellem Massstab harmlosen Finanzkrise Anfang der 2000er gelangten wir zu der Überzeugung, dass unser Erspartes besser in der neuen Heimat investiert ist als irgendwo in Europa, und so entschlossen wir uns 2002, in Greyton eine weitere Immobilie zu erwerben und in dieser ein Restaurant und Gästehaus zu betreiben.

Kaum waren die Verträge unterschrieben, gingen wir "frisch, fromm, fröhlich, frei" an den Umbau des gerade in unseren Besitz gelangten Gebäudes. Das Restaurant mit

einer kleinen Bar/Lounge nebenan sollte 2 x 20 Plätze haben, dazu eine state-of-the-art Küche und Vorratsräume.
Im Gästehaus sollten 4 Doppelzimmer mit Bädern ("ensuite") entstehen. Als Architektin wurde uns eine Mitdreissi-
gerin empfohlen, die sich jedoch nur als technische Zeich-
nerin qualifizierte.

Nun musste noch der General Contractor her. Eine
solche Berufssparte ist aber, zumindest in unserer Länd-
lichkeit, unbekannt, sodass wir uns nach allerhand Vorge-
sprächen nur noch in der Hoffnung wiegen konnten, zwei
späte Mädchen mit ihren örtlichen Valley Builders würden
das Projekt schultern. Taten sie auch, wie es zunächst schi-
en, doch ihr Angebot entpuppte sich als eine simple Lis-
tung von Tätigkeit und Material, ohne bei einem immerhin recht stolzen Preis verbindlich zu sein. Als dann auch
noch ein Fertigstellungstermin von "hoffentlich vor Ostern
2003" (das wären 9 Monate gewesen) angedeutet wurde,
verliessen uns die letzten Geister und wir begannen, den
gründlichen Um- und Ausbau selbst in die Hand zu nehmen..

Es stand uns von Anbeginn ein nicht mehr jugendlicher
Knabe zur Seite, der spätere General Manager, mit dessen
Hilfe und Sprache (Afrikaans) wir einen farbigen Builder
gewinnen konnten, der uns wiederum mit weissen Klemp-
nern und Elektrikern zusammenbrachte. Für die vielen anderen Tätigkeiten wie Fliesen legen, Kacheln, Decken ein-

ziehen, Schreinern, Dachdecken, Glasern, Anstreichen und,
und, und stellten sich weitere Farbige zur Verfügung, indem sie ihre handwerklichen Fertigkeiten wortreich anprie-
sen.

Nun musste nur noch das Material besorgt werden.
Greta und ich hatten bereits unsere Hacken abgelaufen,
um Einrichtung und Ausstattung zu beschaffen. Jetzt kam
aber alles dazu, was gemeinhin die Handwerker einbringen:
Sand, Zement, Ziegelsteine, Kies, Balken, Latten, Leisten, Rohre, Fenster, Türen, Bleche, Platten, Zäune, Dachrinnen, Sanitärgut, Armaturen, Lampen, Kabel, Schalter,
Stecker, Schlösser: In einen solchen Umbau ging ja mehr
Zeugs als in einen Neubau! Und dann musste das alles pas-
sen, eine verwegene Erwartung, kamen wir uns doch beim
Erwerb all dieser Dinge vor wie im organisatorischen Nie-
mandsland!

Das war aber noch nicht alles, denn nun ging es an die
Preise, deren Gestaltung dem orientalischen Bazar näher
kam als es die Geographie rechtfertigte. Für ein und dasselbe Produkt trafen wir auf Preisunterschiede von mehr als
50%. Und das war bei weitem nicht eine Frage der Hautfarbe, im Gegenteil. Die schon erwähnten (weissen) Mädchen
begehrten das 6-fache für die Leistung, welche der (farbige) Builder schliesslich einbrachte. Allerdings stellte sich
mit dem Baufortschritt heraus, dass der Gesamtpreis für
die Tätigkeiten des Bauführers - nennen wir ihn einmal so

- nur ungefähr war. Also blieb der Gute mit seinen Leuten
einfach weg, als dieser Preis sukzessive bezahlt war. Fortan musste nach Stunden abgerechnet werden, sodass sich
der tatsächlich entrichtete Gesamtpreis dem "Sechsfachen"
bedenklich näherte.

Nehmen wir uns einmal die gewaltigen Preisunterschiede vor, denn in ihnen schlummerte Potenzial. Wenn also
Preisunterschiede von 50% und mehr für genau dasselbe
Produkt möglich waren, läge es doch auf der Hand, dass
die jeweiligen Handelsmargen noch mehr hergaben. Nachdem wir also begriffen hatten, wie "der Hase läuft", begannen wir wie im Bazar zu "chinchen", und das mit unerwartet grossem Erfolg. Wenn der eine vom tieferen Preis des
anderen hörte, legte er sich ohne Zögern mit seinem Angebot darunter. Dann ging es zum anderen, und der reduzierte abermals. In der Alten Welt waren wir diese Spielchen
ziemlich leid, aber hier funktionierten sie noch prächtig, so
prächtig in einem Fall, dass der Einkaufspreis des Händ-
lers ohne Bedacht unterschritten wurde, dies allerdings bei
einem die Mischkalkulation ermöglichenden Volumen. Bei
anderen stiess man jedoch auf Sturheit, indem sie nicht
erkennen wollten, dass es Minderkosten entspräche, wenn
sie statt 1 m^2 Fliesen 120 in einem Rutsch verkauften und
das Einsparen dieser Mehrkosten einen Nachlass auf 120
m^2 rechtfertigte. Da nicht alles ab Lager geliefert werden
konnte, musste häufig der Computer befragt werden - es

gab ihn schliesslich überall. Diesen aber richtig einzusetzen lag einem Jeden fern. Und weil sie einfach zu faul waren (sie waren ja nicht blöd, die Jungs), die von ihnen benutzten Kürzel und Codes in Klarschrift anzubieten, blieb mir die Klärung unter Zuhilfenahme des - immerhin vorhandenen - Prospektmaterials überlassen.

War schliesslich ein Auftrag erteilt, ein Auftrag mit Lieferzeit also, musste man sich von der Vorstellung befreien Kunde zu sein, also König. Eine Auftragsbestätigung gab es nicht, nirgendwo und nirgendwann gab es einen Nachweis, dass eine Bestellung richtig aufgenommen worden war, und der Glaube an Zuverlässigkeit und Preisgültigkeit wich der Befürchtung, Willkür ausgeliefert zu sein, käme es zu Reklamationen. Das hohe Gut von Treu und Glaube wurde arg beansprucht. Anzahlungen aber wurden immer erwartet, und zwar nicht zu knappe, keinesfalls weniger als 50%, und man hatte im Zweifelsfall einen Batzen Geld hergegeben, jedes Recht auf das Angezahlte aber auch, da Schriftliches nicht vorhanden und an eine Bankgarantie für die Anzahlung nicht zu denken war. Eine Rückfrage nach der vereinbarten Lieferzeit löste - man glaubt es kaum - die dreiste Gegenfrage aus, ob die Anzahlung denn geleistet sei. Der Glaser aber, ein Farbiger, wollte sich hingegen sofort nach Leistung der Anzahlung davon machen, wurde aber schnell eines Besseren belehrt, denn er hatte vergessen, die Zahlung quittiert zu haben. Wenn man ein bestimmtes Mass oder irgendeine für die Auftragsdurchführung wichtige Information an einen Lieferanten gab, konnte man in 9 von 10 Fällen davon ausgehen, dass die bezogene E-Mail oder das Fax gar nicht gelesen worden waren und die betreffende Information per Telefon angefordert wurde. Ja, wo sind wir denn? Stimmt: In Afrika!

Kam es zur Lieferung einer Reihe von bestellten Positionen, war sie in Missachtung des Verbots von Teillieferungen unvollständig, dafür aber traf die Zahlungserinnerung noch vor der Rechnung ein, und es erdreistete sich gar ein Sachbearbeiter, die sofortige Zahlung zu verlangen. Die handgeformten clay tiles waren hingegen schon längst per Scheck bezahlt, als der Lieferant höflich nachfragte, wie es denn mit der Zahlung stünde. Es stellte sich heraus, dass die auf seinem Rechnungsformular angegebene Postanschrift nicht mehr gültig war. Hätten wir den zuverlässigsten Lieferanten zu küren gehabt, es wäre ein Inder geworden, ein Inder von deutschem Uradel: Der hiess Meyer, Meyer's Wrought Steel.

A propos Farbige. Der schon erwähnte, in die Jahre gekommene Knabe nannte sie respektlos "Baboons" (Paviane). Gleichwohl kamen mir angelegentlich Zweifel, wer von diesen beiden denn über einen höheren IQ verfügte. So hatten wir bei Vertragsschluss die Abstinenz von Alkohol zur Auflage gemacht. Das lief auch ganz ordentlich,

mit Ausnahme des builders selbst, der das eine ums andere
Mal montags mit zu viel Restalkohol im Blut nach Hause geschickt werden musste. Andererseits war es schaurig,
den Maurern selbst im nüchternen Zustand bei ihrer Arbeit zuzusehen, wie sie drauflos kloppten. Die hätten das
fast 100 Jahre alte Gebäude einfach platt gemacht, wenn
sie nicht gezügelt worden wären. Wenn Fenster angeliefert
wurden, schlugen sie in die gerade gemauerte Wand ein
Loch und passten das nächstbeste Fenster ein, ohne je ein
Mal die durchaus vorhandenen Pläne zu konsultieren. Sie
mischten den Speis wie Muttern ehedem den Kuchenteig,
und ihr Verhältnis zu Toleranzen und den Hilfsmitteln, die
auf einer Baustelle das Lineal ersetzen, war - für uns kein
Novum mehr - von Grosszügigkeit geprägt. Da gab es zum
Beispiel Friese um die strassenseitigen Fenster, Friese im
Stil des frühen Art Déco. Natürlich erhielten der eine und
andere deftige Macken beim Austausch der Fenster, doch
sie wurden repariert, nur wie! Arbeitswillig und zuverlässig
im Erscheinen waren sie, und der Wille zur guten Tat war
zumindest erkennbar, sodass einem das Mosern letztendlich schwer fiel.

Nun gab es ein paar versteckte Mängel an dem Gebäude,
deren rechtzeitige Kenntnis uns möglicherweise vom Kauf
abgehalten hätte. So ging man in den frühen 1910er- Jahren mit der Beschaffung von Baumaterial recht pragma-
tisch um. Wurden Ziegelsteine knapp, half man sich mit

KAPITEL 11. UMBAUEN UND BAUEN IN
SÜDAFRIKA

Granitbrocken aus dem nahe gelegenen Sonderend Fluss weiter. Und zur Verwendung als Deckenbalken wurden die nächst besten Bäume umgelegt. Das machte die Restaurierung nicht gerade einfacher.

Keller sind in südafrikanischen Familienhäusern unbekannt. Das ist insoweit auch in Ordnung. Nun wurde unser Gebäude auf abschüssigem Boden errichtet. Auch dagegen ist nichts einzuwenden, wenn einem die Liebe der Buren zu Unebenheiten und ihr Hang nicht gewärtig ist, alle Jahre wieder ein bisschen (Hässliches) anzubauen. Im Zuge unseres Umbaus entdeckten wir demnach mehr Schrägen und Stufen als uns lieb war. Hinzu kam, dass die Freiräume zwischen Dielen und dem nackten Erdreich durchaus diese Bezeichnung verdienten. Allein der Gedanke an die zahllosen Brutstätten, die in solchen Zwischenräumen von Ungeziefer angelegt werden können, bescherte Greta viele schlaflose Nächte. Gründlich daher, wie es unsere Art ist, liessen wir anschütten & aufschütten und aufschütten & anschütten.

Dann war da im Loftbereich ein Auffangbehälter für Regenwasser (Greyton erhielt erst Ende der 1970er-Jahre fliessend Wasser), der in puncto Stabilität dem Bunker auf dem Heiligengeistfeld in Hamburg Paroli bot. Hätten wir seine Entfernung den Farbigen überlassen, wäre das ganze Gebäude kollabiert. Für die notwendige statische Entlastung musste eine Traverse aus Spannbeton her; erst dann konnte das Ungetüm entfernt werden.

Im deutlichen Gegensatz zu unserem dörflichen Elektro-Trottel war der beauftragte Elektriker ein erfahrenes Kerlchen, sein Kollege von der Klempner-Zunft hingegen nicht so professionell, dafür aber chaotisch in allem, was er tat. Wenn er 10 m Rohr benötigte, kaufte er diese nicht am Stück, sondern pro Tag 1 m. Aber er war erfahren im Umgang mit so ollen Gebäuden und gab uns nützliche Tipps, ohne die wir vermutlich nicht klar gekommen wären, denn die technisch zeichnende Architektin war doch ziemlich unerfahren und mithin froh, dass ihr ein Mannsbild zur Seite stand.

Claro, auch in Südafrika läuft nichts ohne die Behörden. Eigentlich war eine Umbaugenehmigung als solche nicht erforderlich, man hatte aber das OK der Aesthetics Commission - sie ist für ein immerhin attraktives Dorfbild verantwortlich - einzuholen und den mit diesem OK versehenen Planungssatz der Gemeinde vorzulegen. Von dieser kam jedoch das go ahead erst, als der Umbau abgeschlossen war. Alle sonstigen Angelegenheiten wie etwa Strom- und Wasseranschluss wurden hingegen seitens der Gemeinde prompt erledigt. Das brachte ja auch Geld.

Dass wir trotz all dieser Unbill vor Weihnachten eröffnen konnten, war - Zitat - "in und für Greyton eine bemerkenswerte Leistung". Wir wollten uns zum Schluss auch nicht (mehr) beklagen, dass so vieles nicht gerade nach unseren Vorstellungen gelaufen war. Uns mehr in Gelassenheit zu üben, war eine gute Lehre, die wir aus diesem Vorhaben zogen.

Als wir im April 2000 unser home & castle in der von Solms Street bezogen, gingen wir eigentlich davon aus, so lange darin zu wohnen, bis der erste von uns herausgetragen würde. Allerdings hörten wir sehr bald, dass die Afrikaaner im Schnitt alle 7 Jahre ein anderes Haus beziehen. Das dämmerte uns denn auch, als wir die ortsansässigen Makler abzählten und auf 9 bei 400 Einwohnern kamen.

Wie schnell wir uns diese Attitude zu eigen machten! Gleich mehrere Umstände bewogen uns schon vor Ablauf solcher 7 Jahre, innerhalb Greytons ein neues Heim zu suchen. Obschon unser Sicherheitsbedürfnis in dem äusserst ruhigen Ort diesen Schritt nicht herausforderte, entschlossen wir uns, ein Haus in dem neu angelegten Country Village zu bauen, einem in sich abgeschlossenen und bewachten Komplex, wie sie allerorten aus dem Boden schiessen. Das Gedöns nur, mit dem man sich als Bewohner eines solchen estate auseinandersetzen muss, hatten wir keineswegs erwartet - es stellte sich um keinen Deut besser heraus als die soziale Spiesscrei, der wir mit unserem Umzug von Europa ausgewichen zu sein glaubten. Aber das nur am Rande, denn nun wurde gefragt, wie es denn mit einem Neubau vonstatten gehen könnte. Und ich sage es gleich,

wie überaus gesegnet wir mit John waren, dem wir die
Arbeiten an unserem Ersterwerb anvertraut hatten. Auch
wagten wir, uns daran zu erinnern, wie letztendlich doch
gelungen der in Eigenregie durchgeführte Umbau war.

Obwohl es zunächst so aussah, als ob die gut gelegenen Grundstücke bereits in toto vergeben worden seien,
gelang es uns, eine immer noch recht attraktive Lage im
Westen des estate zu sichern. Attraktiv deswegen, weil die
erhabene, einer Warft vergleichbare Position kaum zu nas-
sen Füssen führen würde, wenn heftiger Regen - und verdammt, der kann heftig sein - aus dem entlang fliessenden
Rinnsal einen reissenden Strom machte. Attraktiv auch,
weil halbmondartig vor unserem zukünftigen Haus eine
Grünanlage ("commonage") geplant war, die eine abschir-
mende Funktion übernehmen sollte. Attraktiv schliesslich,
weil durch die Randlage der Blick auf die bis 1500 m an-
steigenden Sonderendberge im Norden und die Swartber-
ge, eine Hügelkette im Süden, relativ unversperrt blieb.

Weil uns die Räume in einem Musterhaus eher klein
erschienen, kamen wir der Auflage gerne nach, auf dem
von uns gewünschten Doppelgrundstück ein entsprechend
grösseres Haus zu planen. So entschlossen wir uns, die
Deckenhöhe um 200 mm höher anzusetzen und die Zimmer einschliesslich Veranda ("stoep") wurden allein schon
deswegen grösser, weil wir die Passage zwischen Wohn-
und Schlafbereich so aufblähten, dass dort unsere Biblio-

thek untergebracht werden könnte. Flugs waren wir bei etwa 200 m^2 Wohnfläche angekommen, bestehend aus einem grossen Wohn-Esszimmer mit open plan kitchen, der Bibliothek mit flankierenden stoep und study sowie dem master bedroom mit Bad und einem geräumigen Gästezimmer mit Bad. Nun konnte es ja losgehen, und das tat es denn auch im Juli 2004. Das Ausschachten entfiel grösstenteils wegen fehlenden Kellers. Stattdessen hob ein Schaufler weniger als $\frac{1}{2}$m Erde entlang einer weissen Markierung aus und schon ging das Mauern los, mit Ziegelsteinen aus der Region. Einen Bauplan haben wir zu keiner Zeit in Handwerker-Hand entdecken können, wussten aber von dessen Existenz. Waren ein paar Lagen Ziegelsteine übereinander gebracht, kam die Aktion mit den Fenstern bzw. ihren aus viel zu frischem Holz geschnittenen Rahmen. Die wurden - vielleicht gar unter Zuhilfenahme einer Wasserwaage - eingepasst und mit beidseitig schräg angesetzten Balken ins Lot gebracht. An einem solchen Lot entlang nahm dann das Mauern seinen Fortgang; bei Erreichen der Soll-Höhen wurden die Innenräume gelegentlich mit Beton ausgegossen.

Da unser Haus in diesem Teil des Komplexes als erstes errichtet wurde, fiel uns zum eigenen Nachteil nicht - oder erst zu spät - auf, dass der Architekt bündig auf die südliche Grenze bauen liess - eine seiner vielen begangenen Dummheiten. Grenzbebauung war zwar einseitig geneh-

migt worden (je 2 m Abstand zur Grenze sind die Norm),
doch in unserem Falle grober Unsinn, hatten wir doch ein
Doppelgrundstück erworben und das Haus logischerwei-
se in die Mitte zu platzieren im Sinn gehabt, statt an den
Rand dieses plots (und natürlich wurde später das südliche
Nachbarhaus ebenfalls grenzbündig mit unserem gebaut).

Der Baufortschritt richtete sich inzwischen nach den
Zu- und Ableitungen, die der Klempner anzulegen hatte. Anders als bei allen Häusern im Dorf, die über sogenannte conservancy tanks ihre Brauch- und Abwässer
entsorgen lassen müssen, führt die Country Village zentral in eine Kläranlage ab, deren Standort ich allerdings
noch nicht entdeckt habe. Ob auch das Brauchwasser aus
Bad und Küche diesen Weg nimmt, habe ich auch noch
nicht herausgefunden. Sicher ist - und kann so beobachtet werden -, dass es an den verursachenden Stellen aussen in offenen Gullys aufgenommen wird. Wenn es also
drinnen plätschert, tut's das auch draussen: eine Art sa-
nitärer Stereophonie. In dieses überkommene System darf
sinnigerweise Regenwasser wiederum nicht entsorgt werden, das mehr oder weniger ungeschickt von den Abläufen
der Dachrinnen "oberirdisch" verteilt wird. Und dann ragt
an einer Hausecke - und jedes Haus hat eine solche Ecke
- ein Rohrendstück schräg aus dem Boden, das mit einer
simplen Kapsel verschlossen ist. Ich kann nur vermuten,
dass es so eine Art Vakuum-Brecher darstellen soll.

KAPITEL 11. UMBAUEN UND BAUEN IN SÜDAFRIKA

Da wir gerade die Klempner-Arbeit auf der Latte haben, greife ich der Entwicklungsgeschichte unseres Hauses in dieser Fakultät ein wenig vor und beleuchte ein Detail, nur eines. Da sich unsere Maids - die eine wie die andere - bestens darauf verstanden, die Weichdichtungen der Wasserhähne zu überdrehen, entschlossen wir uns, Hähne mit keramischen Sitzen anbringen zu lassen. Nur wussten die Klempner nicht, dass es solche Hähne gab und hatten ergo keinen Schimmer von deren Schliessmechanismus. Es ist insofern nur konsequent, dass sie einen Hahn - zum Glück nur einen! - so lange kräftig schlossen, und die Jungs sind kräftig, bis er schliesslich brach. Damit aber nicht genug. Der Oberklempner erdreistete sich dann noch, den Bruch zu kleben, zu leimen also - man soll es einfach nicht glauben!

Das Fundament war - vielleicht unorthodox spät - gegossen, und das Hochziehen der Innenmauern führte peu à peu zu der gewünschten Zimmeraufteilung, wobei uns leider entging, dass diese Null eines Architekten keineswegs unsere Vorgabe beachtete, die Nischen in der Bibliothek wie aufgetragen zu vermessen, dass nämlich alle Bücherborde angebracht werden könnten. Sie konnten nicht, sodass sich wieder einmal das Auge wird daran gewöhnen müssen. Aber auch den Maurern - wenn es denn solche waren - unterliefen so einige Schnitzer, da ihnen weder die Orientierung an Fall-Lot und Wasserwaage geläufig noch bewusst war, welchen Sinn gerade im Baugewerbe die Zentrierung hat. Ich will das an zwei Beispielen dokumentieren, hinter die ich erst gestiegen bin, als es zu Korrekturen viel zu spät war.

Der Kamin, die offene Feuerstelle im Wohnzimmer, erhielt einen metallischen Einsatz, den wir hier "jet master" nennen und der den Kaminzug befördert. An dem Wandvorsprung, hinter dem sich dieser Kamin verbirgt, brachte ich nun die mit unseren Konterfeis angereicherte Quasi-Kopie eines russischen Expressionisten an und war insbesondere um die Zentrierung dieses mit einer Bilderlampe zusätzlich beleuchteten Gemäldes bemüht. Diese nahm ich wiederum an dem jet master ab, und genau das war der "Kasus knacktus", denn es stellte sich heraus, dass eben der um 30 mm (bei einem Vorsprung von 1,50 m eine ganze Menge) aus der Zentrierung geraten war. Um die optische Irritation zu mässigen, musste ich also das Bild mittig zum Mauervorsprung, unmittig demnach zur Feuerstelle, anbringen.

Die beiden kleinen, nach hinten reichenden Schlafzimmer-Fenster wollten wir mit faltbaren Gittern ausstatten, die sorgloses Schlafen bei geöffneten Fenstern ermöglichen. Der geringen Breite dieser Fenster wegen sollten diese Faltgitter vertikal auf Schienen zu bewegen sein, und diese Schienen hatten sich natürlich parallel zueinander zu verhalten. Diese Rechnung war aber ohne unsere Maurer gemacht, denn die Nischen waren nicht nur unterschiedlich breit, sondern die Hauswand auch noch schräg, um 5 mm immerhin über eine so kleine Strecke wie ein Fenster hoch ist. Pisa liess grüssen, und zwar der Turm. In dem gerade eingerichteten Zimmer mussten also Stein und Mörtel beschlagen und neu verputzt werden, um Gitter und Führung anzubringen. Mir wurde klar, dass die Maurer ihren dicken Daumen Lot und Wasserwaage vorzogen.

Wie das mit dem Einsatz der Dachdecker und der Bauschreiner im Einzelnen weiterging, entzog sich unserer Wahrnehmung, sicherlich auch jener des Architekten. Jedenfalls war das Dach irgendwann drauf - aus Wellblech, wie fast überall hier unten, das schliesslich den Blitzableiter ersetzt. Und wenn es richtig weht und das tut's nur zu oft hier am Ende des Kontinents, scheppert es gewaltig und geht einem durch Mark und Bein. Dann sollten doch lieber ein Blitzableiter und ein ordentliches Ziegeldach her, dachten wir uns.

Immerhin, der "Stapellauf" - sagen wir es einmal so - war gemacht. Nun kam die Innenausstattung. Und hier interessierte den Bauschreiner nicht die Bohne, welchen Beitrag der Tischler noch zu leisten hätte. Wo immer die Raumkonzeption es zuliess, sollten (vom Tischler) Schränke eingebaut werden. Nachdem die Wände verputzt (Tapeten halten sich bei unserem Klima nicht) und die Fliesen gelegt waren, verging sich der Bauschreiner insofern an unse-

rer Spezifikation, als er die Fussbodenleisten in einem sat-
ten Rundumschlag überall anbrachte und dabei übersah,
dass die Masse für Einbauschränke hätten ausgespart werden müssen. Logisch-unlogisch, dass der Tischler später die
Einbauschränke vor die Fussbodenleisten setzte und dem
"barocken" Leistenprofil anpasste. War doch klar, oder?
Nun bestanden wir darauf, dass Einbauschränke erst dann
solche seien, wenn die Fussleisten vor denselben - und nicht
dahinter - angebracht würden. In waghalsigen Zuschnitten
- Barock lässt grüssen - wurde dann gestückelt, und ein
weiteres Andenken war uns sicher.

Wie es nicht anders zu erwarten war, entwickelten sich
Fenster und Türen zu einem echten Problem, dessen Lösung
- wenn überhaupt - uns noch lange beschäftigen wird.
Das verarbeitete Holz war keineswegs abgelagert und auch
nicht technisch getrocknet worden. Ausserdem waren Fenster und Türen während der eigentlichen Bauzeit von ihren Rahmen getrennt und unterschiedlichen Witterungs-
verhältnissen ausgesetzt worden. Schliesslich musste bezweifelt werden, ob denn überhaupt - bei maximal 60 im
Bau befindlichen Häusern und so starkem Verzug - die ursprüngliche Passung von Fenster und Tür mit ihren Rahmen wieder hergestellt werde. Es klemmte schlichtweg jedes und jede.

Nachdem der Bauaufseher, besser so eine Art Verschnitt
desselben, sich dieses Problems anzunehmen herabliess,

schickte das Cleverle zunächst den Anstreicher, der alle
Fenster und Türen nochmals mit Farbe und Pinsel trak-
tierte. Erst danach orderte er den Bautischler, der pflichtbewusst mit Hobel und sonstigem abtragenden Werkzeug
die Gängigkeit herzustellen versuchte und in diesem Un-
terfangen rohe Oberflächen entstanden, die wiederum gestrichen werden mussten.

Um die Winddurchlässigkeit von Fenstern und Türen
besser zu verstehen, muss ich mit meiner Darstellung ein
wenig ausholen. Türen, und zwar alle Türen, werden nicht
wie in Deutschland eingehängt, sondern mit grossen Laschen an die Rahmen geschraubt. Wenn das nicht höchst
präzise vonstatten geht und wenn nicht tatsächlich die
richtigen Türen in die richtigen Rahmen eingepasst werden, entstehen rundum mehr oder weniger breite Schlitze,
durch die bei starkem Wind draussen brennende Kerzen
drinnen erlischen können. Hinzu kommt, dass es sich bei
den nach aussen führenden Türen zumeist um sog. hap-
py doors handelt, Flügeltüren mit Glaseinsätzen, daher
Neigung zum Verwinden. Ich fasse zusammen: Zu feuchtes
Holz, falsche Tür-Einsätze, unpassende Laschen und kon-
struktive Verwindung - da muss man ja schon Verständnis
dafür haben, dass so etwas gar nicht funktionieren kann.
Entsprechend dauerte es mehrere Monate und wiederholte
Versuche, bis die Türen auch nur halbwegs dicht schlossen.

Wegen des häufig starken Windes öffnen alle Fenster

des Hauses - wie an den Küsten in Deutschland - nach
aussen. Sie werden aber nicht eingehakt wie dort, sondern
über eine Schiene mit Flügelschraube in Position gehalten,
wenn sie geöffnet sind. So weit, so gut. Der Fenstergriff,
ein niedliches Ding, schiebt einen ebensolchen minimalistischen Riegel beim Schliessen auf einen metallischen Vorsprung am Mittelrahmen. Das ist alles, denn ein Schliessmechanismus wie in Deutschland ist hier unbekannt. Es
dämmert also, dass nur eine höchst präzise Verschraubung
dieses im Verhältnis zur Fenstergrösse viel zu kleinen Ver-
schlusses zur erforderlichen Dichtigkeit führt, von den anderen Passungsproblemen einmal abgesehen. Also lag es
auf der Hand, dass nicht ein Fenster zuverlässig dichtete.
Da aber einmal gedrehte Schraubenlöcher nicht verändert
werden können, schon gar nicht bei dem Holz, wurde er-
barmungslos gepfuscht und die Mängelbeseitigung nur vor-
getäuscht: Ein weiterer Grund zu "unverhohlener Freude".

Aber auch mit dem regulären Tischler hatten wir so
unsere Probleme, insbesondere mit den Hängeschränken in
der Küche. Dass die beim Einzug noch hingen, grenzte an
ein Wunder, denn die sie haltenden Winkel stellten sich -
mit einer Ausnahme - als Attrappen heraus. Die Handwerker waren äusserst careless mit deren Anbringung vorgegangen, und die Schränke wurden ausschliesslich von wenigen rückseitigen Schrauben gehalten. Stützweise mussten
wir zahlreiche Bücher zweckentfremden, bis die Chose ge-

KAPITEL 11. UMBAUEN UND BAUEN IN
SÜDAFRIKA

richtet wurde.

Der Elektriker aber war der grösste Held. Fangen wir
bei der Unterboden-Heizung an, in den mit Kacheln ausgelegten Zimmern eine ziemlich endgültige Angelegenheit
zumal dann, wenn sie nicht funktioniert. Wie ein herbei-
gerufener Fachmann herausfand, war der Stromkreis eines
unter Flur bereits versenkten heat sheet gar nicht hergestellt; immerhin gelang es diesem, die Stromunterbrechung
so präzise zu orten, dass nur eine Fliese aufgeschlagen werden musste, was relativ flott getan war. Hingegen mussten
in den bedrooms alle Kabel neu verlegt werden, die Nu-
ten dafür waren zwar geschnitten, aber nicht genutzt worden. Auch der Boden war - da gänzlich ungesäubert - von
Kieselsteinen und ähnlichen Widerständen übersät. Der
erforderliche Zeitaufwand zur Behebung dieser Schlampig-
keiten war denn ein solcher. Ein besonderes Anliegen des
Elektrikers war es, Lichtschalter genau dort anzubringen,
wo sie nicht oder nur umständlich erreichbar waren. Wurde zum Beispiel die Tür zur Garage geöffnet, verdeckte
sie den Schalter wenn geöffnet. Man musste also die Tür
von innen wieder schliessen, um das Licht anschalten zu
können, und das im Zweifelsfall bei Dunkelheit. Dann ist
es Vorschrift, dass bei jeder Hausübergabe (auch bei Haus-
verkauf) ein Zeugnis darüber ausgestellt wird, dass die
Elektrizität in toto den geltenden Regeln und Vorschrif-
ten entspricht. Als nun dieses Zeugnis eintraf und ich fest-

stellte, dass es codewidrig von eben dem Elektriker ausgestellt worden war, der die Arbeiten durchgeführt hatte (§1 Qualitätssicherung lässt grüssen), machte sich auf unsere Initiative ein ausgewiesener Fachmann über die häusliche Verkabelung mit dem Ziel her, uns ein "echtes" conformity certificate auszustellen. Ich will mich nicht in Einzelheiten ergehen, aber der Mann musste den zentralen Schaltkasten von Grund auf neu verkabeln (und richtig beschriften), so grausam nachlässsig war er angelegt.

Ein Kuriosum zum Schluss. Dem Architekten - ein gutes Haar an ihm zu lassen, fiel uns ohnehin schwer - gaben wir auf, Sicherheitsschlösser für alle Aussentüren vorzusehen. Eingebaut aber wurden Dreifach-Schliessbolzen, doch die Schlösser dazu wurden mit Schlüsseln bewegt, die bei jedem Schlüsseldienst off the shelf erworben werden könnten. Sicherheit, ik grüsse dir.

Kapitel 12

Reisen innerhalb & ausserhalb Südafrikas

12.1 Western Cape 30.04. - 06.05.2000

Franschhoek → Paarl → Tulbagh → Montague → Calitzdorp → Oudtshoorn → Prince Albert → Graaff-Reinet → Swellendam

Um unsere Wartezeit auf das Eintreffen des Umzug-Containers zu überbrücken, entschlossen wir uns, ein erstes Mal auszuschwärmen und einen Ausflug ins Western Cape

183

zu unternehmen, statt in unserem leeren Haus die "Mäuse
auf den Pin zu kloppen".

Also machten wir uns am frühen Nachmittag des 30.
April aus dem Staub - oder besser in denselben - und fuhren westlich über Gravel im Tal des Sonderend River (an
dem auch Greyton gelegen ist), dann entlang der Thee-
waterskloof-Talsperre und über den Franschhoek Pass in
den Ort, der diesem reizvollen Pass seinen Namen gab.
Dort trafen wir auf beste Sonntagsstimmung bei ebensolchem Wetter. Gleich nach Einbiegen in die Hugenot-
tenstrasse bot sich die Gelegenheit, ein paar Austern zu
schlürfen und dazu köstlichen Wein der Region zu trinken. Das Abendessen fiel dann nicht so köstlich aus, wie es
dem Ruf Franschhoeks als Gourmet-Hauptstadt Südafrikas entsprochen hätte.

Am Tag der Arbeit - auch hier kein Arbeitstag - fuhren wir zunächst nach Paarl, wo wir unweit der N1-Abfahrt
#59 selbst gezogene "Macadamia-Nuts" - Helmuts liebs-
te "Nut-ten" - einkauften (die zum Knacken der äusserst
harten Nussschalen eingesetzte Maschine sei aus Deutschland). Über Wellington und die Bainskloof- und Mitchell's
- Pässe (Obacht, wenn ich hier von Pässen schreibe, sind
diese in der Regel nicht höher als 400 bis 500 m über
NN) nach Ceres in der "südafrikanischen Schweiz" - jedem Land seine Schweiz - und von dort weiter nach Tulbagh mit seinen vielen historischen Gebäuden kapholländi-

scher Bauart, von denen die meisten dem Vernehmen nach erst im Anschluss an das grosse Erdbeben 1969 zu ihrer ursprünglichen Schönheit regeneriert wurden. Besonders die inzwischen als Museum eingerichtete Dorfkirche gefiel uns, weniger das Angebot an Unterkünften, weswegen wir über Worcester und Robertson weiterfuhren und in einem "Spring Resort" Hotel in Montague nach insgesamt 230 km zur Übernachtung eincheckten. Im Gegensatz zum Inhalt der Werbeschrift des Hotels entliess uns ein Bad in dem radioaktiven und 43 Grad warmen Springwater ziemlich nüchtern; es hätte einen Geigerzähler wohl nich zum Ausschlag gebracht. Den Abend beschlossen wir mit einem Nachtessen, das - na ja, lassen wir das: Vielleicht war unsere Erinnerung an die gute europäische Küche noch zu frisch.

Über Ashton und Robertson fuhren wir tags drauf rückwärts nach Worcester und gingen dort auf die N1, die wir in östlicher Richtung bis Laingsburg befuhren und dort rechts abbogen, um von der grossen in die kleine Karoo zu wechseln, der unserer Meinung nach fruchtbarsten Wüste ever. Über den Rooinek-Pass ging es (auf gravel, wir waren's ja inzwischen gewohnt) in den "Seweweeks-Poort" (7-Wochen-Schlucht), ein sandsteiniges Naturschauspiel ohnegleichen - 27 km immer bergab. Greta wurde still und stiller, statt des sich bald uns öffnenden Höllentors dachte sie wohl eher daran, was denn wohl passieren würde,

wenn man sich hier, bei einer Verkehrsdichte im Nullbe-
reich, einen Plattfuss holte. Der Poort spuckte uns schliesslich doch wieder aus und bald schon befanden wir uns
nach einer Tagesstrecke von 350 km in Calitzdorp, der
Portwein-Kapitale Südafrikas. In einem dortigen guesthouse wurde uns ein sehr freundlicher Empfang bereitet - mit
Portwein, womit sonst - und sogleich berichtet, what's on
in Calitzdorp. Na, in dem Vergleich ist das ruhige Greyton ein quicklebendiges Ding - wie wir überhaupt bei aller
Wertschätzung der von uns besuchten Orte immer wieder
bestätigt fanden, dass wir mit Greyton eine gute Wahl getroffen hatten.

Wohl denn, in einem recht dörflichen Gasthaus machten wir einem Mittel aus Jens und Tedeboje - nur Kenner
von Hedwigenkoog in den Dithmarschen erkennen, welchen
Typus-Mix ich meine - unsere Aufwartung. Ein mehrfach
wieder aufgewärmter Trumm eines Hammels (nicht etwa
eines der Heidschnucke vergleichbaren Karoo-Lamms) wurde dann mit Alkoholischem in den Magen befördert.

Einem der vielen namhaften Portwein-Güter in Calitzdorp galt tags drauf unsere Aufmerksamkeit. Was soll ich
sagen: Die Tawny Ports waren ein Gedicht und die Vintage
Reserve ein ganzer Gedichtband, wohingegen alle anderen
Portweine (Ruby, Cape Vintage) mit der Dichterei nicht
viel zutun hatten.

Unser nächstes Ziel war Oudtshoorn, wo noch heute

die meisten Strausse Südafrikas gezogen werden - einige
von ihnen sahen wir schon auf der Fahrt dorthin. Der Ort
beeindruckte uns nicht sonderlich, schon gar nicht die -
zumeist verunstalteten - Paläste der ehemaligen Straus-
senbarone, die hier früher wohl die Puppen tanzen liessen.
Auch das Straussen-Museum machte uns nicht an, denn
es glich eher einer dieser neugotischen Kirchen, die man
hierzulande vielerorts verbrochen hat.

Da Greta in der Schweiz das Pass-Fahren schätzen gelernt hatte, fuhren wir von Oudtshorn weiter über den
Swartberg-Pass, den wohl spektakulärsten im Süden des
Landes, der einzig den Namen "Pass" verdient hat, mit
echten Haarnadel-Kurven und Steigungen (alles gravel),
die unseren SUV erstmals forderten. So gelangten wir - 130
Tageskilometer waren nur gefahren - nach Prince Albert,
einem verschlafenen kleinen Örtchen, in dem sich kapholländische und viktorianische Architektur in Eintracht
begegnen. In dem entzückenden Museum zu Gewerbe und
Geschichte waren wir wohl die einzigen Tagesbesucher, wie
auch die einzigen Gäste in dem kleinen Hotel, in dessen
Küche nur für uns ein Nachtmahl bereitet und serviert
wurde: Essen wie gehabt, Bedienung köstlich, mit ihren
weissen Häubchen und freundlichen braunen Gesichtern.

Die grosse Karoo - von Worcester bis hinter Laingsburg
hatten wir sie bereits erfahren - wollten wir am 4. Mai
näher kennen lernen. Nicht zuletzt Graaff-Reinets wegen,

der Stadt der Unruhestifter und Raufbolde aus Voortrekker-Zeit, im NO des heutigen Eastern Cape gelegen. Wir schwappten also rüber nach Klaarstrom und fuhren dann auf der N12 durch den viel gerühmten Meiringspoort, und von de Rust wurden dann Kilometer "gekloppt": über die R341 zur N9 und dann straight up zur "Perle der Karoo". Jessas, nun auf einmal hatte der Reiseführer doch recht: die Grosse Karoo ist ja platter als Norddeutschland, aber eben Wüste. 370 km.

In der einstigen Gesinde-Unterkunft der zu einem Hotel umgewandelten Drostei übernachteten wir bei A/C-bedingter, dadurch erstmals passabler Zimmertemperatur, denn bei durchwegs strahlendem Sonnenschein unterwegs waren die Nächte doch empfindlich kalt. Ein Rundgang durch den Ortskern überzeugte uns davon, dass Graaff-Reinet - die nach Kapstadt, Stellenbosch und Swellendam viertälteste europäische Gründung - ein Juwel kapholländischer Architektur ist. Keineswegs mit Juwelen liess sich hingegen das bestenfalls den Hunger stillende, keineswegs vergnügliche Abendessen vergleichen.

Am folgenden Morgen des 5. Mai besuchten wir das liebevoll gestaltete Reinet-Museum mit dem angeschlossenen Urquart-Haus und setzten unsere Fusserln dann noch in einen weitläufigen Antiquitäten-Shop, bevor wir die etwa 640 km lange Etappe unserer Rückreise antraten. Sie führte uns zunächst auf der N9 nach Aberdeen, von dort

über eine quasi verkehrsentsorgte R61 (7 gezählte Wegbie-
gungen, elf entgegenkommende und drei überholte Fahr-
zeuge auf 150 km) nach Beaufort West, einem hässlichen,
wieder im Western Cape gelegenen Kaff. Über die N1 - die
südafrikanische Diagonale - weiter südwestlich bis Laingsburg und über den Rooinek-Pass, wo sich der von uns auf
dieser Reise beschriebene Kreis denn schloss. Mit reichlich
gravel "unterm Kiel" weiter Richtung Ladismith und rüber
zur R62 (der südafrikanischen "Route 66") und ab Bar-
rydale auf der R324 über den Tradouw-Pass direkt nach
Swellendam, wo wir rechtzeitig in einem recht eleganten
Country House eintrafen, um uns - endlich einmal exzel-
lent - bekochen zu lassen. Die Unterkunft schliesslich, in
einem gemütlichen und zugleich geräumigen Zimmer, liess
keinen Wunsch offen.

Bevor wir am nächsten Tag die verbliebenen 85 km
bis Greyton schulterten, gelang es uns endlich, im Restaurant des dortigen Drostdy-Komplexes zu speisen (our menu: take it or leave it). Den sicherlich lohnenden Besuch des
Drostdy-Museums verschoben wir auf ein nächstes Mal.

12.2 Der Süden Nambias 13. - 17.07.2000

Okiep → Lüderitz → Keetmanshoop → Fish River Canyon → Bushman's Kloof

Da wir noch keine Daueraufenthaltsgenehmigung besassen, ergab der bevorstehende Ablauf unserer Visa, dass wir uns entweder um eine Verlängerung der Sichtvermerke bei der nächstgelegenen Behörde bemühen müssten oder Südafrika verlassen - und gleich wieder einzureisen, wie es in unserem frisch begründeten Bekanntenkreis der eine und andere "Zugvogel" schon praktizierte, um die üblicherweise nur für 3 Monate erteilten Aufenthaltsgenehmigungen auf diese Art zu verlängern. Wir entschieden uns für die Zugvogel-Variante, zumal Tochter Valerie gerade zu Besuch war. Also machten wir uns auf die Fahrt in das südliche Namibia. Da aber die namibische Grenze nicht gerade "um die Ecke" von Greyton liegt, bekamen wir erstmals einen Begriff von den Entfernungen und davon, wie viele Kilometer man pro Tag abreiten kann - in den 5 Tagen unseres Ausflugs immerhin 3.200 km.

Bis zur namibischen Grenze sind es etwa 900 km von Kapstadt - auf gut ausgebauter N7 schnurstracks NNW. Bis Okiep (nahe Springbok, der letzten grösseren Ansiedlung vor Grenzübertritt) schafften wir am 13. Juli mühelos 750 km, viele davon entlang des Olifant River, eines von vielen Flussläufen des Namens, der hier ein weitflächiges Bewässerungssystem speist. Zu schaffen machte uns in Okiep das einzige Hotel weit und breit, nur ein Steinwurf von einer stillgelegten Kupfermine entfernt gelegen. Mit ungeheizten Zimmern (Juli hier ist Januar in Europa) und einem Frass, der selbst diese Bezeichnung nicht verdiente, sowie - erstmals - einem Service, der sich dem Niveau des Frasses angepasst hatte. Dabei soll dieses Land der Nama (Stamm der Hottentotten) in den Frühjahrsmonaten August und September immer eine Reise wert sein: die Steppe verwandelt sich dann nämlich - bei Sonne - in einen ebenso dichten wie bunten Blumenteppich.

Am 14. Juli fuhren wir weiter zur und über die Grenze bei Vioolsdrif und dann gleich - sehr schön - entlang des Orange River, an dessen gegenüberliegendem Ufer in Südafrika das Wüstenmassiv des Richtersveld liegt. Weiter an einer Zinkmine in Rosh Pinah vorbei Richtung Aus an der B4 - fast ein Zustand wär's geworden, denn die Tanksäule dort spuckte nur Diesel aus, sodass wir uns aus den mitgeführten Kanistern bleifrei bedienen mussten. Das Ganze schreibt sich schneller als es sich fahren lässt: Etwa 170 km von Okiep bis zur Grenze, weiter gute 320 km auf gravel - wie schön, dass wir 4 x 4 angetrieben waren. Von Aus dann ostwärts durch die Namib-Wüste. Leute, es

regnete und später kam Sturm auf, der die B4 so schnell
einsandete, dass sie wie die Strassen bei uns im Winter
behandelt werden musste: Mit einem "Schnee"- Pflug!
Die restlichen 130 km nach Lüderitz vergingen dann
schnell genug, um noch den Ort auf seine deutsche Vergangenheit zu untersuchen (Lüderitz ist die erste deutsche
Gründung in "Südwest"). Grösseres Vergnügen als diese
Untersuchung bereitete uns allerdings der Crayfisch (Langusten), den wir später in dem wahrlich an der Felsküste
genesteltem Hotel genossen.

Nachdem uns am Morgen des 15. Juli das Betreten von
Kolmannskop in unmittelbarer Nähe von Lüderitz wegen
fehlenden Permits verwehrt wurde (wie albern!) und wir
daher einen nahen Eindruck von diesem Diamanten-Rück-
stand nicht mitnehmen konnten, fuhren wir gleich über
die B4 ostwärts zurück nach Aus und weiter nach Keet-
mannshoop. Die Namib präsentierte sich in einem begeis-
ternden Farben- und Lichtspiel. Verlassene Bahnhöfe an
der parallel zur B4 verlaufenden Linie kompensierten voll
und ganz das uns verwehrte Geisterstädtchen aus diaman-
tener Zeit. Nur einige Kilometer nördlich von Keetmanshoop wanderten, eher kletterten wir durch den einzigar-
tigen Köcherbaum-Wald, gebildet aus bis zu 8 m hohen
Aloe Bäumchen mit einer Silhouette wie aus naiver Male-
rei. Klar, dass ein Bonsai-grosses Bäumchen samt Zertifi-
kat erworben wurde.

Von dort zurück bis Seeheim und dann weiter Richtung Fish River Canyon, zum view point über nämlichen: Tja, einfach grandios diese Nr 2 nach dem Grand, wobei sich der Fish River mit weitaus geringerer Wassermenge als der Colorado abzurackern hatte, um sich so tief in den Sandstein zu baggern - "that's the ting that made it" in memoriam. Vom view point nicht weit entfernt konnten wir in einer Lodge übernachten, saukalt war's aber, sodass wir in "Vollzeug" zu Bett gingen - und vor dem Erfrieren schon um 5 Uhr (6 Uhr südafrikanischer Zeit) am 16. Juli aufstanden, um die rund 700 geplanten Tageskilometer zu schaffen, die ersten 100 davon bei wunderbar aufgehender Sonne.

Mit der Fahrerin schafften wir unser Vorhaben natürlich mühelos. Bei einem Verkehr, der dem in Deutschland während des 73er Fahrverbots recht nahe kam, blieb allerdings unser Ziel in den Cederbergen zunächst verborgen. Da in dem siedlungsarmen Gebiet unserem Handy no network beschieden war, mussten wir auf gravel geschlagene 40 km zurück Richtung Clanwilliam fahren, bis dieses Biest wieder funktionierte, um dann - damnit - erfahren zu müssen, dass wir nur 2 km vor dem Ziel aufgegeben hatten. Umso angenehmer entpuppte sich dann die angesteuerte Lodge, auf einer Bilderbuch-Anlage mit gutem Wildbestand, mitten in den Cederbergen, denen lediglich die Zedern fehlten, denn sie wurden vor Zeiten brutal abgeholzt und zu so et-

was Profanem wie Telefonmasten verarbeitet. Die Pirschfahrt am Abend bescherte uns einen Anblick auf Cape Zebras, Springböcke und Oryxantilopen. Nur scheisskalt war
es - das Bad danach umso heisser.

Des anderen Morgens dann am 17. Juli noch ein Ausritt, dieses Mal aber zu zwei markanten Stellen mit bushman's rock paintings, die uns kenntnisreich erläutert wurden. Nach einem voluminösen Brunch ging es dann auf die
letzte Etappe, "hinten rum" statt über die N7. Eine als
geteerte Strasse im Atlas dokumentierte Überlandstrecke
erwies sich 200 km lang als Staubpiste und auch ansonsten
als sehr nervig, weil unser Fortkommen laufend von Feld-
toren unterbrochen wurde, die es jeweils zu öffnen und
zu schliessen galt. Das Fehlen von Richtungsschildern er-
schwerte zudem unsere Orientierung.

Dieser Umweg über Ceres in der sog. Schweiz Südafrikas sollte aber belohnt werden, und zwar mit Schnee, Schnee
bis runter auf die Strasse: gut 20 cm, schätzte ich. Eine
ebenso seltene Angelegenheit wie Regen in der Namib. Die
Leute in Ceres erlebten höchst ausgelassen ihr Kriterium
des ersten Schnees. Manche luden ihn gar auf das Dach
ihrer Pkws und glaubten, der würde sich da oben halten,
bis sie nach Hause kämen - einfach köstlich!

12.3 Madikwe Game Reserve 06. - 09.01.2001

Lange genug warteten wir auf ein Safari-Erlebnis, nachdem sich der - viel zu kleine - Garden Route Game Park im Oktober 2000 eher als - zudem noch schlecht bestückter - Zoo herausgestellt hatte. Freundin Enza lieferte dann die Gelegenheit, indem sie ihren Besuch für Januar anmeldete und uns zugleich kundtat, dass sie weder reise- noch spracherfahren sei. Da wir ihr ein Wild-Erlebnis aber vermitteln wollten, lag es auf der Hand, gemeinsam auf Photosafari zu gehen.

Enza kam pünktlich an und - hui - ging es im Mietwagen über Pretoria auf die N4 westwärts Richtung Rustenburg, bei Hartebeesport nördlich auf die R556, vorbei zunächst an zahlreichen Platin-Minen und dann Sun City (Südafrikas Las Vegas), um schliesslich nach Beschreibung und zunehmend auf Schotterpiste in das 750 km^2 grosse Madikwe Game Reserve in der Nordwest-Provinz an der Grenze mit Botswana und der Kalahari (daher Malaria-frei) zu gelangen. Etwa 300 km machte die Strecke vom JNB-Flughafen aus - wir notierten unsere Zeit von 4 Stunden, zur Kalkulation des zeitlichen Ansatzes für den Rückweg. Erst 1989 wurde das Madikwe Reservat gegründet, indem Farmland erworben und in der "grössten Tier-Bewegung seit Noah" ein Ensemble von 10.000 Stück Gross- und Hochwild (27 Arten) in den Park verbracht wurde, darunter natürlich die Big Five (Elefant, Rhinozeros, Büffel, Löwe, Leopard), die man in Madikwe gerne um den Wildhund und den Geparden auf Big Seven heraufstufen würde.

Eine der noch wenigen Game Lodges war "Jaci's", mit nur 8 strohgedeckten cottages relativ klein, am Wasser führenden Marico River gelegen. Jaci und Jan, die Eigner, boten ihren Gästen so etwas wie Familienanschluss, sodass sich der anderen private game lodges allein schon der hohen Preise wegen anhaftende Snobappeal nicht entwickelte.

Noch am Abend unternahmen wir den ersten, äusserst abwechslungsreichen gamedrive - Enza hielt sich nach gut 10 Flugstunden tapfer auf den Beinen. Fünf der auf sieben Heraufgestuften sahen wir (Gepard statt Leopard); Greta fand wieder einmal besonderes Gefallen an Giraffen, die ihre Umwelt wahrlich besser übersehen können als sie mit ihren gerade einmal ein Meter sechzig. Elenantilopen, die grössten ihrer Art, Kudus und Kuhantilopen zeigten sich, ferner Gnus, Zebras, Impalas und andere Gazellen und Antilopen sowie Flugwild en masse. Besonders imposant: "Stevie Wonder", ein von dem Ranger so getaufter Löwe, der auf einem Auge blind war und uns den Weg versperrte, indem er sich - im wahrsten Sinn des Wortes -

querlegte. Auch während der nächsten Ausritte - je einer morgens und abends - konnte reichlich Wild beäugt werden. Wie sich mehrere Nashorn-Damen zum Beispiel den "Kerl" vom Leibe hielten war allein schon ein Schauspiel für sich - und für die Damen an Bord des Jagdgefährts.

Das Lodge-Leben zwischen den Ausfahrten war Müssiggang vom Feinsten. Ein kleiner Pool lud zum Schwimmen ein, und stets gab es was zum Knabbern und Schlucken. Bester Service, von dem wir im Western Cape nur träumen können. Das Abendessen nach der "Jagd" wurde entweder am offenen Feuer im Boma, einem von hohem Holzzaun umsäumten Rund, unter freiem Himmel eingenommen oder im Dach- geschützten, aber rundum offenen Dining Room, in dem auch der Brunch nach morgendlicher Ausfahrt gereicht wurde.

Die Zeit ging rasend schnell vorbei, und wir machten uns am 9. Januar mit zeitlicher Reserve auf den Weg zurück nach Johannesburg, doch die Beschilderung zum Flughafen hatte wohl in Italien Mass genommen, denn wir fanden und fanden den Absprung von der Autobahn einfach nicht, zumindest nicht zeitgerecht, um den gebuchten Rück- bzw. Weiterflug nach Kapstadt zu erreichen. Schad't ja nix, es gehen ja halbstündig Flüge auf dieser Route.

12.4 Kgalagadi Transfrontier Park (I) 25.02. - 03.03.2001

Hondeklipbaai → Augabries → Twee Rivieren → Nossob → Tulbagh

Wieder ging es auf Achse, auch dieses Mal nicht "allein zu zweit", sondern gemeinsam mit einem befreundeten Ehepaar aus Greyton zur Fahrt in den ehemals so genannten Kalahari Gemsbok National Park, der durch Zusammenschluss mit dem botswanischen Pendant im Jahre 1999 zum grössten game park im südlichen Afrika - noch vor Kruger - geworden ist. Marianne und Wolfgang lieferten die Idee zu dieser Fahrt, der wir spontan zustimmten, zumal uns - im Gegensatz zu den beiden - diese Ecke Südafrikas noch unbekannt war.

Wir hatten den Wunsch, auf der nicht an einem Tag zu bewältigenden Strecke an der Westküste Station zu machen. So fiel die Wahl auf Hondeklipbaai, einen nordwestlich von Garies/N7 gelegenen 650 Seelen-Ort, der - wie sich später herausstellte - über fliessendes Wasser nur aus dem Atlantik verfügte. Nachdem wir den längsten Teil unserer Fahrt dorthin bei durchschnittlich 30 Grad absolviert hatten und uns der Westküste näherten, sackte das Thermometer urplötzlich auf nur etwa die Hälfte ab und der

bis dahin wolkenfreie Sommer-Himmel vernebelte sich wie
im englischen Moor - eine dem Benguela-Strom, der kalt
gehenden Variante auf der südlichen Halbkugel des warmen Golfstroms im Norden, geschuldete Erscheinung, der
wir in Namibia dereinst wieder begegnen sollten. "Ervaar
die Wildernis van die Weskus" steht zwar im Prospekt des
einzigen Gästehauses im Orte geschrieben, doch ausser der
Namaquablüte im August und September verdankt Hondeklipbaai seine Existenz eher den Booten und Tauchern,
die im Auftrag von de Beer Diamanten vom Meeresboden
aufsaugen - wohl immer noch mit Erfolg, denn sie wären
ansonsten nicht dort. Ausserdem lockt das schon arg mit-
genommene Wrack der "Aristea", die nahebei im Jahre
1945 strandete.

Obwohl Fritz, der uns bekannte Clausthaler, meint, die
Diamanten wären hier (und weiter nördlich in der Namib-
Wüste) vor Jahrmillionen entstanden, tritt das die Dia-
manten-Flöze beherbergende Kimberlit hier keineswegs zutage, weder oberirdisch noch submarin, sodass man davon
ausgehen darf, dass die kostbaren Steine vom Oranje-Fluss
aus der Region Kimberley im Laufe der langen Zeit nach
Westen - und dort ins Meer - gespült worden sind.

Fliessend gab es in Hondeklipbaai also nur Salz- =
Seewasser, mit dem die Sanitärbereiche versorgt wurden.
Und da erwartungsgemäss niemand der Versuchung erlie-
gen würde, sich grad' jetzt einem Säuberungsprozess zu

unterziehen, wurden Handtücher in den Zimmern gar nicht erst ausgelegt: Wie luxuriös wird es dagegen später in der Kalahari-Wüste zugehen! Unsere Gastgeber - Aussteiger aus dem früher Transvaal genannten Gauteng - taten indes alles, unseren Aufenthalt trotz der widrigen Umstände so angenehm wie möglich zu gestalten. Dabei half ihnen wie uns, dass die Bar ausserordentlich gut bestückt war. Die unzähligen Baseball-Kappen an den Wänden, die einer entsprechenden Besucherzahl über die Jahre abgeschwatzt worden sein mussten, erlebten insofern eine markante Auffrischung, als das Lätzchen, ein Klecker-Bollwerk des Berichterstatters, bei der Hausherrin so helles Entzücken hervorrief, dass sie ihm selbiges ebenfalls abschwatzte und auch noch - gleich vielen dieser Kappen - mit Widmung versehen liess.

Ach so, dann waren da noch zwei Deutsche bzw. Deutschstämmige, die an unserer Gesellschaft - ausser ihnen und uns zwei südafrikanische Pärchen - Gefallen fanden und kräftig mittaten, auch dann noch, als wir uns nach dem Genuss von durch und durch gebratenen, aber nur mit 40 Rand das Stück berechneten Langusten, zurückzogen.

Eher zu früh als zu spät - Marianne und Wolfgang sind Frühaufsteher - ging die Reise weiter. Zunächst wieder gute 120 km auf gravel zur N7 südlich von Springbok und von dort auf der N14 275 km bis Kakamas - nur zwei Orte wurden auf dieser Strecke durchfahren. Selbst begraben

würde es einem dort noch langweilig! Von Kakamas dann
noch 35 km nördlich durch extensiven Rosinen- bzw. Sul-
taninenanbau. Das Gros der Trauben war bereits geerntet
und unter Plastik-Planen zum Trocknen grossflächig auf
dem nackten Boden ausgelegt - entsprechend knirschte eine Kostprobe an den Zähnen.

Unser Zwischenziel, der Augabries National Park, verdankt seine Existenz den etwa 120 Meter hohen Fällen des
Orange River, in deren Nähe das von uns über das südliche
Gate angesteuerte Camp liegt, ein Komplex, der Merkmale eines Hotels aufwies, die Wolfgang bei der Reservierung
aber sturheil ignoriert hatte, indem er - der europäischen
Usancen nicht mehr gewärtig - statt 2 Lodges für je ein
couple eine Lodge nur für zwei Ehepaare bestellt hatte.
Dieser Missgriff liess sich aber reparieren.

Über Stock und vor allem Stein ging es noch am Nachmittag die wenigen hundert Meter zu den Fällen, die von
nacktem Fels umkleidet sind und uns, obwohl der Oranje
nur mässig Wasser führte, um über die ganze verfügbare
Breite zu fallen, sehr beeindruckten. Im Gegensatz zu beispielsweise Niagara, wo eine entsprechende Zuwegung das
"Greifen" der Fälle an jeder Ecke möglich macht, ist man
hier doch noch der Natur anheim gegeben. Eine Kostprobe
dessen, was mit "uit n land van kontras, kom harmonieu-
se wyne" beschrieben wurde, beendete den Abend, ohne
allerdings die Botschaft der "Harmonie" in die Praxis um-

gesetzt zu haben. Tags drauf ging es zunächst zurück nach Kakamas und von dort weiter auf der N14. In Kaimoes entdeckten wir eine Reihe von Dattelpalmen, die förmlich darauf zu warten schienen, von ihrem üppigen Fruchtbehang befreit zu werden. Auch zog ein - inzwischen nur noch für Touristen bewegtes - Bewässerungsrad unsere Aufmerksamkeit auf sich.

Von Upington ging es dann 250 km schnurstracks nördlich über die R360 nach Twee Rivieren im äussersten Süden des Kalahari Gemsbok National Park. Vorher legten wir noch in einem ausserhalb des Parks gelegenen Country Club einen lunchbreak ein, um nicht zur Unzeit im Camp einzutreffen.

Am nächsten Morgen gingen wir schon um 6:30 Uhr auf eine ca. 160 km lange Pirschfahrt entlang des "Nossob", eines der beiden den Park nord-südlich durchlaufenden "Flüsse", der aber wohl seit Jahren schon kein Wasser mehr führt, denn über lange Strecken fuhren wir durch sein Bett und im Wechsel an beiden Ufern entlang - das östliche bereits zu Botswana gehörend.

Auch wenn die Kalahari streng genommen keine "richtige" Wüste ist, verkörpert sie mit etwa 830.000 km^2 (davon 20 % zu Südafrika gehörend) gleichwohl die grösste zusammenhängende Sandfläche der Erde. Soweit nicht mit widerstandsfähigem Gras und schmucklosem Gestrüpp bewachsen, schimmern die vielen Dünen in Eisenoxyd-haltigem, für Afrika so charakteristischen Rotbraun. In dieser Region leben, zumindest auf südafrikanischem Boden, noch einige tausend San oder Buschmänner, davon einige in einem jüngst zugewiesenen Reservat innerhalb des Parks. Es sind dies die ältesten eingeborenen Stämme des Kontinents, deren Existenz 40.000 Jahre zurückverfolgt werden kann - wo denn sonst ist das noch möglich?

Der "Kgalagadi Transfrontier Park" (Kgalagadi = Salzpfanne) ist mit 38.000 km^2 knapp doppelt so gross wie der Kruger Park, wobei ein knappes Viertel zu Südafrika gehört und der Rest zu Botswana und Namibia. Er eignet sich kaum zur dauerhaften Ansiedlung von Wild, würde nicht für künstliche Wasserstellen gesorgt, die entweder durch Windräder oder neuerdings im Solarbetrieb Grundwasser aus maximal 100m Tiefe fördern. Auf jeden weiteren Einfluss auf die Fauna wird verzichtet, und eine Hege des Tierbestandes wie vergleichsweise im Krugerpark findet nicht statt. Der Wildbestand ist arten- und zahlreich und, wieder im Gegensatz zu Kruger, besser anzusprechen, da der karge Bewuchs ein "Verstecken" erschwert.

Eine florale Besonderheit stellt der Kameldornbaum dar, der es mit seinen mächtigen Pfahlwurzeln den Windrädern gleich tut und Wasser aus tiefem Untergrund zieht. Neben Schatten und Deckung bietet er einigen Tieren und sogar Menschen Nahrung. Ein struppiger Bewuchs, der besonders proteinhaltig sein soll, aber vom Wild eher ge-

mieden wird, da sein Genuss zu inneren Blutungen führen
kann. Unter den Tieren am häufigsten war der Gemsbok zu
sehen, der dem Park einst seinen Namen gab (Gemsbok =
Spiessbock oder Oryx), ein graues Ungetüm im Vergleich
zu dem, was wir gemeinhin unter Antilopen verstehen.
Charakteristisch sind seine ebenso langen wie sehr spit-
zen Hörner, von denen "auf Latein" die Mär geht, schon
viele Jäger auf nämliche genommen zu haben, als sie ihre
Jagdbeute inspizieren wollten. Springböcke folgten in der
Häufigkeit, dann das Gnu (Wildebeest) und die Kuhantilope (Hartebeest). An Vögeln fielen deren grösste auf:
Strausse, Sekretär-Vögel (die grössten noch flugfähigen),
Ohrengeier und Riesentrappen. Alle diese, auch zahlreiche
Schakale und Löffelfüchse, sahen wir während der Fahrt
"am laufenden Band". Ein Löwenweibchen mit drei Lütten
allerdings nur in einiger Entfernung. Bei der abendlichen
Pirschfahrt mit einem Ranger dann - mit schwindendem
Büchsenlicht - nochmals vier Löwinnen, die gerade hinter
einem Gnu her waren. Schliesslich kam noch eine Wildkat-
ze zu Anblick - die erste überhaupt in unserer afrikanischen
Wilderfahrung.

Abends im Nossob-Camp stand uns ein sehr geräumiges Cottage zur Verfügung, sodass die Intimsphäre gegen-
seitig gewahrt blieb. Mit einem zünftigen Braai beschlossen wir den Tag. Bei den Temperaturen übrigens (tagsüber

bis 40 Grad C) machte sich der mitgeführte Eisschrank ausgesprochen bezahlt: wir konnten sogar Gefrorenes gefroren halten. Und morgens sprang der Motor dennoch an, da der Kühlschrank von einer separaten Batterie gespeist wurde und die Autoelektrik nicht in Anspruch nahm.

Tags drauf ging es 180 km zurück nach Twee Rivieren, länger als auf dem Hinweg deshalb, weil wir eine gut 40 km breite Dünenkette querten und in dem - gleichsam trockenen - Bett des Auob Flusses dann erst Kurs Süd einschlugen. Da der Strom in beiden Camps um 22 (Nossob) bzw. 23 Uhr abgeschaltet wurde, war es angenehm zu erfahren, dass die Nachttemperatur in der Kalahari auch im hohen Sommer (Februar = August in Europa) auf 15 Grad abkühlt, sodass zur Nacht tatsächlich geruht werden kann und die Innentemperatur nicht conditioniert werden muss.

Die etwa 1200 km weite Rückfahrt nach Greyton legten wir in zwei "Tagesmärschen" zurück, knapp 1000 davon schon am nächsten Tag über die abwechslungsarme, nach Calvinia führende R27 und später entlang der landschaftlich reizvollen, aber ungeteerten R364 durch die Cederberge rüber zur N7 bei Clanwilliam und R44 schliesslich bis Tulbagh. Dort fanden wir in einem recht netten B&B Unterkunft und Verpflegung. Nur den regionalen Wein zu goutieren waren wir nicht imstande, eher eine Frage des Weines als der Konsumenten.

12.5   Namibia 27.07. - 11.08.2001

Calvinia → Augabries → Ai Ais → Otjiruze → Achalm → Etosha → Ongawa → Windhoek → Walvis Bay → Sossusvlei → Namtib → Port Nolloth → Tulbagh

Wenn das so weiterging, würden wir Südafrika oder den Süden Afrikas schneller kennenlernen als Greyton und Umgebung! Es war aber der Sohnemann zu Gast, und ihm will man schliesslich etwas bieten. So brachen wir auf, um Namibia ein erstes Mal ausgiebig kennenzulernen.

Nachdem relativ wenig vergessen und an das Vergessene rechtzeitig gedacht wurde, rasten wir am 27. Juli über Stellenbosch nach Paarl, dort auf die N1, durch den Huguenotten-Tunnel und an Worcester vorbei bis kurz vor Touws Rivier. Links dort ab in die R46 und über den Veuski-Pass auf unsere erste T-Kreuzung, dort rechts ab auf die ver-gravel-te R355 bis Calvinia (insgesamt 520 km), wo wir gerade noch rechtzeitig ankamen, um uns im - wie immer reizenden - Museum des nach dem Schweizer Reformator benannten Städtchens umzusehen. Zimmer bezogen wir im einzigen Hotel und nur deswegen erstem Haus am Platz.

Nach einem Frühstück zu siebenundzwanzigfuffzig waren wir am 28. Juli um 9:30 Uhr wieder auf grosser Fahrt - R27 schnurstracks gen Norden. Nach 320 km in nur $1\frac{3}{4}$

Stunde unterbrachen wir die Fahrt zum Einkauf von Boerewors und sonstigen für die Selbstversorgung später notwendigen Alimentationen. Weiter ging es dann bis Kakamas, wo wir Auto und Kehlen betankten. Von dort brachen wir zum letzten Teil der Tagesetappe von gut 480 Km
in den Augabries National Park auf, entlang den vielen
Trocknungsgestellen für Rosinen und Sultaninen. Im Haus
#16 des Restcamps kamen wir unter - nur einen Stein-
wurf von den Oranje-Fällen entfernt. Nix wie hin also, mit
viel Kletterei verbunden (den inzwischen angelegten Plan-
kenweg gab es noch nicht). Der Oranje führte zwar mehr
Wasser als seinerzeit im Februar, aber doch nicht genug,
um breit über die Kaskaden zu fallen. Abends, wie es sich
gehörte, Braai vor der Hütte, von den Mannsbildern be-
feuert und von Greta bereitet.

Hoch ging es am 29. Juli zur selben Zeit des Vortags,
und die Post ging wieder ab, über Kakamas zunächst bis
Kaimoes, wo wir das obligate Erinnerungsphoto auf dem
Wasserrad machten. Über Staub verkürzten wir die Strecke
dann rüber zur N10 Richtung namibischer Grenze. Lutz-
puts fanden wir als Ortsnamen ganz lustig, nur entdeckten
wir den Ort nicht. Auf namibischem Gebiet ging es dann
weiter auf der in B3 umbenannten N10 bis Karasburg, von
dort über die C10 auf der Dirittissima nach Ai Ais. Die
steinigen Hügel und Einschnitte um uns herum erinnerten
an das Death Valley, nur war es nicht so schweflig. Schon

imposant die Fahrt bergab in den bottom des Fish River
Tals am Ausgang des von diesem Fluss geformten Cany-
ons. Entgegen der Saison führte der Fluss kaum noch Wasser, grün war es gleichwohl da unten. Auf ein Bad in den
heissen Rheuma-Quellen verzichteten wir mangels Rheu-
ma und fuhren schon bald wieder aus dem Tal hinauf und
links weg auf die D324.

Da sich der Reiseleiter mit den Kilometern verrechnet
hatte, mussten wir von der mitgeführten Tankreserve zeh-
ren, bis wir im "Canyon Roadhouse" eintrafen, das sich
als recht gemütlich herausstellte. Wir nahmen ein ordentliches Abendessen bei gutem Ambiente zu uns. Ein ab-
wechslungsreicher Tag war abgehakt, mit Temperaturen
von max. 26° und 530 km.

Wir wussten, dass am 30. Juli Kilometer zu kloppen
waren, dass es aber schiere 860 wurden, hatte der Verantwortliche - ein weiterer Fauxpas - doch nicht erwartet.
Nun ja, früh ging es en route, aber erst einmal 25 km
"rückwärts" zum viewpoint über den Fish River Canyon. Entlang der C12 weiter zur B4, die uns nach Keet-
mannshoop, genauer zu "Kokerboom-Nolte" führte. Fortan sturheil nordwärts auf der B1, über Mariental, Kal-
krand, Rehoboth und Windhoek bis kurz vor Okahandja.
Dann rechts ab in die D2102, dort kurz in den Graben
und wieder raus, nach 27 km - Mensch Meier, auch die
kleinen Entfernungen sind solche - ab in die D2170 und

nach weiteren 17 km in die Zufahrt zu der von uns ins Visier genommenen Farm. Nach weiteren 13 km und reichlich Wildanblick trafen wir beim letzten Tageslicht in der "Otjiruze Game Farm" ein. Nette Unterkunft, allerdings von "Lotti" gestylt. Langes Schwätzchen mit Barbara Rogl, der Besitzerin, und dann gute Hausmannskost zum Abendessen.

31. Juli: ein Tag auf der Farm. Morgenfahrt über das 6.000 ha grosse Gelände - einem game drive schon sehr nahekommend. Springbok, Kudu, Oryx und Warthok (das Wappentier der Farm). Nichtstun in der Mittagszeit, während Sohn Frederic (vulgo: Fiete) zu ein paar Photos ansass. Die Farmgebäude machten ebenso wenig her wie deren Einrichtung, waren aber praktisch nutzbar. Um 16:30 Uhr dann mit Richard zum sundowning game drive bis kurz nach sechs. Abendessen gemütlich und lecker wie am Vorabend. Aber wir alle würden hier das "arme Tier haben", müssten wir uns hier länger aufhalten.

Die Otjiruze Jagd - und Gästefarm wurde 1977 von Gunther Rogl übernommen. Haupterwerb ist die Rinderzucht (dzt etwa 500 Stück), auf Pferden à la Cowboy werden sie zusammengehalten. Milch- und Schafwirtschaf nur für den Eigenbedarf (Barbara mit drei Söhnen, 6 Schwarzen - Herero - und deren Familien). 1980 wurde der Betrieb um eine Jagdfarm erweitert, wobei auf dem Farmgelände zwischen dem 1.Februar und dem 30. November bei einem

Mindestaufenthalt von 4 Tagen (empfohlen werden 7 Tage) bejagt werden können:

- Kudu: 650
- Oryx: 400
- Gnu: 400
- Warzenschwein: 330
- Pavian: 50
- Schakal: 25
- Duiker: 220
- Steinbok: 200
- Rotkatze: 200
  Über Konzession auf Fremdgelände:
- Elen: 1100
- Bergzebra: 450
- Springbok: 300
  Die angegebenen Abschussgebühren verstehen sich in Euro.

Der Farmer verunglückte im Jahre 1991 tödlich beim Absturz seines Leichtfluggeräts, doch wurde die Farm von seiner resoluten Frau Barbara erfolgreich weitergeführt und zur Gäste- und Jagdfarm mit 10 Zimmern ausgebaut. Trotz vieler Schwierigkeiten, die ihr nicht zuletzt als Frau in einem patriarchalisch geprägten Sozialgebilde entstanden, hat sie sich durchgesetzt und betreibt ihre Farm inzwischen erfolgreicher als viele ihrer deutschstämmigen Nachbarn, von denen manche den in Namibia im Jahre 1990 einsetzenden politischen Wechsel nicht verarbeitet haben. So ereignete sich eine tödliche Konsequenz praktizierter

Uneinsichtigkeit auf einer Farm in unmittelbarer Nachbarschaft, indem das Farmerpaar nächtens, während man auf Otrijuzc gerade eine hohe Auszeichnung feierte, ermordet wurde.

Die Gebäude der Farm erinnern architektonisch an die "selfmade-Datschas" im Ossiland, und drinnen nicht anders - ein Vergleich mit "Hempels" läge nahe. Es mag der Gedanke dahinter stehen, nur ja nicht aufzufallen in einem Land, das zum Einzugsgebiet der nach Hörensagen unaufrichtigen Herero gehört. Die Küche ist gut bürgerlich im besten deutschen Sinn, wobei naturgemäss vor allem Wild angeboten wird. Der Weinkeller ist für diesen "Arsch der Welt" ordentlich sortiert.

Am 1. August brachen wir dann Richtung Otavi auf, machten aber zunächst einige Besorgungen in Okahandja und besuchten dort aus purer Neugier einen Holzmarkt. Weiter ging es über eine wahrlich schnurgerade Strecke gen Norden. Über Otjivarongo kamen wir so gegen 15:30 Uhr kurz vor Otavi an der B1 am Main Gate zur Achalm-Farm an und fuhren die letzten 9 oder 10 km der etwa 350 km langen Tagestour zum Farmhaus der von Leipzigs: Sigrid, Kringel, Diana und Conte erwarteten uns; anders als die Hunde genierte sich der Gepard Conte zunächst ein wenig ob der ihm unbekannten Menschen. Noch vor dem Aufheben der Kaffeetafel stiess Hellmut zu uns und fast übergangslos ging es mit einem deutschen (= kalten)

Abendessen am Kamin weiter.

Die Achalm Farm war zwar auch nicht gerade "stylish", sie strahlt aber innen wie aussen
mehr Geschmack und Heimeligkeit aus als Otjiruze - nur die Gästezimmer kamen sich geschmacklich nahe. Es werden auf ca. 5000 ha,
die dichter als auf Otjiruze bewachsen sind, etwa 1200 Stück vornehmlich Muttertiere und
Kälber gehalten, wobei die Kälber nach etwa 8
Monaten im Sinn einer Arbeitsteilung an Far-
men im Familienbesitz zum Mästen weiter gegeben werden. Neben der Rinderzucht werden
Jagdmöglichkeiten geboten: der Game-Bestand
ist artenreicher als auf Otjiruze. Hellmut von
Leipzig (im 2. Weltkrieg Gefechtsfahrer von Erwin Rommel) ist nicht mehr der Jüngste, doch
sah man dem drahtigen Kerl seine 80 Jahre
nicht an. Auf der Farm kann nicht mit Pferden
gearbeitet werden, weil der Busch zu dicht ist
und noch dichter heranwächst, eine Folge wohl
von Überäsung. Neben seiner eigenen Farm ver-
waltet Hellmut noch eine weitere in der Nachbarschaft.

Nachdem vor kurzem in der "Welt am Sonntag" ein länge-
rer Bericht über Hellmut von Leipzig erschienen war, wurden er und Frau Sigrid von Engländern nach Ägypten ein-

geladen, um vor Ort in El Alamain und Tobruk seine Erinnerungen in die "feindliche" Kamera zu richten ("Die
wussten aber mehr als ich mich erinnern konnte").

Am nächsten Tag fuhren wir mit Hellmut ins Gelände.
Der Mann ist ja nicht nur erfahrener Farmer und Jäger,
sondern auch Fährtenleser und Biologe. Wir sahen Bergze-
bras, Kudus, Giraffen, Oryx, Impala, Warthok und Duiker.
Hellmut zeigte und lehrte uns, wie man Wünschelruten
schneidet und nach Wasser "wünschelt" - sehr interessant.
Es schien, als ob der Rutenausschlag bei Fiete funktionierte: so wird aus einer simplen Holzgabel ein Souvenir.
Natürlich wurde uns das Gästebuch anheim gegeben und,
da mit Reimen eröffnet, mit Reimen ergänzt:

So wie's der erste Fremde kann,
liest's sich von mir mitnichten:
Ich bin ja nur ein einfach' Mann,
Der 's nicht gelernt' das Dichten.
Mit Greta, Jana und dem Sohn
habe Meilen ich geschunden,
um dann - der Arbeit guter Lohn -
zu Euch nach Achalm hingefunden
Das Game blieb mehrheitlich versteckt,
als wir mit Hellmut rausgefahren;
der Himmel war auch sehr bedeckt,
bereit zum Wünscheln wir doch waren.
Mit freundschaftlicher Herzlichkeit

empfangen werden in Südwest
macht uns zu gerne nur bereit,
in Serie geh'n nach diesem Test.

Herzlich verabschiedet brachen wir am 3. August recht früh in Richtung Etosha (185 km) auf und waren bereits gegen 10:30 Uhr am östlichen gate zum Etosha National-park, sodass wir noch eine Reihe von Wasserlöchern ab-fahren konnten. Ein hinreissender Wildbestand. Auf einer Strecke von etwa 60 km steuerten wir die folgenden Was-serstellen an und hatten Anblick auf:

- Klein Namutoni (vor dem Camp links): Giraffen, Ku-du, Springbok, Zebra, Oryx;
- Klein Okevi: Elefant, Giraffe, Oryx, Impala;
- An einer Salzlecke zwischen (2) und (3) reichlich Fla-mingos;
- Gross Okevi: Giraffe, Springbok, Warzenschwein, Im-pala, Kudu, Oryx, Zebra;
- Tsumchor: Elefant, Zebra, Kudu, Gnu, Springbok;
- Chudop: Impala, Springbok, Oryx, Kudu, Giraffe, Zebra, Gnu;
- Kalkheuwel: Elefant, Elenantilope, blöde Deutsche, Impala, Springbok, Zebra, Gnu, Giraffe, Duiker.

Unterkunft wurde uns in einem Eckturm der ehemali-gen deutschen Festung "Namutomi" zugewiesen. Wir nah-men hoch erfreut Besitz von einem 2-stöckigen Apartment mit Wohnzimmer, Esszimmer, 2 Schlafzimmern, Küche, Bad und Braai-Patio. Vom Dach des Turmes konnten wir die Umgebung von oben betrachten, was den Tageserlebnissen einen schönen Abschluss setzte.

Schon um 7:30 Uhr waren wir am 4. August wieder unterwegs, um möglichst viele Wasserlöcher auf unserer Weiterfahrt zum südwestlich gelegenen Andersson Gate zu frequentieren. Ungleich des Vortages aber waren sie allesamt - auch zur heissen Mittagszeit, in der das Wild bevorzugt Wasser schöpft - nur spärlich besetzt, sodass wir unsere Liste der gesichteten Spezies lediglich um Stein- und Wasserbock erweitern konnten. Wir fuhren also über Okerfontein und Springbokfontein nach Goas, einer der hochgelobten, jetzt aber kaum angenommenen "Pfützen". Weiter über den Rhino-Drive (ohne Rhinos) zur Pause im Halali Camp. Auf der Weiterfahrt nach Salvadora liessen wir Nuamses und Sueda aus, weil sie am Rande der Pfanne eine eher magere Ausstattung vermuten liessen, wie Salvadora und danach Ondougab bewiesen hatten. Südlich weiter nach Aus und zu den künstlichen Wasserstellen von Olifantsbad und Gemsbok-Vlakte. Zickzack schliesslich Richtung Andersson Gate, unmittelbar nach dessen Passieren wir direkt in das 300 km^2 grosse Ongawa-Gelände einfuhren und weitere 21 km bis zum tented camp, einer ihren sündhaft teuren Preis keineswegs rechtfertigenden, minimalistischen Installation mitten im Bush.

Der evening drive zum Anblick auf Nashörner gestaltete sich ähnlich minimalistisch, wenn man von der langen

Fahrtstrecke - 50 km round fare - absieht. Erst bei einsetzender Dunkelheit hatten wir tatsächlich 2 Rhino-Bullen
spotlighted im Visier, sowie - nur schemenhaft - eine Kuh
mit ihrem 3 Monate alten Rhinobaby. Unser Ranger erwies
sich zugleich als guter Trapper und kannte sich nicht nur
bestens im Revier aus, sondern gab von seiner Kenntnis
auch bereitwillig ab. Das Beste an dem langweiligen Din-
ner später waren die Schnalz- und Klicklaute, welche die
Sprache der Damara anreichern und in der uns das Menu
des Abends alternativ vorgetragen wurde. Ein beleuchte-
tes Wasserloch in gerade einmal 100 m Entfernung sorgte
insgesamt für mehr Aufmerksamkeit als das Essen.

Sehr früh am anderen Morgen fuhren Greta (die ihrerseits am Abend vorher gestreikt hatte) und das "junge
Gemüse" noch einmal viele Kilometer in den Etosha, um
nach Löwen zu fahnden. In der Tat sichteten sie nahe des
Okondeka-Wasserlochs eine 9-köpfige Löwenfamilie, darunter 2 mächtige Kerle, die wohlwollend das am Wasserloch sich aufhaltende Game beäugten. Gegen Mittag ging
es dann auf die 450 km nach Windhoek und dort - sofort
gefunden - in die zentral gelegene "Villa Verdi".

Fietes Geburtstag am 6. August begann mit einem
Spaziergang über die John-Meinert-Street in das Stadt-
zentrum von Windhoek. Ein Ramschladen löste den nächsten ab, sodass wir schliesslich gut daran taten, früher als
geplant westwärts aufzubrechen, zumal sich die von uns

ausgewählte C28 dann als ausgeprägte "Rumpel-Punpel"-Strasse erwies. Auf dem Boshua-Pass waren wir sogar - erstmals auf dieser Reise - froh, einen 4 x 4 unter dem Hintern zu haben. Der Übergang in die Namib bzw. den Namib-Naukluft-Park war weniger spektakulär als beschrieben; nur an der Abzweigung der D1980 fiel Fiete ein, dass sich da eine Verbindung mit seinem Geburtsjahr herstellen liess. Nach knappen 350 km breitete sich Swakopmund vor uns aus bzw eher nicht, denn die berühmte Nebelbank war - clock 5 - bereits voll in "Äktschn". Das, was sich aber unter dem Nebel dann hervortat, war ein entzückendes Städtchen mit markanter deutscher Vergangenheit und einer Unmenge von Palmen an den Weg- und Strassenrändern.

Begleitet von diesen Ballon-bereiften Sandflitzern führte uns die letzte Etappe 33 km weiter nach Walvis Bay, entlang der coastline durch Wüste pur. Weder der Ort noch das "Langholm Hotel" machten viel her, dafür aber "The Raft", ein auf einer hölzernen Pier gelegenes Restaurant, in dem wir endlich Fietes Einundzwanzigsten - einschliesslich eines mitgebrachten 1980er Franzosenweins gebührend feierten.

Es konnte ja nicht immer so glatt weitergehen! Nach schneller Fahrt von Walvis Bay auf der C14 südostwärts zurück durch die Namib erreichten wir am 7. August nach etwa 320 km Sesriem, an der D826 gelegen. In diesem Örtchen - drei Häuser, eine Tankstelle, ein Souvenirshop und

ein Pissoir - hätten wir das Permit zur Weiterfahrt in die
"Sossusvlei"-Dünen erwerben können. Es wurde uns aber
empfohlen, die etwa 65 km lange Fahrt nicht zu anzutre-
ten, da die Sicht wegen starken Windes sehr eingeschränkt
wäre. Wir entschlossen uns daher zur Weiterfahrt in unsere Unterkunft, was gar nicht so einfach war. Nach widriger
Fahrt - abkürzungshalber durch ein Flussbett - wurden
uns in der Absicht, Wüstenromantik zu vermitteln, Zelt-
unterkünfte zugewiesen, die sich als völlig ungeeignet herausstellten, dem starken Wind die Stirn zu bieten und die
uns später eine zugige Nacht mit "Klapper-Flatter-Krach"
bescherten. Von der Verpflegung und der Unfreundlichkeit
unserer Gastgeber soll gar nicht erst berichtet werden - die
Betreiber, "Wilderness Safaris", sollten sich schämen.

Da die Chancen gut standen, doch noch in die höchsten Dünen der Welt fahren und dort auch etwas sehen zu
können, waren wir am 8. August wieder recht früh auf
den Beinen und erwarben das bereits erwähnte Permit.
Mit diesem in der Tatze begaben wir uns auf eine geteerte
Fahrbahn in einer Art Talsenke, in der tatsächlich alle Ju-
beljahre der Tsauchab River fliessen soll, bevor er weiter
westlich zwischen den Hochdünen versickert. Bei Düne und
Kilometer 45 legten wir einen ersten Stopp ein, und nach
60 km - das Tal verjüngte sich zunehmend - schalteten
wir auf offroad, um auf den letzten 5 km über Sand nicht
stecken zu bleiben. Das Erlebnis dieser völlig bewuchslo-

sen Dünen, deren grösste gut 300 m hoch ist, nahm uns gefangen wie selten!

Richtung Süden ging die Fahrt weiter nach Schloss "Duwisib", das von einem wohl etwas spleenigen Baron von Wolf einst erbaut worden ist. Bei einer ermittelten Tagesstrecke von etwa 590 km ging es dann sehr bald schon über reichlich gravel in Richtung der "Farm Namtib", deren Zufahrt am südlichen Ende der D707 liegt. Bei so viel Schotter konnte ein Plattfuss nicht ausbleiben, der bei einsetzender Dämmerung von Fiete fast schon in Formel-1-Manier behoben wurde - wir hatten zum Glück den Reifenwechsel in einem Trockenkurs vorher geübt und den Ersatzreifen schon vor Reiseantritt aus seiner Unterflur-Lage befreit. Zum "Biosphere Reserve", Untertitel unserer nächtlichen Bleibe, waren es noch 12 km über eine Piste, die sich als Leo-II-kompatibel am trefflichsten beschreiben liesse. Zwar erst bei Dunkelheit, aber nicht zu spät trafen wir ein. Einfach, bei einem recht ansehnlichen Preis spartanisch einfach und ohne Stromversorgung die Zimmer, lecker die Hausmannskost, kalt das Bier und nicht unfreundlich die hosts Renate und Walter.

Auf dem ersten, 818 Km langen Teil der Rückfahrt am 9. August erlebten wir nichts als Sand und wir bemühten uns in Aus ein erstes Mal, den zerfetzten Reifen ersetzen zu lassen, mussten uns dann aber entscheiden, einen Umweg über Keetmannshop und weiter über die B1 zu fahren, um gravel zu meiden. Der dritte Versuch, einen neuen Reifen aufziehen zu lassen, gelang, und wir konnten "bei Uschi" eine Mittagspause einlegen. Indem wir unsere Reisegeschwindigkeit dann erhöhten, machten wir die verbliebenen 500 km relativ geschwind nieder und erreichten gegen 20 Uhr local time (Namibia + 1 h) Port Nolloth und das vorgebuchte guesthouse, das uns einen Nachgeschmack auf das Conventhaus in Hedwigenkoog lieferte und mit Souvenir-Kitsch vollgestopft war.

Zum Frühstück am 10. August mussten wir in ein Hotel wechseln, da unsere Herberge mit catering nichts im Sinn hatte. Es blieb noch Zeit, die Pier von Port Nolloth abzuschreiten und die "Staubsauger-Boote" zu mustern, die als eine Art Mutterschiff Taucher hinausgeleiten, die dort den Meeresboden nach alluvialen, d. h. im Schwemmland vorkommenden Diamanten, absaugen. Gerade in Port Nolloth wurde in den 1920ern der erste Diamant submarin entdeckt.

Leider war es noch um etwa 2 Wochen zu früh, um in das saisonale Wildblumen Meer des Namaqua-Landes auf unserer Weiterfahrt gen Süden einzutauchen, doch erste Ansätze waren schon erkennbar, und das ganze country war so grün, als ob "Spaniens Blüten blühn". Bis Tulbagh im Western Cape fuhren wir 645 km durch und fanden eine ordentliche Unterkunft.

Die letzten 190 km zurück nach Greyton führten am

11. August über Wellington und Franschhoek. Und schon waren wir zurück nach insgesamt 6600 gefahrenen Kilometern.

12.6   Zu den weissen Haien 24.08.2001

Wenn es nach uns ginge, würde man nicht allein die Big
Five aufzählen (Elefant, Rhino, Büffel, Löwe & Leopard),
sondern die Big Seven, diese Fünf zuzüglich Pottwal (Southern Right) und weisser Hai. Gleich mehrere dieser berüchtigten predators bekamen der Sohn und sein Vater auf
einem Tagesausflug zu sehen.

Nun war das Wetter bereits geschlagene zwei Wochen
ungemütlich, doch zum Glück rief am Vorabend Brian
McFarlane an und verkündete, dass er draussen gewesen
sei und Stücka 11 Haie - es handelt sich immer um weisse, die im Übrigen gar nicht weiss sind - gesichtet habe
und - vor allem - eine Fahrt in ihr Revier tags drauf für
möglich halte. Früh am nächsten Morgen vermeldete er
rückdrehende Winde Stärke 4 und so machten wir uns guten Mutes auf den Weg.

Kleinbaai, ein kleiner Naturhafen um die Ecke von Dan-
ger Point, war Start und Ziel der Tour und in gut $1\frac{1}{2}$ Stunden von Greyton zu erreichen. So klein wie der Hafen waren auch die Boote, die nur eines nach dem anderen an
einem Steg anlegen konnten. "Predator" - der Name ver-
pflichtete - stellte sich als unser Boot heraus, war aber
noch an Land, als wir in Kleinbaai reichlich vor der vereinbarten Zeit eintrafen. Als das Boot dann pünktlich um
10 Uhr zu Wasser gelassen wurde, kam es uns noch kleiner

vor als auf dem Trailer. Aber es war mit zwei Aussenbordern bestückt, das beruhigte irgendwie.

Im Gegensatz zur Vermessung seines - nennen wir es ihm zuliebe so - Schiffes streckte sich der Skipper auf eine ordentliche Höhe von gut 1,90 m und hatte auch ansonsten genügend Attribute, die ihn erkennbar zum Seebären stempelten, ein Wetter zerfurchtes Gesicht zum Beispiel, das mit Klaus Störtebeker hätte mithalten können. Dazu reichlich vernarbte Hände und Arme, denn für Stammkunden pflegte er, den Haien im Aufreissen ihrer Mäuler mit den messerscharfen Zähnen Nachhilfe zu geben. Seine Mannschaft bestand aus einer jungen Engländerin mit 'nem ordentlichen Arsch in der Büchs und auch ansonsten nicht zimperlich. An Passagieren waren wir sieben; neben uns weitere Deutsche (Brian's Great White Shark Tours werden im "Dumont" empfohlen) und ein Typ irischer Abstammung, der sich furchtlos zum späteren Käfig-Tauchen anmeldete. Der Berichterstatter war mit Abstand der Älteste an Bord - eine Verpflichtung, der er ganz und gar nicht nachkam, denn Alkoholgenuss am Vorabend hatten seiner Konstitution arg zugesetzt.

Bei eher auffrischendem Wind und schlechter werdendem Wetter ging es durch bewegte Dünung los Richtung Dyer Island, wo wir im Windschatten der Insel dann vor Anker liegen würden - ruhig, wie Brian mehrfach versicherte. Im Gegensatz zu seinen Kollegen, die mit 4 Bötchen draussen so stark dümpelten, dass sie in Wellentälern kaum mehr auszumachen waren, würde er schliesslich dem Staat die abverlangten Gebühren entrichten und dürfe daher direkt an der "Shark Alley" unter Insel-Land ankern, nur unweit einer stark bevölkerten Seehundkolonie. Und so tat er es denn auch. Er legte sich aber nicht in den Wind, wie man das in der christlichen Seefahrt zu tun pflegt, sondern schmiss zwei Anker, um längsseits der zitierten Allee zu liegen, wodurch sein Boot wiederum breitseits von den Wellen genommen wurde, die mit Mässigung nichts im Sinn hatten.

Geschlagene 4 Stunden lagen wir so vor Anker: das kann einen Seemann doch erschüttern - zumindest einen weiblichen Passagier und ... den Senior, quel malheur, der sein Frühstück just in dem Augenblick nach draussen beförderte, als sich ein erster Hai dem Boot zu nähern schien. Um ihn und seine Kollegen (sieben - grosse, kleine, Weibchen, Männchen - wurden es an dem Tag) anzulocken, tauchte Brian zunächst eine Blut-triefende (Hai!-) Leber mit dem Kommentar in die See, dass der Hai ein Tröpfchen Blut über mehrere Kilometer auszumachen in der Lage sei. Dann warf er an einer Leine die bereits von reichlich Biss gezeichnete Schaumstoff-Silhouette eines Seehundes in den Bach und befestigte schliesslich einen ziemlichen Fransen (Hai!-) Fisch an einem Ball, den er wiederum mit einem Tampen vom Boot aus kontrollieren konnte. Und dann

hiess es warten, und das bei der See! Auch der Sohn setzte
vorübergehend dieses "Lindgrün" auf, hielt sich aber tapfer, und nach dem Kriterium des ersten Hais ging es ihm
sichtlich gut.

Dieser erste Hai zeigte - wie die beiden folgenden -
nur kurz "Fratze", ohne länger herum zu streunen und
von dem ausgelegten Köder Notiz zu nehmen. Nach einer weiteren Stunde - die Zeit verging wie eine Schne-
cke kriecht - stellten sich aggressive Artgenossen ein, die
von Brian mittels dieses Tampens sehr geschickt unmittelbar an die Bordwand gelockt wurden - ein irres Schauspiel! Und so verging die Zeit denn auch schnell, nicht
zu schnell hingegen, weil der schon vorgestellte Ire seine
Kleidung gegen einen Tauchanzug tauschte und in den für
ihn zu Wasser gelassenen Drahtkorb kletterte, mit einer
Unterwasser-Kamera bewaffnet, um die Räuber der See
von Angesicht zu Angesicht zu erleben. Und die taten ihm
auch noch den Gefallen. Hingegen wurde es dem Senior
inzwischen wirklich kalt und klamm, und dann noch dieser Magen! Wenn das Schiff wenigstens Fahrt über Grund
machen würde anstatt so aasig lang an den Ankerketten
zu dümpeln! Nee, wenn überhaupt ein nächstes Mal, dann
nur bei Windstärke 0!

Nun ja, ziemlich genau 4 Stunden nach ihrem Fallen
wurden die Anker wieder gelichtet. Indem wir entlang einer Nachbarinsel zunächst die Parade von Tausenden See-

hunden abnahmen, setzte Brian dann Kurs aufs Festland
- das ist festes Land, sag' ich. Selten so drauf gefreut!

12.7 Johannesburg - Greyton (I) 01. - 11.11.2001

Mbabane → Sodwana Bay → Hluhluwe → Blythdale → Thendel → Bloemfontein → Graaff-Reinet → Plettenberg Bay

Ein letztes Mal vor dem Jahreswechsel gingen wir auf Achse, um Freundin Gerlinde in Johannesburg abzuholen und mit ihr im Tingeltangel nach Greyton (zurück) zu fahren. Am Morgen des 1. November sammelten wir sie von der long distance ein, und bei schönstem Wetter ging es gegen 11:00 Uhr auf die Strecke; wir machten uns über die N17 ostwärts her, vorbei an Goldminen und Kohlekraftwerken, durch Secunda und Trichardt. Mit schöner werdender Landschaft wurde die Beschilderung immer schlechter. Der Grenzübergang nach Swaziland schien für den Viehtrieb eher geeignet als für Menschen, aber eine rege Bautätigkeit liess Besserung erwarten. Im Kingdom war das "Mountain Inn" am Eingang zum Ezulwini-Tal schnell gefunden und erreicht - die Grossbaustelle war inzwischen zu einem gut ausgebauten highway geworden. Zum Nachtessen wurden wir von dem "Women-for-Law-Club" unterhalten, der ein Stockwerk über dem Hotelrestaurant eine function abhielt, mit viel Gesang und Gestampfe, von dem der örtlich gepflegte "Sibhaca"-Tanz geprägt ist.

Ist es nicht herzig? Wenn in Südafrika 350 Km - wie am Vortag - abgeritten werden, tun's im Swaziland schon 35, von Mbabane bis Manzini etwa. Bei strahlendem Sonnenschein begaben wir uns also hinab in dieses Ezulwini-valley, in dem sich das ganze Swaziland ereignet. Vierspurig wie in der Schweiz und kein Gedanke mehr an den einst gefährlichsten Streckenabschnitt weltweit - da muss sich Guinness etwas anderes einfallen lassen. Obwohl die Beschilderung an italienische Verhältnisse erinnerte, erreichten wir das "Swazi Cultural Village" nahe des Mantenga-Parks und liessen uns von Majaha durch das Sisal-Rundhütten-Dorf führen, mit vielen Erläuterungen und einem beeindruckenden foot stamping dance als Abschluss. Das im Reiseführer als sehenswert beschriebene Lobamba Village blieb uns trotz mehrfacher Anläufe vorenthalten und nach Malkerns mussten wir uns heftig durchfragen. Schliesslich fanden wir aber doch "Gone Rural", eine ganz reizende Ansammlung von Boutiquen, die Sisal-Produkte, Leder, Batik, Keramik und Schnitzereien anboten. Ein architektonisch witziger Komplex, der uns sehr gefiel. Auf dem Rückweg schafften wir doch noch den Absprung nach Lobamba mit seinem Museum und überdimensionalen Denkmal für King Sobhuza II, der im Jahre 1968 den Brits die Unabhängigkeit abgetrotzt hatte.

450 km wurden es am 3. November. Es ging durchs

Swaziland und eine Swazi-Polizeikontrolle, und in Nhlangeano wurden die restlichen "Emanuelle" (die an den Rand gekoppelte Landeswährung) verjubelt und blühende Jacaranda photographiert. Über die Grenze zurück in Südafrika, und wir fuhren um zahlreiche Schlaglöcher herum zur N2, die irgendwo da oben beginnt und küstennah bis Kapstadt führt. Wir befanden uns in Kwazulu Natal: Sehr gefällige Landschaft, die sich zunehmend als "game-tauglich" zu qualifizieren schien. Nicht schon in Mkuze ab von der N2, Richtung Sodwana Bay, sondern erst in Hluhluwe. Die restlichen knapp 100 km verliefen zwischen dem Pinda Reserve und den St. Lucia Wetlands. Die Lodge an der Bay war als Anlage zwar schön gelegen, doch bar jeder Sicht über die Bay. Stabile cottages (für 4) aus Holz, unter Reet. Ausflug zum 5 km entfernten Indian Ocean und Stapfen im Sand. Was machen nur all die vielen SUV hier, nur glotzen und sundownen? Uns beeindruckte nicht sonderlich dieser Küstenstrich, da wir in Overberg schönere Küsten mit schöneren Stränden gewohnt sind. Wir hörten aber, dass Schildkröten-Saison sei, die Zeit also, in der diese Urtiere an Land kommen und im Sand ihre Eier vergraben.

Am 4. November machten wir zunächst die "restlichen 100 km" ungeschehen und erkundigten uns in "Hluhluwe City" (sprich: Schluschluwe) nach der besten Verbindung in den Hluhluw-Umfolozi Park, unserer Bleibe während der nächsten 2 Tage. Bevor wir aber die gerade einmal 13

km zum Memorial Gate im Hluhluwe-Teil des Parks ab-
fuhren, stöberten wir noch ein Weilchen nach Kuriositäten
bei "Ilola Weavers".

Hinein also in das Game-Vergnügen, das sich zu einem
solchen wahrlich entwickelte. Einen reichen Wildbestand
in einem von Hügeln und Flussniederungen bestimmten
Bushveld konnten wir - z. T. hautnah' - erleben.: Gut 50
Elefanten an einer flussartigen Wasserstelle begeisterten
ebenso wie eine Löwin, die - wohl in Abstimmung mit ihren
für uns nicht sichtbaren Freundinnen - mit dem Einkrei-
sen ihrer Beute, einem Sprung Impalas, befasst war. Die
beiden Elenantilopen waren so nahe wie nie zuvor, und
zahlreiche Impalas und Zebras hielten uns immer wieder
auf. Einige Kudus, starke, sehr vertraute Warzenschweine und reichlich Gnus: eine Augenweide für Gerlinde-first-
time ebenso wie für die beiden Ausgebufften. Um 14 Uhr
checkten wir im "Hilltop Camp" ein, machten uns aber
gleich wieder bis zum Einsetzen der Dämmerung auf die
Pirsch.

Unser cottage war sehr geräumig, mit zwei bed- und
zwei bathrooms, einem grossen Aufenthaltsraum mit gross-
zügiger open plan Küche. Es gefiel uns so gut, dass wir für
Breakfast und Braais im Curio Shop vorsorgten, anstatt
im Camp-Restaurant zu essen.

Von 6 bis 9 Uhr nahmen wir tags drauf an einem Gamedrive teil, der aber nur über solche Wege führte, die wir

auch mit unserem Wagen hätten befahren können, und
von einem ziemlich mitteilungsarmen Ranger geführt wurde. Wir konnten unsere Wild-Sammlung aber um Giraffen,
Büffel und Nyalas erweitern. Um die Mittagszeit gingen
wir denn wieder allein auf Tour und konnten vor allem einem Nashorn aus relativer Nähe eine gute halbe Stunde
aufs (Breit-) Maul schauen. Das Vieh war so anhänglich,
dass es uns gut 2 Stunden später vom Bootssteg "abhol-
te", d. h. friedlich auf der Picknick-Anlage dort äste, von
der wir um 15 Uhr an Bord einer neuzeitlichen "African
Queen" gingen, einem 40-sitzigen Doppelrumpf-Boot, das
uns - von guten Kommentaren des Bootsführers begleitet
- über den Hluhluwe-River schipperte. Hier war natürlich
die Vogelwelt Trumpf, doch wir sahen auch mehrere Krokodile und zahlreiche Hippos, Gretas erklärte Lieblinge,
die in der Nähe eines traditionellen Zulu-Dorfes ihrer liebsten Beschäftigung nachgingen, dem Nichtstun. Das Ganze
von einer sehr schönen Hügellandschaft umrahmt, die dem
sich stark windenden Fluss ein wechselreiches Bild verpass-
te.

Zur Weiterfahrt Richtung Durban am 6. November entschieden wir uns für einen Umweg durch den Umfolozi-
Teil des Parks zum Ulundi Gate. Der Wildbestand - oder
das, was wir davon sahen - war hier nicht so zahlreich wie
in Hluhluwe, welchen Umstand wir jedoch auf die falsche
Pirschzeit ebenso zurückführten wie auf eine unterschiedli-

che = flachere Topographie und savannenartige Flora. Der beeindruckendste Anblick ergab sich zweifellos auf ein Rudel Elenantilopen (m & w) aus nächster Nähe und eine Warzensau mit drei Frischlingen.

Über 30 km gravel - vorbei an vielen Schülern in ihren netten Uniformen - ging es nach Verlassen des Parks nach Ulundi, wo wir Benzin und Knabbereien für die Mittagspause bunkerten. Auf der - dann geteerten - R66 fuhren wir zunächst weiter bis Nkwalini, danach über die R34 Richtung Empangeri. Bei der Stuart-Farm rechts ab "in die Büsche" und wieder über gravel zu unserem Ziel, der "Bulawayo-Site of Shaka's Kraal" - sie wurde durch ein Denkmal gekennzeichnet. Durchs Zululand weiter nach Empangeri, einer gefälligen Gartenstadt, und dann 'ruff uff' die N2 zum Endspurt nach Stanger, wo King Shaka ebenfalls seine Duftmarken gesetzt hatte.

Doch das Hotel, in dem wir eine Übernachtung gebucht hatten, erwies sich als stinkige und dreckige, indisch betriebene Absteige in Verlängerung eines Drankwinkels, sodass wir Stanger fluchtartig verliessen, um im nahen Blythdale Beach recht ordentlich unterzukommen. Der nur wenige Meter entfernte Strand lud zu einem ausgiebigen Spaziergang ein. Das Abendessen (Selbstverpflegung wäre möglich gewesen, hätten wir's nur gewusst) liessen wir uns von einem mobilen Kommando anliefern. Auf der Tagesfahrt von etwa 360 km merkten wir wegen der Airconditioning übri-

gens nicht, wie warm (35 Grad) und luftfeucht (>80%) es
draussen war - bar jeder Kühlung kamen wir in unserer
Herberge dann aber ins Schwitzen.

Von schlechtem Wetter begleitet machten wir uns am
7. November nochmals auf nach Stanger, um in den Fährten von Chaka-Zulu zu stapfen. An der Stelle seines Gra-
bes steht inzwischen ein Respekt erheischendes Denkmal,
und auf dem Boden seiner letzten Residenz befindet sich
heute das äusserlich zwar bunte, innen aber doch mehr als
dürftig ausgestattete "Dukuza Interpretive Center". Auch
das Durchfahren von Shaka's Kraal an der R102 südlich
von Stanger machte nichts her und auf dem berühmt-
berüchtigten Shaka's Rock befindet sich heute ein Was-
serreservoir.

Shaka trieb sein Unwesen im Nordosten des
heutigen Südafrika, etwa während Napoleon dasselbe in Europa tat. Gleich diesem mit einiger
Kriegsbegabung ausgestattet glaubte er sich ebenfalls zu Höherem berufen und verfolgte seine
Ziele mit einem Höchstmass an Brutalität und
Despotismus. Es ist eigentlich unverständlich,
dass er in Kwazulu Natal noch heute so verehrt
wird, wo er doch die Seinigen allzu böswillig
gemartert hatte.

Es ging weiter über die N2 bis Durban und von dort
im weiteren Verfolge der südafrikanischen Geschichte über

die N3/N11 direkt in die einst so sinnlos belagerte Stadt
Ladysmith. Um die Jahrhundertwende 19 auf 20 wurde die
gewaltige Townhall, vor der heute zwei britische und eine
burische Kanone Wache schieben, zu einem Multi-Purpose
Gebäude mit Krankenhaus, Gefängnis, Post und Proviant-
lager umfunktioniert. Im angrenzenden markethouse ist
heute das Siege Museum untergebracht (das englische Wort
"siege" hat mit "victory" nichts zu tun, denn es bedeutet
Belagerung). Viele Photos und Relikte aus dem Anglo-
Boer War werden gezeigt - natürlich britisch (und nicht
burisch) eingefärbt.

Unser nächster Stop auf der insgesamt 450 km langen
Tagestour lag in den Drakensbergen. Ausgestattet mit allem Notwendigen zur Selbstversorgung machten wir auf
der Weiterfahrt zum "Royal Natal National Park" einen
Temperatursturz auf $\frac{1}{3}$ des Vortages - 12° statt 36° - mit
und liessen uns, je höher hinauf wir fuhren, von Nebel und
Wolken umhüllen. Die Szene wurde schliesslich von einset-
zendem Niederschlag angereichert, sodass jede Sicht auf
die sich immerhin zu Gipfeln von beachtlich mehr als 3000
m auftürmenden Drakensberge genommen wurde. Als wir
gegen 17 Uhr schliesslich in 1600 m Höhe auf dem Gelände
des "Thendele Camp" eintrafen, hatte das Wetter Orkney-
Qualität angenommen. Zum ordentlichen Einchecken war
es zu spät und so waren wir heilfroh, den Camp-Manager
noch zu erwischen, der uns auf höchst unkomplizierte Wei-

se in das Chalet C16 einwies. Wie gut nur, dass wir für unser leibliches Wohl vorgesorgt hatten, denn zu self-catering gab es hier über den Wolken keine, aber auch gar keine Alternative.

Die Wolken - der Nebel - hatten sich zwar am Morgen des 8. November ein wenig gelichtet, doch die Berge blieben unerkannt und jede Weitsicht war verhangen, sodass wir uns lediglich auf einer Postkarte die wuchtige Bergkulisse anschauen konnten. Also ging es Richtung Bloemfontein los, der Hauptstadt des Freestate. Das Wetter hatte es auf uns abgesehen - es wurde immer schlechter, und Nebel begleitete uns bis hinter die Sterkfontein-Talsperre und lichtete sich kaum, als wir auf der N5 weiter über Senekal, Bethlehem und Winburg fuhren, bis uns schliesslich von der N1 der direkte Absprung zu dem ausserhalb von "Bloem" gelegenen B&B gelang.

Während unseres anschliessenden Ausflugs in die dritte Hauptstadt Südafrikas (Karlsruhe und Leipzig zusammen) fing es derart heftig zu regnen - sogar hageln - an, dass wir glaubten, die Sintflut käme über uns. Da keine Gullys vorhanden waren, die zumindest einen Teil der Wassermassen hätten aufnehmen können, fehlte nicht viel daran und wir hätten uns nur mehr schwimmend fortbewegen können. Kaum zurück in unserem B&B, holte uns das scheussliche Wetter ein, sodass wir gezwungen waren, unseren frisch aufgestockten Pausenverzehr zu einem Abendessen upzugraden. Der Landlord steuerte - wenn auch nur mit Mühen - 2 Flaschen Rotwein bei. Kurzum: Das Highveld hatte an diesem Tag - zu 465 gefahrenen Kilometern - keinen überzeugenden Eindruck auf uns gemacht.

Da am Morgen des 9. November die Sonne schien und das hinterlistige Ding uns zu der Annahme verleitete, nun sei das Scheisswetter ausgestanden, brachen wir zu der geplanten Battlefield-Tour auf. Erste Station war das Kriegsmuseum, das deutlich burisch eingefärbt war und durch welches uns Johan führte. Auf dem Weg dahin passierten wir eine Reihe stattlicher Verwaltungs- und Justizgebäude, neben denen der Rest von Bloemfontein arg verblasste. Inzwischen fing es auch wieder zu regnen an, sodass wir unseren Besuch der Schlachtfelder in den Mond schrieben und mittags schon das Gästecottage Richtung Graaff-Reinet verliessen.

In Colesberg legten wir eine kurze Pause auf unserer insgesamt 440 km langen Tagesstrecke ein und bestaunten die neoklassisch anmutende Kirche, fast Kathedrale, die bräsig den Ortskern beherrschte. Es regnete immer noch und hörte erst auf, als wir uns auf der N9 nach Überwinden der "Sneeberge" der viertältesten europäischen Stadt in Südafrika näherten.

Noch vor Einsetzen der Dämmerung unternahmen wir einen Ausflug in das etwa 15 km entfernte Valley of Desolation und waren tief beeindruckt von den Dolorit-Formatio-

nen dort oben. Zurück in Downtown fanden wir beim Ab-
fahren der hübschen Strassenzüge vollauf bestätigt, dass
Graaff-Reinet die "Perle der Karoo" genannt wird. Mit einer morgendlichen Wiederholung unserer Rundfahrt durch
den hübschen Ort und einem Besuch des Reinet-Hauses
begann der 10. November, und schon waren wir wieder en
route, die 375 km bis Plettenberg Bay niederzumachen.
Aberdeen - Willowmore - Uniondale und dann über den
Prince Alfred Pass (die 80 km gravel waren Gerlindes Sache nicht) zur N2 - die ist überall - und auf dieser weiter
nach "Plet" zur arg versteckten Herberge, einem sich als
recht angenehmen erweisenden B&B in Sicht- und Hörwei-
te des Meeres. Die Karoo hatte sich inzwischen in einen
dichten und artenreichen Garden of Eden gewandelt, wenn
man einem entsprechenden Hinweis glauben sollte.

Die restlichen gut 400 km nach Greyton waren am 11.
November nur noch ein "Klacks". Wir kamen wohlbehal-
ten nach einer Fahrleistung von insgesamt 4900 km wieder
zu Hause an.

12.8 Johannesburg - Greyton (II) 03. - 12.11.2002

Mbabane → Tembe → Blythdale → Sani → Oxbow → Graaff-Reinet → Port Elizabeth → Knysna

Genau ein Jahr nach unserem letzten Tingeltangel holten wir abermals Freunde - Ingrid und Erwin - in Johannesburg ab und unternahmen gemeinsam eine - wie sich herausstellen sollte - recht abenteuerliche Reise.

Weil es uns übers Jahr so gut gefallen hatte, war das Swaziland nach 430 Km unser erstes Ziel. Der Grenzübergang hatte sich inzwischen zu einem solchen gemausert, und die Abfertigung war flott, sodass wir uns unverzüglich im "Swazi Cultural Village" in die Vorstellung der "Umhlange"-Tänze einklinken konnten. Statt einer Führung durch die Eigeborenensiedlung hockten wir uns in das nette Busch-Restaurant nahebei und lenzten zum Willkommen die ersten beiden Flaschen Wein. Hélas! Abendessen und mehr Wein später im Restaurant des Mountain Inn.

Nach ausgiebigem Frühstück in Nämlichem fuhren wir am 4. November zunächst zum "Gone Rural" in das Malkerns-Tal. Einige künstlerische Objekte waren zu sehen, ein grösserer Teil aber des Gesamtkomplexes wurde gerade restauriert (oder erweitert), sodass sich unsere Kauflust

nur in 2 Lädchen austoben konnte. Bei Temperaturen in
den hohen 30ern fuhren wir dann über Maizini, Sipho-
faneni, Big Bend und Nsoko zum Grenzübergang Gole-
la; den Absprung zum Cecil Macks Pass direkt nach dem
südafrikanischen Ingwavuma fanden wir nicht - er dürfte
für Publikumsverkehr eher nicht zugänglich sein. Die Ausreise verlief noch schneller als herein und schon befanden
wir uns auf der - na, wo? - N2 Richtung Osten. Bei "Ilona
Weaver" nahe Hluhluwe kompensierten wir unsere im "Gone Rural" nicht voll entfaltete Kauflust und fuhren dann
auf geteerter Strasse weiter um den "Pongolapoort Dam"
- ein Staudamm mit Verzweigungen à la Vierwaldstätter-
See - und über Joizini in das nördliche Maputoland - es
regnete - direkt zum Tembe Elephant Park, wo wir gegen
15 Uhr eintrafen. Gesang zur Begrüssung im Camp und
bald schon ging es los zum ersten Game Drive mit Rangers James und Philomon. Ein Elefant (von 150!), diverse
Giraffen, Impalas und Nyalas, ein oder zwei Kudus, reichlich Affen verschiedener Spezies, Duiker, Warzenschwein
und Skarabäus, vom Flugwild zu schweigen. Pre-Dinner
Drinks am Lagerfeuer und anschließend Abendessen mit
Holzglut unterm Hintern - es war recht kalt geworden. Zur
Nächtigung im Zelt ("ensuite") gab es darum doppelte Decken und eine Wärmflasche je Bett - das machte sich gut!
315 km waren gefahren.

Morgens Ausritt, abends Ausritt am 5. November, Wetter bedeckt, Temperaturen fallend - ungewöhnlich für Region und Jahreszeit! Zusätzlicher Anblick auf Zebras, Gnus, Büffel und Buschbock. Keine Katzen, leider auch keine Rhinos. Zum Abend the same procedure as before.

Das erste echte Abenteuer bahnte sich am 6. November an, als wir in das benachbarte Ndumo-Reserve und dort abseits der offiziellen Piste fuhren, um Hippos in einem der zahlreichen Gewässer näher betrachten zu können. Das klappte aber erst besonders gut, als wir in zunehmend sumpfigem Gelände einem Nilpferd an Land (!) begegneten, das es - bei beidseits gewahrtem Respektabstand - vorzog, sich davonzumachen. Wir taten es ihm gleich und drechselten uns zur offiziellen Wegführung zurück. Aussicht dann von einem recht geschickt angelegten hölzernen Turm, von dem wir 2 mächtige Krokodile unter Land ausmachten. Die Welt der Vögel - in Ndumo ihr Paradies - interessierte uns weniger. Auf der Rückfahrt in den Tembe Park versuchten wir mit grossem Misserfolg zur Küste bei Kosi Bay vorzustossen, machten kurz vor der Grenze zu Mosambik kehrt, verpatzten schliesslich die - vielleicht nur theoretische - Möglichkeit auf einen Drink und waren doch zeitig genug im Tembe Camp zurück, um uns wieder derselben Abendprozedur zu unterziehen: was kann man unter freiem Himmel alles verdrücken, fest und vor allem flüssig! 252 km an diesem Tag.

Greta und Helmut gamedrive-ten noch einmal am Mor-

gen des 7. November, um die letzte Chance auf einen Rhino-
Anblick wahrzunehmen, doch ausser gutem Wetter konnten sie von Anblickwürdigem nicht berichten. Nach dem
Frühstück Auschecken, Souvenirs erwerben, Trinkgelder
verteilen (der Bakkie wurde von seinem Safari-Dreck befreit) und zurück ging es via Joizini zur N2 und dann
südlich (Maut!) bis Stanger. In King Chaka's Geburts-
ort versahen wir uns mit allem Notwendigen für ein self-
catered Abendessen und rückten dann auf Blythdale Beach
vor, wo wir dasselbe guesthouse beehrten wie vor einem
Jahr. Bei starkem Wind und hohen Wellen liefen wir am
nahe gelegenen Strand auf und ab, bevor ein köstliches do-
it-yourself-Menü den Abend abrundete. 370 km waren es
an diesem Tag.

Der 8. November sollte es bringen - das Abenteuer
schlechthin! Über Durban, Pietermaritzburg und Eden-
dale ging die Fahrt - die Drakensberge auffi - nach Underberg, einer Art Basislager für alle Verrückten, die den
Sani-Pass nach Lesotho bezwingen wollen. Und wir wollten! Von dort ca. 30 km bis zur Passhöhe auf 2.874 m, im
wahrsten Sinn des Wortes über Stock und Stein! Bis zur
südafrikanischen Pass- und Zollstation (der Wachhaben-
de schaute so seltsam drein, als wir ihm kundtaten, dass
wir noch quer durch Lesotho bis zur Hauptstadt Maseru
zu fahren gedachten) ging es ja noch relativ "zivil" zu,
aber die letzten 8 km bis zur Passhöhe hatten es in sich!

Es sei hier ohne jede Übertreibung festgestellt, dass die
Eiger Nordwand ein flaches Ding gegen diese Passstrasse
ist. Aber weder unser 4 x 4, der nur noch im niedrigsten
Gang bei der höchsten Schwierigkeitsstufe vorwärts kam,
noch Greta versagten den Dienst, und auf einmal waren
wir oben. Rechts von uns der Highest Pub des afrikanischen Kontinents und links das Pass- und Zollhäuschen, in
dem wir durch die Kontrolle nur so huschten. Da sich der
Abend langsam ankündigte, sahen wir zu, nach den obliga-
torischen Gipfelphotos, auf die Piste zu kommen und zwar
auf weiteren 30 km über gravel und dann Teer, doch in
Mokhotlong deuteten wir die Strassenkarte falsch und fuhren narrisch "ummedum", ohne den Absprung zur "A1" zu
erwischen. Auch eine Rückfrage in einer Art Hotel brachte
keine Erleuchtung, dafür aber Gezänk mit einem Schwarzen um unsere Karte. Irgendwie und irgendwann schafften wir den Absprung dennoch - und befuhren gleich den
nächsten Pass (Tiaeen), dessen 3.275 m uns aber nicht so
erschütterten, da wir auf hohem Plateau und - eben - auf
Teer fuhren, der aber in diesen Höhen mit frostbedingten
Schlaglöchern derart übersät war, dass Gretas und nachher
Erwins hohe Fahrkünste gefordert waren. Uns schwante
inzwischen, dass wir Maseru am anderen Ende des Zwerg-
staates wohl nicht, schon gar nicht bei Tageslicht, werden
erreichen können, zumal irgendwann zuvor, also noch in
der Zivilisation, ein Stein unserem linken headlight den

Garaus gemacht hatte. Gleichwohl kämpften wir uns zum nächsten Pass (Mahlasela) auf 3.220 m vor und waren dann relativ entzückt vom Anblick einer Schlepplift-Anlage, jawohl! Süchtig nach einer Unterkunft ging es ohne Photopause weiter, bis wir - unweit nur - in Oxbow auf die Lodge gleichen Namens trafen. Zimmer waren frei, zu trinken und zu essen gab es auch, also entschlossen wir uns zur ungeplanten Nachtstation. Dem Hotel in Maseru wollten wir Bescheid geben, sahen aber davon ab, nachdem sich herausstellte, dass das direkte Satelliten-Telefon womöglich teurer geworden wäre als die Übernachtung dort gekostet hätte. 485 km waren geschafft.

Einen letzten Pass (Moteng) erwischten wir noch am 9. November gleich nach Verlassen der Lodge, allerdings ging es nur auf schlappe 2.840 m. Und dann bergab, und die Landschaft wurde lieblicher. Auch die Leute, die uns auf den Höhen an Tibetaner oder südamerikanische Hochland-Indios erinnerten, sahen verträglicher aus. In Butha Buthe schwenkten wir Richtung Grenze bei Caledonpoort ab und waren - schwups - wieder in Südafrika. Flugs wie der Wind machten wir die Rolle rückwärts - im Vergleich mit der Herfahrt am 2. November. Und kamen nach gerade einmal 8 Stunden in Graaff-Reinet an - eine starke Leistung unseres Fahrer-Duos! Die Landschaft war abwechslungsreich, wurde jedoch immer trockener, und der 1780 m hohe Naudeberg-Pass kurz vor Graaff-Reinet löste bei uns

Höhenerfahrenen bestenfalls ein Lächeln aus. Direkt fuhren wir in das Desolation Valley weiter, um den "Stiftzahn" - von Sonne unbeleuchtet - zu bewundern. 760 Km. Über die R75 rasten wir am 10. November durch die Karoo und kamen - bar eines jeglichen Reiseerlebnisses - so früh in Port Elizabeth ("PE") an, dass wir uns zum Durchstarten nach Jeffreys Bay entschlossen. Das Paradies der Wellenreiter und Surfer war aber bei weitem nicht so nahe entfernt wie es auf der Karte ausschaute - und auch kein ansehnliches Örtchen, von den fehlenden berühmten Wellen gar nicht erst zu reden. Zurück in PE machten wir im Stadtteil Summerstrand fest. Ortners gingen noch Gassi, während Richters sich streckten. Am Abend verpflegten wir uns alle aus Bordküche und -keller. 440 gefahrene Kilometer.

Der 11. November wurde wieder ein Erlebnis-Tag. Ohne durch Jeffreys Bay aufgehalten zu werden, brausten wir auf der N2 westwärts und erreichten schnell die Tsitsikama Mountains, mit ihnen den "dicken Baum", den Ingrid, Erwin und Helmut erliefen, während Greta eine Auszeit nahm. Weiter zur "highest Bungy Bridge worldwide" (216 m), von der sich just zu unserer Zeit zwei junge Dinger in die Tiefe stürzen liessen: Allein der Anblick löste beim Berichterstatter schon einen gehörigen Adrenalin-Stoss aus!

Appetit auf Austern trieben uns über die letzten Kilometer weiter nach Knysna, direkt zum Erzeuger auf The-

sen Island. Und nun ging es los, mit den Austern und dem
Wein und dem Wein und den Austern. An allen Austern
versuchten wir uns, an den grossen und kleinen, den wilden und kultivierten, den rohen und zubereiteten. 300 km
waren es an diesem Tag.

Am 12. November, dem letzten Reisetag, hatten wir
uns noch allerhand vorgenommen. Über George ging es
direkt nach Calitzdorp, wo wir Wein bunkerten und Port
probierten. Von dort - logo - in die "7-Wochen-Schlucht"
"nach oben". Das dauerte. Auf der N1 dann rüber nach
Matjiesfontein zu einem Besuch des dortigen Museums.
Schliesslich folgten die letzten Meilen, die wir schneller als
gedacht absolvierten, sodass wir bei einsetzender Dämmerung in Greyton eintrafen. Nochmals 595 km waren wir an
diesem Tag, insgesamt 5.590 km gefahren (ab Johannesburg 3.940).

12.9   Namaqualand 28.08. - 03.09.2004

Lamberts Bay → Springbok → Calvinia → Beaufort West

Eine Reise besonderer Art unternahmen wir zusammen mit Tochter Valerie und Sohn Frederic: Zur Wildblumenblüte in das Namaqualand. Das, was wir in der kurzen Zeit an Blumenpracht erlebten, lässt sich kaum beschreiben oder allein mit Photos dokumentieren, es war zu und zu schön, einfach grandios!

Der Reihe nach. Das Namaqualand ist das Land der Nama, eines zu den Khoikhoi zählenden Stammes, der in der nordwestlichen Ecke des heutigen Nordkaps bzw. südlich der Grenze mit Namibia lebt(e). Die Region lässt sich jedoch nicht eindeutig abgrenzen, was wir auf dieser Reise ebenso bestätigt fanden wie auf früheren, als uns, jahreszeitlich bedingt, schon dieser und jener Hauch des Namaqualandes streifte. Unter den widrigen Bedingungen einer fast wüstenähnlichen Landschaft findet alljährlich, sofern es im hiesigen Winter ausreichend geregnet hat, ein Wunder der Natur statt, das einzigartig in der Welt ist. Es breitet sich spontan, von Mitte August bis Mitte September etwa, ein farbenprächtiges Blumenmeer über die kargen Ebenen aus. Die Flora wird bestimmt von Margeriten und ihren Artverwandten, die sich allesamt wie Sonnenanbeter aufführen, denn nur bei Sonne öffnen sie ihre Blüten, bleiben also bei bedecktem Himmel verschlossen.

Am 29. August peilten wir zunächst Lamberts Bay an, über die altbekannte Strecke bis Piketberg, dort nödlich weiter bis Clanwilliam und westwärts weiter auf der R363 /R364 in diesen sang- und klanglosen Fischerort wie an ebensolchen Abschnitt der Westküste. Einziger Grund für unsere Entscheidung, in Lamberts Bay einen Zwischenstopp einzulegen, waren (Kap-) Tölpel und Cormorane, die sich zu Tausenden auf einer vorgelagerten Halbinsel tummeln. Mit einem Schiffchen setzten wir über und wurden von einem erbärmlichen Gestank empfangen, der uns - wäre nicht ein Wind gegangen - zum sofortigen Rückzug gezwungen hätte. So aber konnten wir uns die - seit 1995 nicht mehr betriebenen - Guano-Gewinnungsanlagen (Guano = Vogelkot ist ein begehrtes Düngemittel) ansehen und in die Nähe der streitbaren Tölpel wagen - the world's most accessible gannet colony. Die Cormorane hatten sicherlich guten Grund, zu deren Kolonie Abstand zu nehmen und sich weiter seewärts nur aufzuhalten. Das Hotel war der Farblosigkeit des Ortes angepasst und von Fischgewerbe umgeben. Wie gut nur, dass es Sonntag war und dieses Gewerbe ruhte! Da die Aussicht auf ein geniessbares Essen im Hotel ziemlich düster war, gesellten wir uns zu

einem Haufen Leute in einer pittoresken Kaschemme am
Hafen, einem umgerüsteten Freiluft-Pub, und assen frie-
rend zu Abend.

Auf der Weiterfahrt am 30. August Richtung Norden
zweigten wir bei Kamieskron zum "Namaqua National Park"
ab und tauchten in das "Skilpad Wildflower Reserve" (Skil-
Pad = Weg der Schildkröte) ein. Auf einer Rundstrecke
von geschätzten 20 km nur erlebten wir, obwohl sich die
Sonne eher zurückhielt, eine flächendeckende Blumenpracht,
die alle Voraussetzungen zu einem natürlichen Weltwunder
hatte, und doch kam sie im Vergleich mit den einschlägigen
Erlebnissen tags drauf einer Ouverture nur gleich.

Zur Weiterfahrt nach Springbok, der "Blumenhaupt-
stadt" und zugleich des einzigen Ortes im grösseren Um-
kreis mit Übernachtungsangebot, glaubten wir, eine Ab-
kürzung befahren zu können, die sich aber als höchst zeit-
raubend entwickelte: Nur Schotterpiste, keine Wegweiser,
ersatzweise nicht einmal Sonne. Das Hotel in Springbok
entschädigte uns dann aber mit einer angenehmen Bleibe.

Strahlende Sonne am 31. August beschleunigte unseren Aufbruch zu einer Tagesfahrt in die Wildblumen. Wir
entschieden uns für die Kamiesberg-Route, abgehend im
gut 100 km südlich gelegenen Garies. Vortrefflich war diese Entscheidung, denn auf einer Sand- bzw. Schotterpiste
von etwa 90 km umfuhren wir zunächst den Kamiesberg,
um nahe Witsand über den Studerspass zur N7 zurück zu

gelangen. Es war märchenhaft, einfach märchenhaft, was
uns die Natur dort an Blumenteppichen bot. Weiss, Orange und Gelb überwogen, aber auch Pink war dabei. Und
welches Glück wir hatten: Jede, aber auch wirklich jede
Blüte war geöffnet!

Und diese Pracht verfolgte uns, sicherlich abnehmend,
auf unserer Weiterfahrt am 1. September, auf der R27 bis
Calvinia. Die atemberaubende Sicht vom Vanrhyns-Pass
über die hinter uns gelassene Ebene wurde von schönsten
Wildblumen gerahmt, die sogar von den steinigen Banket-
ten am Rande der Strasse Besitz zu ergreifen schienen. Wir
hatten uns auf Empfehlung von Freunden zu diesem Umweg entschieden, um in der Kürze der zur Verfügung stehenden Zeit Anblick auf game zu erheischen, der uns aber
im "Karoo National Park" trotz Bevölkerung mit immerhin 64 Säugetierarten total versagt blieb, wie überhaupt
das Landschaftsbild rauh und die Vegetation karg war.
Beaufort West stellte sich als ein ziemlich unansehnlicher
Ort heraus, der lediglich als Geburtsstätte von Christiaan
Barnard, des ersten Herztransplantateurs, einen gwissen
Ruhm erworben hatte. Die Unterkunft zeugte von vergan-
gener Pracht, das Abendessen hingegen war jüngeren Da-
tums.

Spektakulär auf unserer Rückfahrt nach Greyton am 3.
September war der Meiringspoort, eine etwa 20 km lange
Schlucht, durch welche sich die N12 windet. Der berühm-

te Wasserfall auf der Anhöhe oberhalb des wohl einzigen Rastplatzes war tatsächlich ein solcher - selbst für die alten Hasen ein erstes Mal. Also kletterten wir hinauf und schauten dem Jungvolk zu, wie es unterhalb des Wasserfalls von Stein zu Stein hüpfte. Da mit dem Aufstieg unsere reiselahmen Knochen gelockert wurden, fiel uns die immer noch weite Rückfahrt nach Greyton nicht so schwer.

12.10 Johannesburg-Greyton (III) 01. - 11.03.2005

Mantenga/Ezulwini → Hlane Royal Game Park → Blood River → Charter Creek/St.Lucia → Oribi Gorge → Coffee Bay → Hamburg → Amalkhala → Graaff-Reinet

Von wegen dieses Mal nichts Aufregendes: Auf unserer Fahrt mit Lars und Christel ging es richtig "in die Vollen"!

Die beiden nahmen sich nach Landung in JNB allerdings so viel Zeit beim Clearing, dass sie erst nach geschlagenen 2 Stunden dem Zollbereich entstiegen. Wir hätten dieser Verzögerung eine Änderung unserer geplanten Route ins Swaziland schulden sollen, wie sich - zu spät erst - herausstellte: 690 km sollten es noch werden, 400 wären der Normalfall. Bis Witbank auf der N12 - wir ahnten noch nichts Böses. Von dort weiter auf der N4 durch eine zunehmend gefällige Landschaft, je länger wir den Abstieg ins Lowveld vollzogen. In Nelspruit - so grün hatten wir das Städtchen gar nicht in Erinnerung - nahmen wir die R40 Richtung Barberton, mussten aber bald schon zu einer Autoschlange aufschliessen, die von einem verunfallten LKW verursacht worden war. Wir drehten folglich um und kehrten nach Nelspruit zurück, um über einen zweiten Anlauf zur Grenze mit dem Swaziland zu gelangen. Wir rasten über die N4 weiter bis Kaapmuiden und gelangten dann über die R38 nach Barberton, wo uns aber - es war schon gegen 16 Uhr - ein Schild darauf verwies, dass der ins Visier genommene Grenzübertritt bereits ab 16 Uhr geschlossen sei. Nach telefonischer Konsultation mit unserer Swazi-Unterkunft entschlossen wir uns, einen neuerlichen Umweg einzuschlagen, um die bis 22 Uhr geöffnete Grenze bei Oshoek doch noch passieren zu können. Bei inzwischen einsetzender Dunkelheit gelang es tatsächlich, auch diesen Umweg über die R38, R541 und N17 zu meistern, und wir waren schliesslich froh, um 21 Uhr in der "Mantenga Lodge" eingetroffen zu sein - wir fanden sie sogar im ersten - dunklen - Anlauf! Selbst ein Abendessen wurde uns noch geboten. Der Lodge gebrach es zwar ein wenig des Komforts, zumal dann, wenn - wie am Abend unserer Ankunft - der Strom infolge Sturms und Regens - ausfiel, doch die entzückende Lage tat es uns so an, dass wir zu bleiben entschieden.

Den Vormittag des 2. März verbrachten wir in unserem geliebten "Gone Rural". Dort fiel für die heimatliche Küche eine entzückende Wanduhr ab: "Till the cows come in", und Greta schnappte sich ein paar dieser bunten Fussmatten aus Sisal. Bevor wir uns in das Terrain der "Swazi Cultural Village" begaben, stachen wir noch in Malkerns

zu einer Kerzenfabrik ab, deren Spezialität aus handgeformten und -bemalten Wachsfiguren - vornehmlich game
- bestand: Zum Anzünden viel zu attraktiv. In der Cultural
Village erlebten wir dann eine - im Vergleich mit den beiden Vorbesuchen - andere Tanzaufführung, die aber ebenso
gefiel. Zum Abendessen fuhren wir schliesslich ins "Cala-
bash" und beschlossen, dem schwulen Betreiber Norbert
eine Einladung zu einem Kochkurs "chez Greta" in Greyton auszusprechen.

Nach telefonischer Anmeldung fuhren wir am 3. März
die ca. 100 km (so gross ist das Swaziland!) zum "Hlane
Royal Game Park" und nahmen als einzige Gäste an dem
"Lion Drive" zur Mittagsstunde und am "Sunset Drive"
nach einem späten Lunch im Camp teil. Der Park ist in
verschiedene, durch Zäune getrennte Bereiche unterteilt,
in denen einander verträgliches Wild sein Leben fristet.
Ob die Löwen-Familie nun gefüttert oder ihr Lebendiges
zugeführt wurde, fanden wir nicht heraus, wie sich überhaupt die Bereitschaft zu Informationen über den Park
und seinen Wildbestand - wohl auf königliches Geheiss
- als ziemlich bescheiden erwies. Als besonders tragisch
empfanden wir die Überzahl an Baumskeletten, die infolge Elefantenverbisses abgestorben waren. Auf die Verursa-
cher aber hatten wir keinen, aber auch gar keinen Anblick,
dafür aber auf Löwen, Nashörner, Gnus, Impalas, Kudus,
Giraffen und Warzenschweine sowie, als Draufgabe, auf ei-

ne Puffotter. Trotz der genannten Einschränkung machte
der Park insgesamt einen ordentlichen Eindruck, und die
Ranger und sonstigen Parkbediensteten waren - wie überall die Menschen im Swaziland - sehr freundlich. Vielleicht
sollte man die Trennungszäune der einzelnen Sektionen in
diesem immerhin 30,000 ha grossen Areal schleifen, damit jedes game sich frei bewegen kann (und die Katzen
nicht das Mausen lassen müssen). Kaum die Rückfahrt
von Hlane angetreten, setzte ein derartig heftiger Regen
ein, dass Gretas Sehschärfe und hohe Fahrkunst sowie aller Orientierungsgabe gefordert wurden. 210 km hatten wir
geschafft.

Die Ausreise aus dem Kingdom am 4. März besorgten
wir über bzw. Richtung Amsterdam (Papierindustrie bei-
derseits der Grenze) und fuhren von dort über Piet Retief
nach bzw. in die Nähe von Vryheid, dem von der jüngeren
Geschichte geschwängerten Ort - Sandpisten überall. So
wie ein jeder Muslim ein Mal in seinem Leben in Mekka
gewesen sein muss, soll jeder Bure das Feld besucht haben,
auf dem die berühmte Schlacht am Blood River geschlagen
wurde. Nur wenig mehr als 400 Weisse machten um 1838
unter dem Befehl von Andries Pretorius eine Überzahl von
etwa 13.000 Zulu nieder, deren Kriegsherr der Schwager -
und Mörder - des berüchtigten Chaka Zulu war. Allein
der Besitz von Feuerwaffen auf der weissen Seite und das
Arrangement einer wehrfähigen Wagenburg machten die-

sen Erfolg möglich und gaben dem kleinen Fluss seinen blutigen Namen. Die aus knapp 70 Planwagen bestehende Wagenburg ist im Massstab 1:1 aus Bronze nachgebildet und als Denkmal aufgestellt worden, mit beidseitig je einem Visitor Center: Zunächst der einfache Teil für die Zulu (kein Wort über die Buren), dann der aufwendige Buren-Komplex (keine Erwähnung der Zulu).

Da wir durch diesen länger als geplant sich erweisenden Umweg in Verzug gerieten und zudem einen etwa 60 km langen Behelfsweg auf der R618 befahren mussten, trafen wir - wieder einmal - erst bei Dunkelheit im "Charters Creek Restcamp" am Lake St Lucia ein, konnten aber noch eines Rangers habhaft werden, der uns unsere "Rest Huts" zuwies, die in unserer hinreichenden Erfahrung mit ähnlichen Unterkünften die zweifellos schlechtesten jemals waren (Nasstrakt ausserhalb wie auf einem Campingplatz). Wir nahmen's gelassen, und die Mädels bereiteten in der Gemeinschaftsküche sogar ein Abendessen, das die Strapazen des Tages nach 635 gefahrenen Kilometern schnell vergessen liess.

Da es im oder um das Camp keine Gelegenheit gab, der 750 Hippos und doppelt so vieler Krokos ansichtig zu werden, fuhren wir am 5. März nach einem handfesten Frühstück "Marke Eigenbau" in den Ort St Lucia und schifften uns dort um 10:30 Uhr auf der - na, was? - "St Lucia" zu einer gut $1\frac{1}{2}$ - stündigen Fahrt über den St Lucia

See ein. Zuerst begegneten uns "Probeausgaben" der etwa 1500 dort domizilierten Krokodile; die Kerle machten
sich aber rar - sie können bis zu 2 Stunden unter Wasser bleiben. Dafür aber gab es Nilpferde satt! Wir fuhren
eine Reihe von "Hippo-Clans" ab, und Greta fiel von einer Entzückung in die andere - sie flippte förmlich aus
ob der grossen Zahl, der kleinen Hippo-Babys und des zur
Drohgebärde aufgesperrten Mauls eines Clanchefs. Von der
uns nach wie vor nicht interessierenden Vogelwelt blieben
ein mächtiger Fischadler sowie einige Goliath-Reiher zu
erwähnen. Im Souvenirshop am Anleger beglückten wir
eine Negermammi damit, dass wir eine von ihr aus den
gesammelten und in Streifen geschnittenen Plastiktüten
gehäkelte Fussmatte erwarben. Aus Freude drückte sie uns
alle nacheinander an ihren gewaltigen Busen. Schliesslich
enterten wir die N2 und fuhren auf ihr gen Süden, mussten
der raren Tankstellen wegen allerdings einen Umweg über
Richards Bay (Alu-Industrie) einlegen. Über Durban und
Port Shepstone erreichten wir - dieses Mal sogar bei Tageslicht - das "Oribi Gorge Nature Reserve" und richteten
uns in den 2-bed huts (dieses Mal ensuite) ein, nach 510
Kilometern.

Da unsere zaghaften Versuche, am Vorabend an die
gorge rim vorzudringen, gescheitert waren, wollten wir es
am 6. März aber wissen. In der Tat ein recht tiefes Teil, diese Schlucht, bis zu 400 m fällt sie von der Kante "schnur-

stracks" herunter. Wir fuhren in das Tal des Umzimkulwa-
na Flusses hinab und auf der anderen Seite wieder hinauf.
Ranger warnten uns noch vor Schlangen, aber an ein Aussteigen war - von der Brücke über den unaussprechlichen
Fluss einmal abgesehen - ohnehin nicht zu denken. Drüben
war uns ein Wildpark empfohlen worden, dessen besondere
Attraktivität aber nicht Wild, sondern eine Hängebrücke
über einen Nebenarm der Schlucht war, mit Aussichtspunkten bzw. -hütten beidseitig dieser suspension bridge
(nichts für Helmut, schon gar nichts für Greta, aber Lars
und Christel waren mutig genug, dieses schwankende Etwas zu queren). Und dann noch diese Toilette - ein Plumps-
klosett mit dem "höchsten Fall" - nationwide!

Weiter ging es am folgenden Tag über die N2, die hier
einen grossen, mehrere 100 km langen Bogen um das ehemalige Homeland Transkei zieht und nur wenig gemein mit
ihrer Verlängerung in das Western Cape hat. Ohne aber
Vier- noch Zweibeiner erlegt zu haben machten wir einen
Stop in Umtata - des Tankens und Wasserlassens wegen.
Danach bloss weg, so dreckig und unfreundlich war's dort!
Der Abzweig hinter Umtata zur Coffee Bay wurde eher
zufällig als ein solcher erkannt, und wir befuhren "endlich wieder" gravel, geschlagene 80 km. Mehrmals befielen
uns Zweifel, ob wir denn auf Kurs lägen, denn Richtungs-
schilder waren in diesem Teil Südafrikas unbekannt. Das
Hotel in Coffee Bay - wir erreichten es tatsächlich - stell-

te sich als recht passabel heraus, aber von Crayfisch, von dem und dessen günstigen Preis uns berichtet worden war, keine Spur. Entspannung nach einer doch mühseligen Anfahrt brachte ein Spaziergang am wenige Meter entfernt gelegenen Strand - unsere Freunde tauchten sogar in die Wellen des Indischen Ozeans - das Wasser war aber ganz und gar nicht so warm wie sein Ruf. 450 km.

Nach einem real English breakfast stürzten wir uns am 7. März von Coffee Bay aus in ein weiteres Abenteuer, das "Hole in the Wall". Auf höchst unwegsamer gravel road holperten wir - fehlender Ausschilderung zufolge - erst einmal an der Zufahrt vorbei, bis unsere aufkommenden Zweifel durch einen mitgeführten Kompass bestätigt wurden, sodass uns der Blick auf ein wenig imposantes Loch in einem (bzw. unter einem) massiven Felsbrocken noch gegönnt wurde. Photos gemacht, "Helgoland im Hintergrund" erkannt, fertig.

Ein Mal musste es ja sein, erst recht mit Hamburger Freunden. Aber ein nächstes Mal wird es nicht geben; mehr noch: Auch dieses eine Mal hätten wir besser lassen sollen. Das einzige, aber auch wirklich das einzig Verbindende mit der Hansestadt ist der Name. Ein zusätzliches Kuriosum: dieselbe Telefon-Vorwahl 040! Die Fahrt über und durch East London (Südafrikas Detroit, inzwischen in Buffalo City umbenannt) verlief - einschliesslich der 20 km Schotterpiste von der R72 zur Küste - reibungslos. Hamburg,

an einer Flussmündung durchaus idyllisch gelegen - war
nur aus dieser natürlichen Betrachtung unseren Anblick
wert. Der Rest war Scheisse, nix als Scheisse. Die wenigen
Häuser - Bruchbuden, das Wetter - wie in Hamburg (eine
weitere Gemeinsamkeit), die Gastleute - Ungarn, oh, oh,
oh, wir standen das durch! Und gegen die Zimmer wäre
eine Zelle in Santa Fu purer Luxus, und die Betten waren von ungarischem Sozialismus gezeichnet - man lag auf
ausgeleierten Sprungfedern. Ein grauenvolles Ding, wie bei
Ossis alles selbst gemacht und aus Holz grob zusammen-
gehauen, der geschmacklose Speise- und Aufenthaltsraum
eingeschlossen. Wir nahmen's stoisch gelassen - etwas anderes blieb uns auch gar nicht übrig. Das Wirte-Paar - wie
es die beiden vor nur 4 Jahren hierher verschlagen konnte, weiss der Geier - brachten immerhin ein ordentliches
Abendessen zuwege, sogar mit frischen Austern aus örtli-
cher Zucht. Wir leerten die Weinreste aus dem Autofridge
und machten uns dann über die nicht gerade prall gefüllte Gästebar her. Hamburg an der Sunshine Coast? -Nein,
nein, das müssen wir uns nicht noch einmal antun. 455
Kilometer.

Wie schön, dass mit dem 8. März ein neuer Tag ward.
Nichts wie weg, bloss weg von hier! Nur wenige Kilometer
bis Port Alfred und dann wieder zur N2 und auf dieser etwa
15 km "rückwärts" Richtung Grahamstown. Das 7.000 ha
grosse Amalkhala Private Game Reserve liegt mit seinem

Reed Valley Manor direkt an dem Highway. Kurze Fahrt hiess frühe Ankunft; unsere Zimmer im Manor stellten sich als die bisher besten auf unserer Tour heraus:

Schon um 15 h ging es mit dem Land Rover auf die Pirsch, eine echte Querfeldein-Fahrt, ebenso schaukelig wie amüsant und mit einer Pause auf einem Motorbötchen, das uns für 'ne gute Stunde über den Boesmansriver schipperte. Ausser ein paar Elefanten in "unendlicher" Ferne sahen wir eigentlich nichts, das wir nicht schon im Hlane Wildpark (Swazi) gesehen hätten, wobei eine Anzahl von Büffeln nicht zählen soll, denn sie weideten wie Kühe auf einer eingezäunten Wiese und waren hier wohl erst kürzlich ausgesetzt worden. Trotz des bescheidenen Anblicks hat uns dieser gamedrive gefallen, weil er über Stock und über Stein ging, von Lawrence, einem erfahrenen Ranger, geführt wurde und mit einem Abendessen im Boma (mitten in der Wildnis) abgeschlossen wurde. Amalkhala wird uns sicherlich wiedersehen, kein Zweifel! Denn das Wild sei vorhanden, sagte Lawrence, ihm sei es nur zu kalt zum Rumlaufen gewesen. 190 km.

Nach einem wiederum typisch englischen, gleichwohl ordentlichen Frühstück ging es am 9. März bei herrlichem Wetter wieder auf die Piste, über die N10 bis Somerset East und weiter über die R63 nach Graaff-Reinet und dort sofort, mit Picknick, in das Desolation Valley. Die weithin bekannte Unterkunft war ein dunkles Etwas mit nochmals dunkleren, schweren Vorhängen und gemahnte eher an eine Friedhofsgruft denn an ein Restaurant & Guesthouse. 370 km, gesamte Fahrstrecke von JNB 4.390 km.

12.11 Kgalagadi Transfrontier Park (II) 24. - 29.07.2005

Kakamas → Twee Rivieren → Nossob → Mata Mata → Calvinia

Bei schönstem Wetter ritten wir am 24. Juli die altbekannte Strecke Worcester - Tulbagh - Porterville - Piketberg - Springbok - Pofadder nach Kakamas ab (970 km) und fuhren tags drauf als Pflichtübung, zu den Oranje-Fällen (30 km) weiter, die inzwischen bequem über einen hölzernen Zuweg erreicht werden können - ein begrüssenswerter Fortschritt gerade für ältere Knochen. Von dort ging es direkt in den auf 40.000 km^2 vergrösserten "Peace-Park", über ewig "geradeaussene" Teerstrassen und - die letzten 60 km - Schotterpisten, die uns einen Vorgeschmack auf das lieferten, was wir in den folgenden 3 Tagen erleben sollten. An der letzten Tankstelle vor dem Park störten wir noch zwei boys in ihrer Mitttagspause und liessen unseren Wagen noch einmal richtig voll laufen. In "Twee Rivieren", dem südlichsten Camp im Park, hatte sich seit 2001 wenig verändert. 415 Km.

Entlang der Grenze mit Botswana fuhren wir am 26. Juli auf grausam schlechter Piste (an "peace" kein Gedanke) bis zum Abzweig (105 km) nach "Mata-Mata", dem dritten Park-Camp im Nordwesten. Im Anblick waren Gnu, reichlich Oryx, Kuhantilope, Springbok, Geier, Bussard, Trappe sowie ein Berghaan-Adler (wer hat den denn so exakt angesprochen?). Da der Weg auf den ersten zwei Dritteln der Strecke so schlecht war (es stellte sich beim Rasten heraus, dass sich die mitgeführte Pfeffermühle infolge der Vibration gar aufgeschraubt hatte), verloren wir ein wenig die Lust am "Rangern". Auch wurden wir gewahr, dass "Transfrontier" noch lange nicht "Grenzüberschreitung" bedeutete, denn der dem Roiputs Wasserloch gegenüberliegende campground durfte nur von Botswana-Touristen angefahren und die public road nach Mabuasehube nur mit botswanischer Genehmigung benutzt werden. Angekommen im Nossob Camp im Nordosten, nahmen Fiete und Katrin nach dem Braai von 20 - 22 Uhr an einem Nightdrive teil, und die ältere Generation erholte sich durch frühe Ruhe von den Strapazen des Tages.

Am 27. Juli gingen wir den Tag wieder gemütlich an und waren Punkt 10 zurück auf unserem "geliebten" Schotter. Bis zur Abbiegung nach "Mata-Mata" hatten wir keinen nennenswerten Anblick, auch keinen auf der Ost-West-Traverse (40 km) Richtung Auob-Tal, nur der Weg war immer noch recht ungemütlich. Auf der "Zielgeraden" aber waren uns an die 20 Giraffen auf einmal so nahe, dass wir unter der einen oder anderen hätten durchfahren können. Zwei von ihnen - augenscheinlich kiddies - sassen in aufrechter Körperhaltung in der Savanne und liessen sich nicht von uns, sondern eher von einer drückenden Blase zum Aufstehen bewegen. Von Löwen, die sich - wie wir später erfuhren - in der Umgebung aufgehalten haben sollen, keine Spur, nicht einmal deren Ohrwascherln. Nach dem Tanken im "Mata Mata" main camp checkten wir im neu erbauten Kalahari Tented Camp (nur wenige Kilometer südlich) ein und bezogen ein geräumiges Vierbett-Zelt mit ordentlichem Ensuite-Trakt und einer separat ge-tent-eten, geräumigen Küche, mit Esstisch und Braai vor dem Zelt, den wir - claro - sogleich anfackelten. Mit sinkender Sonne nahm die Temperatur im Eileschritt ab, sodass wir uns im Küchenzelt einzippten und den Gasherd zum Heizkörper umfunktionierten. Trotz eines Wasserloches in Sichtweite zeigte sich nur ein Schakal, der - Braai-Beute witternd - um unser Zelt schnürte. 175 Km.

Pünktlich um 7:30 Uhr ging es auf die Rückreise. Der Weg vom Camp zurück nach "Twee Rivieren" war über die volle Länge von 120 km wieder reichlich holperig, und es gab trotz der frühen Stunde kaum 'was zu sehen. In "Twee Rivieren" entlasteten wir uns dann von unserer Nachtkleidung (wir hatten uns in vollem Zeug schlafen gelegt), checkten aus und gingen die letzten 60 km gravel in freudiger Erwartung der dann folgenden Teerstrasse an. Auf dieser ging es so flott weiter, dass wir über Brandvlei (R27) zeitig in Calvinia ankamen. 790 km.

Am 29. Juli war der Rest der Strecke dran, nachdem wir unsere Reifen und Stossdämpfer hatten untersuchen lassen. Was wir nicht wussten: Das Reserve-Rad, das wir nach allem menschlichen Ermessen in Anspruch hätten nehmen müssen, war durch eine saudumme Unachtsamkeit der Auto-Werkstatt irreparabel platt. Man stelle sich nur vor, wir hätten tatsächlich einen Plattfuss in der Wildnis gehabt und - Aussteigen verboten - nicht beheben können! 610 km.

12.12 Johannesburg - Greyton (IV) 16. - 24.10.2005

Rustenburg → Sun City → Pilanesberg → Klerksdorp → Magersfontein → Graaff-Reinet → Addo → Knysna

Wie gesagt: Bewegt werden sollen die Bamsen, und die Fahrt mit Tochter Valerie war ausserdem der Vorbereitung einer ebensolchen gewidmet, die sie im folgenden Jahr mit einer Freundin unternehmen wollte.

Am 16. Oktober schafften wir sogleich den Turn Richtung Pretoria - ich hatte mir endlich einen Gauteng-Strassenplan mit einer Sonderseite über den Flughafen von Johannesburg besorgt. Statt dieses glatten Durchkommens verfuhren wir uns aber in Pretoria und stiessen in der schlecht beschilderten Stadt gleich vier Mal - quasi aus allen Himmelsrichtungen - auf das Voortrekker-Monument. Auf der N4 ging es schliesslich trotz andauernd schlechter Beschilderung vorwärts. De bonne heure erreichten wir Rustenburg und fanden das B&B sogar schon im zweiten Versuch.

Nachdem sich die in meinem Reiseführer genannten Restaurants entweder als nicht mehr existent herausstellten, unbekannt oder gerade abgebrannt waren, blieb uns

nur mehr eine Fahrt in den Nachbarort Kroondal übrig.
Unsere Zweifel ob eines erfolgreichen Ausgangs dieses Tuns
stiegen wie das Knurren unserer Mägen und so schickten
wir uns gar an, McDonald's die Ehre zu geben, doch der
war schon nicht mehr geöffnet - es war gerade einmal 20
Uhr. Die Rettung sollte in einem "Hotel Resort & Confe-
rence Center" liegen, irgendwo in der Walachei zwischen
Rustenburg und Kroondal. Ein leeres, der Walachei sti-
listisch angepasstes Restaurant und eine Lounge, in der
immerhin Alkohol ausgeschenkt werden durfte. Das ganze
Drumherum war schlicht grausam und so auch das Essen.
Nur die Leute waren nett, einfach zwar, aber nett.

Rustenburg ist - wer weiss das schon - von Platin-
Bergwerken umgeben, darunter der Welt grösste Platin-
Mine. An der einen und anderen, hell beleuchteten Mine
fuhren wir an diesem an Missgeschick so reichen Abend
entlang. Zu glauben übrigens, man könne eine solche Anlage besichtigen und womöglich einfahren, ist weit gefehlt.
Man ist so verschlossen und nachgerade zimperlich wie vor
Zeiten in Namibia, als wir durch die "protected area" zu
fahren trachteten und erfolglos abdrehen mussten.

Also fuhren wir am 17. Oktober gleich Richtung Pilanesberg (R510/R556) weiter und erkundeten zunächst
einmal Sun City, die nur aus drei Hotels mit angeschlossenen Spielcasinos, 2 Golfplätzen, einem künstlichen See
und einem riesigen gambling saloon besteht - Beton, wohin

auch immer man sah. Bei wunderschönem Wetter wollten
wir aber wenigstens einen Blick auf den "Palace of the
Lost City" werfen, ein Hotel der Superlative, wie kolpor-
tiert wird. Wir liefen und liefen und liefen die wohl einzige Strasse hinauf, bis sich ein Busfahrer unser erbarmen
wollte, wogegen wir uns aber - wir sind schliesslich sture
Westfalen - widersetzten. Hätten wir mal nicht, denn nach
weiteren etwa 30 Minuten beschwerlichen Weges bergan
entschieden wir uns zur Umkehr. Nun aber kam uns auf
dem bereits eingeschlagenen Rückweg ein amerikanisches
Ehepaar entgegen, das sich nach eben diesem Weg erkun-
digte - und mutig weiterlief, als wir erklärten, die lost city
wäre wohl verloren gegangen. Gerade weil es Amerikaner
waren, denen ja nicht gerade der Ruf anhaftet, gut zu Fuss
zu sein, kamen uns doch Bedenken ob unseres Rückzuges
und so drehten wir wieder um. Tatsächlich erreichten wir
das Palace Hotel dann in nur mehr wenigen Minuten. Es
stand vor uns ein voluminöses Gebilde à la Rajastan, das
mit allerhand Schnickschnack umgeben war.

Weiter ging die Reise zum nahe gelegenen "Manyane
Camp" im Pilanesberg National Game Park. Das Chalet
dort hatte alles, was man brauchte, sogar airconditioning.
Nur der grocery store war so dürftig bestückt, dass Selbstversorgung ausfallen musste. Nach einem frühen Abendessen in dem für ein Camp ordentlichen Restaurant nahmen wir ab 19:00 Uhr an einem night drive teil, zu dessen

Start Valerie das zweite spotlight in die Hand gedrückt
und ihr bedeutet wurde, die Backbordseite des vehicle ab-
zuleuchten. Sie stellte sich als recht guter Trapper heraus
und führte sogar solche (Klein-) Tiere vor, von denen man
selbst tagsüber kaum Notiz nähme. Die Mehrheit des ge-
sehenen Wildes ging alleweil auf Valeries, nicht etwa auf
das Konto des Rangers: Hase, Gnu (Wildebeest), Zebra,
Schakal, Warzenschwein, Impala, eine Elefanten-Kuh mit
einem Jungen, das noch so klein war, dass es unter den
Bauch der Mutter passte und schliesslich ein junger (aber
ausgewachsener) Nashorn-Bulle, dem es gar nicht gefiel,
dass wir seinen (nicht etwa er unseren) Weg kreuzten.

Am 18. Oktober, einem sehr warmen Tag, nahmen wir
uns den Pilanesberg in Eigenregie vor. Nur trachtete auch
das Wild, sich den Temperaturen zu entziehen und war
daher kaum zu sehen - zunächst. Dass insgesamt die Wild-
dichte nicht diesen Namen verdiente, lag jedoch eher daran, dass es in dem mit 55.000 ha immerhin viertgrössten Tierpark Südafrikas vor wenigen Monaten so stark ge-
brannt hatte, dass nicht nur das Gelände versengt, sondern
auch eine hohe Zahl an Tieren getötet wurde. Entsprechend miserabel waren die Äsungsverhältnisse, die von den
Rangern mit Absicht nicht beeinflusst werden (nur Was-
serknappheit wird gelindert). Andererseits bereitete es viel
Freude, den Park - er besteht aus den Resten eines gewaltigen Vulkanausbruchs vor vielen Millionen Jahren - zu

befahren. Viele und vor allem ausgezeichnet beschilderte
Wege befuhren wir und konnten uns in jeder Beziehung
abwechslungsreich über knapp 100 km bewegen.

Insbesondere am Nachmittag war doch noch allerhand
game zu sehen, nämlich 5 Elefanten, 2 Nashörner mit 1
Baby-Nashorn, 6 Giraffen, 3 Elenantilopen, 3 Kudus, reichlich Gnus und Warzenschweine, 3 Tsessebes (habe noch
keine deutsche Übersetzung parat - recht kräftige, auch
von mir erstmals gesichtete Antilopen in uni-dunkelbraun
mit gewundenem Gehörn), reichlich Zebras und Wasser-
böcke, 1 Buschbok und unzähliges Flugwild. Dass keine
Katzen dabei waren, hat dem schönen Erlebnis keinen Ab-
bruch getan.

Als wir uns am 19. Oktober Klerksdorp näherten, stellte sich heraus, dass das Hotel, in dem ich die Übernachtung
telefonisch gebucht hatte, vor 8 Jahren bereits abgebrannt
war! Ausserhalb des Ortes fanden wir dann Unterkunft in
einem Chalet mit 7 Betten in 2 Schlafzimmern, 3 Bädern,
1 Wohnzimmer und 1 Pantry (alles nur für uns zu gerade
einmal 25 €). Das Essen in dem Restaurant bestätigte jedoch unsere Befürchtung und verdarb Valerie den Magen.

Zu glauben, man könne "mal eben" die grösste ("Val
Reef") Goldmine der Welt besuchen (und einfahren), ist
ein Trugschluss. Im Gegensatz zu den Prophezeiungen des
"Afrika Know How" Führers war am 20. Oktober über
das lokale Tourismusbureau nichts zu machen. Hinzu kam,

dass so gut wie keine im Führer angegebene Telefonnummer stimmte - wir kannten das ja schon. Hatte ich mir
dann die richtige von der Auskunft besorgt, waren nur
"Hilfsbremser" an der Strippe, die aber unseren Wunsch
immerhin weiterreichten, sodass uns zahlreiche Rückrufe
ereilten. So bot ein Rückrufer an, uns durch die (abgrundtief hässliche) Stadt Klerksdorp zu führen, eine andere gab
den Rat, das mit den Minen selbst in die Hand zu nehmen,
ein Dritter wollte uns die umliegenden Townships zeigen.
und ein Letzter vertröstete uns auf den nächsten Tag: Wir
hatten aber schon lange die Weiterfahrt angetreten.

Über Orkney (R502) - Wolmaramsstad (N12) ging die
Fahrt am folgenden Tag direkt nach Kimberley, und dort
sofort zum "Big Hole". In der Tat: sehr big und viel hole, und die Menge der Diamanten, die das entstandene
Loch insgesamt ausgespuckt hatte, war in mehreren Lo-
ren nachgebildet. Mit 5 Rand waren auch wir dabei und
durften "nachlesen": Eine Mühle nach Art eines perpe-
tuum mobile befördert - in einem bestimmten Kreislauf
wohl immer wieder dieselben - Kieselsteine in eine Pütz,
deren Inhalt dann auf einem Sortiertisch ausgekippt wird.
Man nimmt sich ein Sortierblech und fängt zu diggen an.
Diamanten-Rohlinge sind immer 6-kantig und unser An-
kratzen von hundsordinären Steinchen (Das Kratzen mit
dem Aluminium-Blech hinterliess einen artfremden Schimmer.) war also der Mühe nicht wert. Dennoch hat es einen

Heidenspass gemacht! Der nach dem Prinzip eines Billard-Tisches wieder gefüllte Eimer wurde dann zurück in diese Mühle geschüttet und so weiter und so weiter: Ein Recycling besonderer Art. Ein früher in unmittelbarer Nachbarschaft zum grossen Loch betriebenes Diamantengräber-Städtchen, köstlich und dem Goldrush Flair in California um nichts nachstehend, war leider z. T. nur als Open-Air-Museum zu begehen, weil auf einer Grossbaustelle ein Diamantenzentrum errichtet wurde, das in einem Jahr schon betriebsbereit sein sollte - eine sicherlich attraktive Geschichte für Touristen.

Da wir am 21. Oktober die längste Tagesetappe auf unserer Tour vor uns hatten, sahen wir von weiteren Erkundungen Kimberleys ab und machten uns gen Süden auf die N12. Schon bald aber drängte sich das "Magersfontein Battlefield" auf, das - neben vielen weiteren in der Region - Schauplatz von Anglo-Boer Raufereien in dem gleichnamigen Krieg (1899 - 1902) war. In der besagten Schlacht verhinderten die Buren, zumindest vorübergehend, die Einnahme von Kimberley durch die Tommies - eine Krupp-Kanone ballerte für sie und war vor Ort in Augenschein zu nehmen.

Des eingetretenen Zeitverlustes wegen entschieden wir uns, nicht einen grossen Bogen über die N12 zu beschreiben, sondern in der Falllinie auf der R705 - R48 - R389 Hanover an der N1 anzusteuern und von dort über die N9 nach Graaff-Reinet zu düsen. Die "R"-Strecke über Koffiefontein - Gluckhoff - Petrusville - Philipstown war so verkehrsarm, dass uns bestenfalls in viertelstündigem Takt Autos begegneten, insgesamt knapp ein Dutzend auf 200 km!

Wir kamen in Graaff-Reinet schon so früh an, dass wir erst im Hotel einchecken konnten, um dann die Sunset-Tour in das Valley of Desolation zu unternehmen - fast schon eine Pflichtübung. Sie stellte sich insofern als besonders eindrucksvoll heraus, als der Sonnenuntergang genau erwischt und nur der "Stiftzahn" noch von der Sonne beschienen wurde, als wir an mehreren spots zum Greifen nahe an ihn herankamen.

Da zeitig auf den Beinen, konnten wir am nächsten Tag schon vor 10 Uhr wieder auf Fahrt gehen. Aus schlechter Erfahrung inzwischen klug geworden, rief ich bei unserer nächst geplanten Bleibe in Grahamstown an, ob denn meine Reservierung noch aktuell sei. Sie war nicht und so entschieden wir uns, alternativ in der Nähe des Addo Elephant Park zu übernachten. Wir fuhren also von Graaff-Reinet über die R75 weiter gen Süden (Richtung Uitenhage) und dann über die R335 nach Kirkwood und Sunland. Gegen 14:00 Uhr brachen wir zum Park auf, den wir aber mit sofortiger Wirkung in den "Addo Elephant-SHIT National Park" umtauften, denn in den $2\frac{1}{2}$ Stunden unserer gründlichen Durchstreifung kam uns nur Elefanten-Losung

unter die Hufen und zwar in einer Menge, die auf Hunderte
Mammals schliessen liess, doch nicht einer zeigte sich. Wir
erfreuten uns lediglich an einer grossen Zahl recht kräftiger
Schildkröten, die verkehrsgerecht (= auf der linken Stras-
senseite) ihres Weges gingen - gar nicht einmal so langsam.
Zwei Kuhantilopen begegneten uns dann noch, von viel zu
vielen und viel zu zahmen Warzenschweinen einmal abgesehen.

Am 23. Oktober ging es weiter nach Knysna. Erste
Station war Jeffrey's Bay, und wieder einmal waren die
berühmten Wellen zwar nicht abwesend, aber doch unter-
entwickelt, sodass nur Wellenreiter-Schüler mit ihren Wel-
lenreiter-Lehrern unterwegs waren. Von Jeffrey's Bay erreichten wir flugs den Tsitsikama, in dessen östlichem Teil
wir diese schöne Fernery besuchten, die tonnenweise Farne
nach Europa exportiert. Inzwischen verschaffte sich aber
die Knysna Oyster Company Aufmerksamkeit in unseren
Mägen, und so fuhren wir eben dorthin. Unsere geplante
Unterkunft, in "The Point", zwischen N2 und der Lagune,
erwies sich als recht angenehm und komfortabel. Der Bal-
kon mit unverbautem Blick auf die Lagune lud uns zum
Verweilen ein, bevor wir zum Abendessen an die Knysna
Quays fuhren.

Der 24. Oktober war der erste kühle Tag, der uns auch
noch mit Regen Unannehmlichkeiten bereitete. Eher durch
Zufall fuhren wir in einem Versuch, die 7-passes-road zu

erwischen, so nahe an der "Map of Africa" vorbei, dass wir
dieses von dem Keiman River umflossene Naturgebilde in
Augenschein nahmen und den tollen Blick von oben auf
den Strand von Wilderness warfen. Unser nächster Abstecher ging aber in Regen und heftigem Wind unter. Mit der
Fähre in Malgas - der einzigen von Menschenhand bewegten in Südafrika - setzten wir nach reichlich gravel zwar
über den Breede River, mussten aber den Abstecher in
das De Hoop Nature Reserve, den wir wegen der hohen
Dünen dort geplant hatten, streichen, da es sich einzureg-
nen begann. So fuhren wir über Bredasdorp direkt nach
Greyton, wo wir um etwa 15:00 Uhr nach insgesamt 2.900
km ankamen.

12.13 Flugreise an die Viktoria Fälle
03. - 07.07.2006

(Johannesburg) → Livingstone → Mosi-oa-Tunya
Nationalpark → Chobe Nationalpark → (Johannesburg)

Endlich ging es wieder einmal auf Achse: Zu Gretas sech-
zigstem Geburtstag in die Luft gar, mit "Nation Wide Airlines" nach Livingstone, auf der nördlichen = sambischen
Seite der Viktoria-Fälle. Nach dem obligaten Zwischenstop
in Johannesburg konnten wir am frühen Nachmittag des
3. Juli, nach $1\frac{1}{2}$ Stunden von Jo'burg, beim Landeanflug
auf Livingstone schon die berühmte Gischt-Wolke über
den Fällen ausmachen. Die Einreise-Formalitäten verliefen zügiger als erwartet (und im Reiseführer beschrieben),
sodass wir so früh im "Zambesi Sun", einer an marokkani-
schen Baustil erinnernden Hotelanlage, eintrafen, um die
nur wenige hundert Meter entfernten Fälle nach Beschlag-
nahme unseres Zimmers ein erstes Mal zu erkunden.

Vorbei an einer recht attraktiven Hippo-Skulptur aus
Blech und einem recht schlank gewachsenen Baobab (Af-
fenbrotbaum) - beide noch im Hotel-Areal - erheischten
wir im Nebel der Gischt schon sehr bald einen ersten Blick
auf die Fälle, genauer auf den Eastern Cataract. Astwerk

tauschte zunächst mit der Gischt die Sichtbehinderung aus, doch irgendwann, und sei es auch nur für kurze Zeit, waren die Fälle - nach dem Eastern Cataract die Rainbow Falls - in voller Schönheit zu sehen. Auf gut ausgebauten, wenngleich nicht allzu breiten Wegen tippelten wir entlang des etwa 108 m tiefen Grabens, in den der Sambesi auf einer Breite von insgesamt (einschliesslich der zimbabwischen Seite) 1,7 km fällt, wobei uns Scharen einheimischer Mädchen begegneten, deren Interesse weniger den Fällen als vielmehr den männlichen Besuchern galt. Sehr zu meinem Kummer erkannte nicht ich, der altgediente Voyeur, sondern allein Greta, dass der Gischtregen ihre Kleidung derart nässte, dass darunter wohl geformte Brüste blank zutage traten, grad' wie bei den Mikimoto-Perlentaucherinnen anno dazumal in Japan.

Vor der Knife Edge Bridge, die auf ein Fels-Plateau mittig vis-à-vis der Rainbow Falls und des Eastern Cataract führt, nahmen wir den Rat eines womöglich gar nicht zur Auskunft Befugten an (nur ohne Regenumhang sei es "echt") und marschierten ohne Cape weiter , um der gischtbedingt schlechten Sicht wegen und völlig durchnässt schon bald umzukehren und zur Trocknung unserer "Alabaster-Körper" in das Hotel zurückzueilen. Irgendwo stellte sich uns noch ein Livingstone-Denkmal in den Weg, gefolgt von einem wenig beeindruckenden Eingeborenen-Markt, und wir waren froh, uns ziemlich schnell von Kopf bis Fuss trockengelegt zu haben, denn es wurde gegen Abend empfindlich kalt.

Von diversen Aussichtspunkten konnte ich traumhafte Photos schiessen, an diesem Ankunftstag ebenso wie an den Folgetagen, bildschön und aufregend, sodass ein ursprünglich geplanter Abstecher auf die simbabwische Seite völlig überflüssig wurde. Da schiebt sich zwar - schon gar im winterlichen Juli - weniger Wasser über die Kante als vergleichsweise in Niagara, aber dort fällt es nur etwa halb so tief und ist trotz grösserer Menge bei weitem nicht so wild.

"Island Breeze" hiess morgens am 4. Juli unsere erste Exkursion. Sie bestand aus einer Bootsfahrt auf das Livingstone Island und stellte sich als kaum überbietbarer Thrill heraus! Dieses Inselchen liegt mitten im Sambesi und reicht direkt, aber auch wirklich direkt an die Kante. Vom "Royal Livingstone", dem etwas feineren Nachbar-Hotel, ging es los, in einem kleinen Bötchen mit einem noch kleineren Aussenborder. Ein mulmiges Gefühl, wie wir mitten hinein in den Hauptstrom fuhren, der sich zunehmend beeilte, über die Rim zu schwappen, als wir nur etwa 30 m vor derselben - buchstäblich auf den letzten Drücker - in einer kleinen Einbuchtung des Eilands "auf Shit" fuhren und ausstiegen. Durch einen infolge der Dauerberieselung tropischen Regenwald wurden wir bis zu einem für etwa 8 Personen eingedeckten, unter einem Baldachin befindlichen Tisch unweit der Fälle geführt. Hier entledigten wir uns unserer Schuhe und Strümpfe, krempelten die Hosen auf und umhüllten uns mit einem Regencape, um Hand in Hand mit unserem Führer näher an die Kante zu waten, auf Hippos Fährten, die augenscheinlich nicht bange sind, sich nächtens - denn nur nach Sonnenuntergang entsteigen sie den Fluten - so weit vorzuwagen. Bis 2 oder 3 Meter nur wurden wir an die Kante geführt und konnten zunächst die Rainbow Falls mit dem Eastern Cataract und - nach Passieren eines abermaligen Livingstone Denkmals - die Main Falls in ein wenig respektvollerem Abstand aus wahrlich erster Hand erleben.

Zurück unter dem Baldachin wurde uns heisser Tee gereicht, bevor wir nach einem Abstecher zu einer der weltweit aufregendsten Buschtoiletten (während der Sitzung kannst du die letzten Meter des Sambesi zu den Fällen aus allernächster Nähe beobachten) wieder in unser Bötchen stiegen und wiederum zu hoffen begannen, dass uns das Motörchen nicht im Stich lassen möge. Es liess nicht, und wir genehmigten uns in dem sündhaft teuren Hotel nach Anlandung nahe des Sonnendecks erst einmal ein Glas Wein, ich glaub' es waren sogar zwei.

Um 15:00 Uhr ging es dann auf einen game drive im Mosi-oa-Tunya Nationalpark ("donnernder Rauch", gleich dem Eingeborenen-Namen der Fälle), unweit Livingstone City am Oberlauf des Sambesi. Elefanten satt, Impalas zuhauf, Warzenschweine in Rotten, ein fliegender Maribu, der mit seiner riesigen Spannweite für einen Moment das Sonnenlicht verdunkelte, Gnus und Zebras in gewohnter Teilung ihrer Äsung, eine junge Giraffe schliesslich, die sich an einem Bein wohl stark verletzt zu haben schien - eine unerwartet wildreiche Geschichte, bei schönstem Wetter und meistens im Angesicht des Flusses. Das Tollste aber waren zwei Breitmaul-Nashörner, die - wie uns bedeutet wurde - einzigen in ganz Sambia. Sie wurden rund um die Uhr zum Schutz vor Wilderern bewacht. Bräsig lagen sie nur etwa 30/40 m von unserem Fahrweg entfernt. Die beiden Bewacher - Soldaten mit geschulterten Feuerwaffen - führten uns bis etwa 6 m an die Kolosse heran, die sich ihrerseits wohl an diese Übung gewöhnt hatten, denn sie regten sich nicht, ganz und gar nicht.

Zum Fussballspiel Deutschland gegen Italien genehmigten wir uns eine Flasche Rotwein - zu etwa dem zehnfachen Preis, den wir in einem südafrikanischen Restaurant hätten abdrücken müssen: Ein Prosit der Masslosigkeit in "Southern Sun" Hotels (auf der zimbabwischen Seite soll es ebenso masslos zugehen, wie wir tags drauf erfuhren).

Die von uns gewählte Reisezeit stellte sich als ideal heraus, da im Juli Malaria-Gefahr nicht gegeben ist, der Sambesi genügend Wasser führt (der Eastern Cataract, die Rainbow-Falls in Sambia und der Devil's Cataract in Zimbabwe fallen später im Jahr sogar trocken) und touristisch

nichts "überläuft". Nur die Morgen- und Abendtempera-
turen hätten nach unserem Geschmack höher sein dürfen.

Am 5. Juli stand ein Ganztags-Ausflug in den Chobe Nationalpark in Botswana auf dem Programm, der nur
etwa 100 km von unserem Hotel entfernt war. Schon um
7:30 Uhr ging es mit Jacob im Mehrsitzer los, nach Ka-
zungula, dem Vierländereck, in dem Zambia mit Namibia,
Botswana und Zimbabwe zusammentrifft. Unter Ausspa-
rung der grossen Fähre wurden wir in einem kleinen Boot
über den Sambesi motort und wurden auf botswanischer
Seite von Chris ebenso schnell durch die Passkontrolle ge-
schleust, wie das Jacob schon mit uns auf sambischer Seite praktiziert hatte. Nach etwa $\frac{1}{2}$-stündiger Fahrt wurden
wir in der Chobe Marina Lodge in Kasane, kurz vor dem
Eingang in den Chobe Park, abgesetzt. Nach einer Ver-
schnaufpause in dieser idyllisch am Ufer des Chobe River, gegenüber dem namibischen Caprivi-Streifen, gelegenen Safari-Lodge schifften wir uns zusammen mit einer
südafrikanischen Familie auf einem gemütlichen Doppel-
rumpfboot ein und wurden in den folgenden 2 Stunden
zu einem der selbst für uns alte Hasen schönsten gamedrives getuckert. Nach einem Mittagsbuffet in der Lodge
wechselten wir auf ein Safari-Vehikel und wurden landge-
bunden durch das Revier geführt: Eine lebenslange Erinnerung sollte sich in uns festsetzen! Man muss wissen, dass
der Chobe Nationalpark Habitat von etwa 50.000 Elefan-

ten ist (Botswana beherbergt mit insgesamt mehr als 3 x so vielen der Welt grösste Population an Dickhäutern). Weit mehr als 100 Elefanten konnten wir insgesamt ausmachen; es war einem Labsal gleich, nachdem sich die Dickhäuter während der letzten Parkbesuche so rar gemacht hatten. Die Begegnung zu Wasser mit einer kleinen Elefantenfamilie (Vater, Mutter, Kind und Tante) rührte uns besonders, wie sie den Chobe River querte und sich an tiefster Stelle einem Schnorchel gleich nur mit dem einzig aus dem Wasser ragenden Rüssel Atmung verschaffte. Zackl Zement, sind das reizende Tiere!

Ausnahmsweise ein Wort über Flugwild. Ein mächtiges Seeadler-Männchen sahen wir schon zu Beginn der Bootsfahrt, gefolgt von einem ebensolchen Pärchen, das wohl ziemlich verknallt ineinander war und auf der Rückfahrt immer noch hoch oben auf demselben abgestorbenen Ast poussierte. Dann ein Volk Störche, wohl der heimischen Sorte (die Zugstörche halten sich im Juli ganz gewiss in Europa auf) und ein recht bunter Vogel, den wir nach Überprüfung zu Hause als "lilac breasted roller" (Racke mit lila Brustfedern) ansprechen würden.

Von Reptilien wurden wir endlich einmal zahlreich beglückt, vor allem natürlich von Krokodilen, die viel hübscher gezeichnet waren als in diesen wenig attraktiven Krokodilfarmen und sich im Nichtbewegen übten. Selbst ein Leguan konnte sich trotz eiligen Schrittes unserem Blick nicht entziehen.

The show went on mittels unzähliger Hippos, die - in ihrer Massigkeit Körper an Körper gequetscht - nur ihr Unterteil im schlammigen Wasser versenkt hatten, einem Berg (Hügel für Alpenländler) an steingrauen Leibern gleich. Nur der "Patron" schob Wache und liess zugleich die kleinen Hippos um sich herum spielen. Gleich mehrere Herden Wasserbüffel gingen ihrer liebsten Beschäftigung nach und matschten im ufernahen Wasser bzw wassernahen Ufer. Warzenschweine und Impalas wurden keines Photos mehr gewürdigt, zwei Kudu-Damen vertraut am Ufer und ein Wasserbock schon eher. Die "game parade" wurde durch zwei bisher noch nicht gesichtete Antilopen abgeschlossen: Den Puku und die Säbel-Antilope. Nicht zu vergessen schliesslich - wie könnte man sie übersehen - die Giraffen, die so zahlreich unsere Wege kreuzten oder begleiteten, dass der Ranger schon auf "Giraffski-Park" erkannte.

Die Rückkehr nach Zambia verlief ebenso problemlos wie die umgekehrte Richtung am Morgen. Mit Jacob verabredeten wir uns zu dem abendlichen Besuch eines Restaurants in Livingstone, ein nettes Erlebnis, das jedoch keineswegs dazu angetan war, Gourmets, die wir nun einmal sind, vom Hocker zu heben.

Am 6. Juli schon frühmorgens wanderte ich allein zum "Boiling Pot": Ein waghalsiges Unternehmen, wie sich herausstellte, denn der schmale Pfad ging haarscharf am Abgrund (remember: 108 m tief) entlang und war von keinem Geländer oder ähnlicher Vorrichtung geschützt. Wie gut nur, dass ich allein unterwegs war, denn schon ein versehentlicher Rempler bei mehr Volk hätte arge Folgen haben können. "Do not step beyond this point" war in den Ausbuchtungen immer wieder auf den Boden gemalt. Beeindruckende Aussichten gab es in Serie, angefangen mit der Rückseite der "Knife Edge Bridge", auf der wir das andere Mal so tüchtig nass geworden waren, bis hin zur Victoria Falls Bridge (Grenzbrücke mit Zimbabwe), die immerhin schon über 100 Jahre auf dem Buckel hat. Den "kochenden Topf" (boiling pot) konnte man fast punktgenau unter dieser Brücke ausmachen. Das brodelnde Wasser stellte sich als Zusammenfluss des vom tiefen Fall noch ganz aufgeregten Sambesi main stream mit dem vom Eastern Cataract gespeisten Seitenarm heraus.

Später am Vormittag marschierten wir - es war kein Wandern mehr - zu dem im Reiseführer beschriebenen "Outlook Tree", der sich als uralter Baobab herausstellte, mit einer über zwei Leitern erkletterbaren Aussichtsplattform. Eingedenk unseres Alters blieben wir jedoch erdverbunden und unterhielten uns stattdessen mit einem Polizisten in Zivil, der dort zum Schutz der Touristen Wache schob.

Da wir des Laufens müde wurden, nahmen wir später

das Angebot eines vorbeikommenden Taxifahrers an, uns zu dem "gorge swing" zu fahren. Ähnlich des Bunji-Springens lassen sich Jugendliche zumeist in ein Geschirr zwängen und gleich einer Seilbahn schwebend über eine Seitenschlucht des Sambesi schubsen - und zurückkurbeln. Auf der Höhe des Sambesi E-Werks näherten wir uns dann noch der tatsächlichen Sambesi-Schlucht, und zwar genau dort, wo tief unten die Turbinenstation Unmengen Wasser ausspuckte.

Am frühen Nachmittag unternahmen wir unseren Abschiedsspaziergang an die Fälle, und dieses Mal wählten wir den etwa 200 m langen trail am Oberlauf kurz vor dessen Fall über den Eastern Cataract entlang zu laufen. Ein schöner Abschluss unserer Erlebnisse an den Viktoria-Fällen. Um 15:30 Uhr fuhr uns - wiederum - Jacob zum Ablegeplatz der "African Queen" (natürlich!) in der Nähe von Livingstone. Von einem Xylophon afrikanischer Bauart begrüsst, boardeten wir das grösste Schiff seiner Art auf dem Oberlauf des Sambesi und es begann ein traumhafter sunset cruise auf derselben Route, die im Jahre 1947 King George V mit Tochter Elizabeth im damaligen Nord Rhodesien absolvierte. Gut $2\frac{1}{2}$ Stunden waren wir unterwegs; wir sassen backbords vorne, tranken Wein und zählten an die 10 Schiffe, die sich da tummelten und der untergehenden Sonne entgegenfuhren. Entspannung pur!

Zurück im Hotel kümmerte ich mich ebenso nachdrücklich wie dann auch erfolgreich um einen Tisch im Restaurant des "Royal Livingstone", dessen Speisenkarte wir bereits vorher mit zufriedenstellendem Resultat studiert hatten. Vom Lobby-Manager unseres Hotels begleitet, wurde uns beim Nachbarn ein gut platzierter Tisch angeboten, und es entwickelte sich an diesem - besonderen - Abend das einzig erwähnenswerte Dinner-Erlebnis während unseres Aufenthaltes in Sambia.

12.14 Abenteuer Mosambik 19. - 26.01.2007

Maputo → Nampula → Ilha de Moçambique → Nampula → (Pemba) → (Beira) → Maputo

"Wie Du mir, so ich Dir": Nach Livingstone zu Gretas 60stem war nun Helmut zu seinem 65sten dran, ausgeführt zu werden, und so bescherten wir uns einmal wieder so richtig ein Erlebnis. Die $2\frac{1}{2}$ h nonstop von Kapstadt nach Maputo kamen uns am 19. Januar schneller vor als die Zeit vom Flughafen zum Hotel der mosambikanischen Hauptstadt - und vor allem ins Zimmer des "Polana". Da der Hotel-shuttle auf den nächsten Flieger zu warten begehrte, zogen wir eine Taxifahrt vor, um uns nicht allzu grossem Zeitverlust auszusetzen. Im Hotel, einem ordentlich restaurierten Prachtbau aus den 1920ern, angekommen, wurde uns erst auf unser stures Drängen ein Zimmer im recht ansprechenden Haupttrakt zugewiesen, das aber noch nicht hergerichtet war - um 17:30 Uhr nicht!

Ergo beschlossen wir, die Umgebung in diesem als elegant geltenden und als sicher bezeichneten Stadtteil Maputos zu erschliessen, doch wurden wir wegen Sicherheitsbedenken mit Nachdruck davon abgehalten. Ersatzweise vergnügten wir uns mit einem Glas portugiesischen Weins

auf der dem Meer zugewandten Terrasse des Hotels und
fassten uns in der Geduld, die hierzulande mehr noch gefragt ist als in "unserem" Südafrika. Endlich bezogen wir
das relativ kleine, wiewohl annehmliche Zimmer - mit Blick
auf den indischen Ozean, der sich allerdings grau in grau
nur präsentierte und wegen der in einiger Entfernung vorgelagerten Inseln eher mit dem ostfriesischen Wattenmeer
verglichen werden konnte. Nach der ergangenen Warnung,
nicht zu Fuss in das Treiben der Stadt einzutauchen, entschlossen wir uns zu einem musikbegleiteten Abendessen
vom Hotel-Buffet, oh je!

Die Empfehlung, am 20. Januar bereits 2 Stunden vor
unserem auf 8:30 Uhr terminierten Abflug-Inland zum Maputo Airport zu shuttlen, war viel zu früh angesetzt, sodass wir starke $1\frac{1}{2}$ Stunden am Flughafen unnütz verbrachten, bevor uns eine in die Jahre gekommene 737 zum
Nonstop nach Nampula im Norden des Landes aufnahm.
Nach gut zwei Stunden Flug - das Ländle zieht sich aasig weit nach Norden hin - nahm uns am Ziel der telefonisch benachrichtigte Putua in Empfang, um mit uns
die restlichen 200 km (der Reiseführer schrieb von 130
nur) auf die Ilha de Moçambique in seinem als Taxi fun-
gierenden "Bakkie" abzurattern. Durch höchst fruchtbar
anmutende = sattgrüne Landschaft ging es kilometerweit
an Cashew-Plantagen entlang, die infolge einer unsinnigen
IWF-Politik arg vernachlässigt waren (der Bundeshorstel

und ehemalige Vorturner des IWF sollte sich wegen Afrika
nur nicht so in die Brust werfen). Die zahlreichen Granit-
felsen in der flachen Landschaft kamen uns schliesslich vor,
als seien sie einst vom Orbit ausgespuckt worden.

All right, nach den letzten $2\frac{1}{2}$ Stunden Fahrt gelangten wir am Ende über die einspurige Brücke auf die Ilha,
die bis 1888 Hauptstadt von Moçambique war. Wir waren vom ersten Eindruck reichlich enttäuscht, mehr noch
vom "Casa Branca", in dem ich uns, einer Empfehlung des
Reiseführers folgend, eingebucht hatte. Oh Graus, das uns
zugewiesene Zimmer erinnerte in seiner Armseligkeit an jenes, in dem Zorbas gealterte Französin ihr (Film-) Leben
aushauchte.

Zum Glück und nicht ganz ungeplant war Ersatz zur
Stelle, im Hotel "Omuhipiti" (einheimisch für den Namen
der Insel), einer wohlwollend mit 4 heimischen Sternen ge-
gradeten Unterkunft unweit des "Fortaleza São Sebastião",
deren Zimmer immerhin über airconditioning verfügten,
lärmend zwar wie ein Stromgenerator, aber unverzichtbar
bei luftfeuchten 40 Grad und mehr. Zudem gab es ein -
hoffnungslos unterbesetztes - Restaurant, in dem unserem
Anspruch nur leidlich genügt wurde.

Sodann traten wir einen ersten Rundgang in dem Teil
der Insel an, der von der UNESCO geadelt worden war -
eine Erklärung zu diesem Schritt war uns zu geben nicht
Einer in der Lage. Als morbid müsste auf der Ilha der Bau-

zustand aller, aber auch wirklich aller Gebäude selbst dann noch bezeichnet werden, wenn der Welt beste Restaurateure ihre Arbeit an der baulichen Gesamtheit just abgeschlossen hätten. Mangels auch nur eines einzigen Restaurateurs und bar jeder nachhaltig geleisteten Restaurierung tat sich in diesem Vergleich die erbärmliche Realität auf. Und dass uns letztendlich die wirklichkeitsferne Beschreibung dieser Insel im Reiseführer zu diesem Trip bewogen hatte, sollte man der Autorin persönlich krumm nehmen. Aber alles der Reihe nach.

Während dieser Reiseführer von ermutigenden Restaurationen und davon schrieb, dass der im Gegensatz zur Lehmstadt "steinerne" Norden der Insel Weltkulturerbe sei, liefen wir - vom standhaften Fortaleza und der ihm vorgelagerten "Capela de Nossa Senhora de Baluarte", des ältesten europäischen Gebäudes auf der gesamten südlichen Hemisphäre, einmal abgesehen - durch einen Schrotthaufen an Gebäuden, dessen beste Zukunft nicht mehr die Restaurierung werden könnte, sondern nur noch der endgültige Abriss, zu dem es freilich gar nicht einmal viel bedürfte. Baufälligkeit wäre gegen das, was wir sahen, ein himmlischer Zustand. Wenn man dann auch noch in solche Gebäude trat, die wenigstens von aussen den Eindruck machten, einst restauriert worden zu sein, stellte man das eine ums andere Mal fest, dass Restauration hier nur aus einem Eimer - zudem noch tropenuntauglicher - Farbe be-

stand, der eher noch dem Stabilitätserhalt diente denn ir-
gendeinem Restaurierungsanspruch: Innen sah es so trost-
los aus wie das Gros der Gebäude auch aussen.

Nee, sagten wir uns, dafür sind wir nicht so lange unterwegs gewesen, das müssen wir uns nun doch nicht antun,
zumal die beiden im Reiseführer so gepriesenen Inselre-
staurants inzwischen aufgegeben hatten. Zwar trafen wir
noch einen - sinnigerweise - Deutschen , welcher sich als
Architekt und ein solcher vorstellte, der im Privatauftrag
die bauliche Zukunft dieses steinernen Verfalls sichern wolle. Er schien uns jedoch einfach nicht reif genug zu sein, um
die Abfolge der eigentlich notwendigen Restaurierungsar-
beiten (Dach - Decken - Wände - Aussen) abzufassen.

Trotz arg lärmender, doch ihrer Aufgabe gerecht werdenden Klimaanlage hatten wir genügend Schlaf mitbe-
kommen, um die bevorstehenden Strapazen an diesem nächsten Tag abzuwettern, denn wir beabsichtigten, die Insel
stante pede wieder zu verlassen. In einer letzten Runde
durch den Ort wurden wir am 21. Januar abermals alles
andere denn hingerissen, und eine Besichtigung des Fortaleza scheiterte an einem völlig überhöhten, unserer Meinung nach von unauthorized people eingeforderten Ein-
trittspreis. So kam Verbundenheit mit den Holländern,
Briten und Franzosen auf, deren Seemächten es vor Zeiten
nacheinander nicht gelungen war, diese Festung einzunehmen.

Zwar hatte uns Putua zugesagt, dass uns sein Wagen um 12:00 Uhr im Hotel abholen würde, doch nach viel Hin und Her wurde uns klar, dass uns noch reichlich Zeit verblieb, unsere letzte Mahlzeit im Hotel einzunehmen. Also fuhren wir erst - Amadi war inzwischen der Fahrer - um 14:00 Uhr los, waren aber trotz dieser erheblichen Verzögerung glücklich, überhaupt fortgekommen zu sein.

Die Rückfahrt nach Nampula (wo wir übernachten mussten) verlief wie die Hinfahrt; jetzt aber verpassten wir nicht, einen Stopp bei "Sanctuario de S. M. Mae do Redentor", einer katholischen Kirche aus dem Jahre 1941, einzulegen, die 13 km hinter Namialo durch eine prächtige Mahagoni-Allee erreicht werden konnte. Um 16:30 Uhr kamen wir denn in Nampula an, konnten tatsächlich bei der Banco Internacional de Moçambique mit unserer Scheckkarte den Bargeldbestand auffrischen und freuten uns auf ein hoffentlich angenehmes "Bamboo"-Hotel. Wieder aber hatte ich die falsche Wahl getroffen, denn das "Bamboo" stellte sich als ehemalige Apparatschik-Absteige heraus, deren einziger Lichtblick ein der deutschen Sprache Mächtiger war (Raphael, 4 Jahre Dresden zu DDR-Zeiten). Die viel zu idealistische Beschreibung dieses Etablissements durch die schon vorgeführte Reiseanleitung hatte wohl diesen Fehlgriff ausgelöst. Da es aber kein Daueraufenthalt werden sollte, entschlossen wir uns gleichwohl zu bleiben. Es gab immerhin eine ruhig arbeitende Klimaanlage!

Weil die für einen Flug nach Maputo eingeteilten LAM-Stewardessen ebenfalls im "Bamboo" nächtigten, erkannten wir die Chance, noch tags drauf nach Maputo fliegen zu können. Gemeinsam mit der übernächsten Generation nahmen wir ein - gar nicht kühles - Bad im Pool des Motels, bevor uns im Stroh gedeckten, an den Seiten offenen Restaurant Fischcurry à la Goa zum Abendessen serviert wurde und sich als recht schmackhaft herausstellte.

Um es gleich zu sagen: Der Wagen, der uns am 22. Januar morgens zum Flughafen von Nampula bringen sollte, war pünktlich zur Stelle und so fuhren wir denn, nach unserer Meinung abermals viel zu früh, los und trafen bereits um 8:15 Uhr am Airport ein. Zu früh auch für die "Kollegen vom Boden", mit denen wir schliesslich zu poussieren hatten, damit unser eigentlich für den 26. Januar vorgesehene Flug nach Maputo auf den 22. umgeschrieben werden möge. Dann aber hiess es bei LAM "Ausgebucht", oh Graus! Eine andere Fluggesellschaft ("Air Corridor") hatte zwar Platz anzubieten, anerkannte aber unser auf LAM ausgestelltes Ticket nicht, welchen Umstand wir wiederum nicht zu akzeptieren bereit waren, obwohl man - es klang so, wie uns zu Gefallen - den Abflug von 17:00 auf 15:00 Uhr vorzog. Indem Er sich schon auf seinen 65. Geburtstag in der Industriestadt Nampula seelisch vorbereitete, kam Sie auf die glorreiche Idee, bei LAM den Versuch zu unternehmen, sich in die Business Class upgraden zu las-

sen. Siehe da, es ging, für eine Gebühr von 9,608.00 neue
MTn oder 9,608,000.00 alte Meticais - die Kürzung um
drei Nullen à la de Gaulle in 1959 war gerade wohl erst
erfolgt. Wer nun aber glaubte, wir hätten unser Ziel erreicht, war weit gefehlt, denn weder akzeptierte der Kerl
vom Boden Zahlung mit Kreditkarte noch bar mit Rand.
Es mussten Meticais sein. Nun auf einmal empfanden wir
die viel zu frühe Ankunft am Flughafen gar nicht mehr so
tragisch, und Er machte sich auf den Weg zu einem BIM-
Geldautomaten in der Stadt. Irgendwie erbarmte sich ihm
ein Privatwagen bzw. dessen Fahrer Costa, ein ausgesprochen netter Kerl, der sich als BP-Angestellter vorstellte
(und nachher unseren Flieger betanken würde). Er fuhr
mich auf der Diritissima zu einer BIM. Bei einer maxima-
len Behebung von MTn 3.000 pro Tag war es mir unter
Ausschöpfung aller mitgeführten Scheckkarten tatsächlich
möglich, mein mosambikanisches Geld so weit aufzufüllen,
dass der geforderte Betrag bar bezahlt werden konnte.

Das ganze Unternehmen endete einerseits in einem gross-
zügigen Trinkgeld für Costa (er hatte keines erbeten), andererseits in einer entblössenden Feststellung bei Rückkehr
in den Flughafen: es stand dort nämlich ein Bankomat,
von dem ich ebenfalls Geld hätte ziehen können! Schliesslich hatten wir unser Businessclass-Ticket in den Händen,
erfuhren noch in der Lounge die Annehmlichkeiten des Up-
grade, und unser neuer Freund Costa reichte noch ein klei-

nes Souvenir herein und strahlte uns beim Ticketabriss
wiederum an, das Übliche wünschend. So waren wir am
Nampula-Airport schon bekannter als gemeinhin eine bunte Kuh! Flogen aber nicht nach Maputo, sondern zunächst
nach Pemba in Cabo Delgado, der nördlichsten Provinz
des Landes. Blöderweise mussten wir dort aussteigen und
liessen uns selbstbewusst in der VIP-Lounge nieder. Wie
von Gottes Hand geführt betraten diese Lounge auf einmal
zwei hohe katholische Würdenträger, ihrer Elferrat-ähnli-
chen Aufmachung wegen Bischöfe oder gar Kardinäle. Einer hatte wohl den anderen vom Flugzeug abgeholt. Der
andere reichte mir gleich freundlich seine Hand - und ich
ihm meine, indem ich allerdings bemerkte: "be careful, I'm
a protestant". Vielleicht deswegen trachteten die beiden
danach, sich genau dahin zu setzen, wo Greta und ich bereits Platz genommen hatten. O.K., they won. Aber Ihr
katholischen Böcke hättet Euch auch auf anderen - reichlich vorhandenen - Sitzplätzen niederlassen können! Nach
einer weiteren Zwischenlandung in Beira, einer Hafenstadt
in der Mitte des Landes, erreichten wir schliesslich Maputo-
to. Schon am Morgen war es uns möglich gewesen, ein
meerseitiges Zimmer im Holiday Inn zu reservieren und
setzten uns beim Check-in auch entsprechend durch. Unsere Wahl war insofern eine gute, als dieses Hotel, Palmen
umwedelt, direkt, aber auch wirklich direkt am Indischen
Ozen gelegen war, der mit einer Wassertemperatur von 29

Grad aufwartete. Das Abendessen im Restaurant "Sagres"
gleich nebenan hielt dann bei weitem nicht das, was uns
der Zimmerboy zuvor versprochen hatte, sodass wir die
letzte Stunde bis zum Datumswechsel auf den Geburtstag
auf der Terrasse unseres Hotels sassen - der mitgebrachte
Riesling NLH half uns, die Zeit zu überbrücken.

Nach dem Schwimmen - Auge um Auge mit dem Ozean
- beabsichtigten wir am 23. Januar, statt eines ausgiebigen Frühstücks dem "Mercado do Peixe" unweit des Hotels einen Besuch abzustatten. Und dieser Besuch wurde
ergiebig, allerdings vorrangig für die Marktweiber, denn
ich wurde nach allen Regeln der Kunst übers Ohr gehauen.
Die Hängewaagen funktionierten nicht, oder sie zeigten auf
Vorteil der Weiber an. Eine begann die Preisbestimmung
auf MTn, um auf einmal denselben Betrag in dem gut
dreifach höher bewerteten Rand einzufordern; vor meinen
Augen versuchten andere, prawns nur dem Schein nach in
die für mich bestimmte Plastiktüte zu füllen oder statt der
erbetenen Tiger-Grössen nur die kleinen Shrimps herein-
zumogeln. Meine in Indien erlernte Einsicht, nichts gegen
cleveren Beschiss zu haben, wurde auf eine harte Probe
gestellt, so dummdreist waren diese Markt-Tussis. Es war
gleichwohl ein höchst vergnügliches Erlebnis! Wir liessen
die erworbenen Garnelen, die Venusmuscheln, den Tinten-
fisch, den "Piquet" genannten, köstlichen Seefisch, die aus
den mosambikanischen Mangroven-Wäldern stammenden

Taschenkrebse direkt in einer der angrenzenden Kneipen zubereiten - frischer ging das nicht! Der portugiesische "Vinho Verde" mit seinem Alkoholgehalt von nur 9 Vol.-% war bestens geeignet, bereits mittags gekippt zu werden. Der Fischmarkt war zwar keine Schönheit, noch waren die angrenzenden Kneipen ein Musterbeispiel an Sauberkeit, aber verdammt genüsslich war es doch.

Bevor sich am 24. Januar die auf 11:00 Uhr festgelegte City-Tour so lange zu verzögern schien, wie wir es auf der Ilha erlebt hatten, telefonierten wir Jack herbei, der sich am Vortag als zuverlässiger "Taxler" erwiesen und uns seine City-Tour zum Vorzugspreis versprochen hatte. In der Tat war in Maputo nicht viel zu begucken, und was an Gebäuden mit Geschichte zu sehen war, wurde eingekeilt - wenn nicht gar erdrückt - von potthässlicher Architektur aus der sozialistischen Vergangenheit, sodass bald jeder Charme eines etwaigen Alten verflog, bevor er ausgemacht werden konnte. Lediglich der (frisch restaurierte) Bahnhof aus dem späten 19. Jahrhundert, das blecherne, fast gleichaltrige Eiffel-Haus wie das filigrane Kulturzentrum, in unmittelbarer Nähe des botanischen Gartens, konnten sich eigenständig behaupten. Aber schon das Gebäude des "Conselho Municipal", mehr noch das Fortaleza, hatten gegen die erdrückende Sozi-Wucht kaum etwas auszurichten. Auf Wunsch fuhr uns Jack noch zu einem am Stadtrand gelegenen Markt, dessen Spezialität die sog. "Capulanas" waren, hübsch gewobene Stoffe (2 m x 1,50m), die sich die Mädels um die Hüften schwingen. Versteht sich, dass wir davon zu geringem Entgelt einen - oder wurden es zwei? - erwarben.

12.15 Johannesburg - Greyton (V) 28.10. - 10.11.2007

Johannesburg → Maputo → Tartaruga → Cathedral Peak → Mont-aux-Sources → Golden Gate → Jagersfontein → Graaff-Reinet → Wilderness

Ausgelöst durch eine fast 10-stündige Verspätung von LX-Flug 288 aus Zürich ergab sich für uns die Möglichkeit, dem Moloch Johannesburg touristisch etwas abzugewinnen und statt, wie geplant in Nelspruit, eine weitere Nacht in dem Flughafen-Hotel zu verbringen.

So entschieden wir uns, am 28. Oktober die "Gold Reef City" zu besuchen, für Helmut eine Wiederholung nach ziemlich genau 16 Jahren, damals mit seinen beiden Jüngsten. Vis-à-vis "Gold Reef", d. h. in unmittelbarer Nachbarschaft zu Soweto auf dem Gelände eines ehemaligen Rassengefängnisses, ist mittlerweile das von so bezeichneten. Verfassungssäulen bewehrte Apartheid-Museum entstanden, dem unser erstes Augenmerk galt. In ebenso dokumentationsreicher wie beklemmender Abfolge wird hier die Niedertracht der Apartheid-Tyrannei vom frühen 20. Jahrhundert bis zur Wende dargestellt. Nur wurde das Ganze so schlecht beleuchtet, und mahnten die nackten Beton- und Ziegelmauern - von einem mit Galgen behan-

genen Hinrichtungsraum ganz zu schweigen - so sehr an
Knast, dass Helmut von Platzangst befallen wurde und
dringend ins Freie zu kommen trachtete, was sich wiederum als nicht so einfach herausstellte, weil die Beschilderung nur unvollkommen war oder gar nicht wahrgenommen werden konnte.

Wohlweislich verzichteten wir darauf, im "Gold Reef"-
Komplex in einen 220 m tiefen Museumsschacht einzufah-
ren, um die vor Zeiten Gold führenden Flöze untertage
in Augenschein zu nehmen. Stattdessen unternahmen wir
einen Rundgang durch die (es war Sonntag) ziemlich über-
laufene "Gold Reef City", setzten uns für eine Rundfahrt
sogar in das Bähnle und fanden danach Platz zum Lunch
in einem Junkfood-Restaurant - slow food war im gesamten Komplex der Gold Reef City eine totale Unbekannte.

Nachzutragen ist, dass sich die Anfahrt auf den letzten
Kilometern als äusserst kompliziert erwies, da sowohl Wegbeschreibung als auch Beschilderung höchst unzulänglich
waren, wir uns aber glücklich fühlen durften, inzwischen
eine recht gute Generalkarte an Bord zu haben.

Um 20:00 Uhr schliesslich kam Ehepaar Grieb mit Sohn
Markus (35) ihrem Abholer bereits in der Int'l Arrival entgegen. Da das Irish Pub des Hotels schon um 21:00 Uhr
- völlig unirisch - seine Zapfsäulen blockierte, blieb uns
nichts anderes übrig als das grausige Steakhouse dort für
einen Willkommensschluck zu beehren.

Am 29. Oktober ging es dann endgültig los. Dank unseres bereits erwähnten Strassenplanes gelangten wir mühelos zur N12, die uns gen Norden nach Witbank führte und von dort weiter auf der N4 östlich Richtung Nelspruit. Je tiefer wir in das Lowveld hinabfuhren (und es ging lange hinab!), desto reizvoller wurde die Landschaft, nachdem das Highveld nachgerade mehr Kühltürme als Häuser zu bieten hatte. In Nelspruit deckten wir uns mit dem Notwendigen für den Selbstversorger-Abend im Tartaruga Camp ein und fuhren gleich weiter Richtung mosambikanische Grenze.

Dort angekommen, versuchten südafrikanische Grenzpolizisten uns Angst einzujagen ob eines angeblich fehlenden Versicherungszertifikats, eher wohl eines Schmiergeldes wegen, das wir aber nicht herauszurücken bereit waren. Nachdem unser Auto als nicht gestohlen bestätigt worden war, liessen sie uns zum südafrikanischen Grenzposten weiterziehen, nicht ohne einen letzten Versuch unternommen zu haben, Angst bei uns zu schüren ("Ihr werdet schon sehen, was in Mosambik mit Euch geschieht"). "Gahnich ignorieren" war aber unser Motto, und ein ausserdienstlicher Schwarzer nahm uns dort in sicherer Erwartung eines Trinkgeldes die lästige Schreibarbeit - vor allem im Zusammenhang mit der "vorübergehenden Ausfuhr" unseres Wagens - ab und reichte uns an seinen Kollegen von der mosambikanischen Seite weiter. Der wiederum kümmerte sich für nochmaliges Trinkgeld um alles Weitere und nahm sogar Zoll-Funktionen wahr. Nach einem gut einstündigen Grenzaufenthalt ging es weiter - nur noch etwa 90 km bis Maputo.

Dort angekommen, fanden wir problemlos zum "Holiday Inn", wurden leider nur in streetfacing Zimmern untergebracht und fanden uns schon bald auf dem köstlichen Fischmarkt ein, feilschten wie die Kesselflicker und liessen die erworbenen Clams, Prawns und einen schmackhaften Plattfisch bei Francesco im "MacGregor" zubereiten und mit reichlich Vinho Verde servieren. Wir waren gegen 22:00 Uhr die Letzten, die sich vom Markt absetzten.

Nach einem späten Frühstück unternahmen Griebs am 30. Oktober eine Sightseeing-Tour mit genau jenem Jack, der uns schon im Januar so nett herumgeführt hatte, während Greta und Helmut zwecks Aufladens der Kühlschrank-Batterie wenige Kilometer entlang der Küste nach Norden fuhren. Als die Sandpiste, in welche die Teerstrasse schon bald überging, zu sehr einer Berg- und Talfahrt zu ähneln begann, kehrten wir um, machten noch einen Photostop angesichts einer Vodoo-artigen Beschwörung am Strand, und einen weiteren zur Dokumentation der vom Indischen Ozean stark angegriffenen Küste, winkten noch den Polizisten zu, die uns auf der Hinfahrt hatten Glauben machen wollten, dass tatsächlich wir einen Versicherungsnachweis für unser Auto benötigten.

Schon am frühen Nachmittag nahmen wir die Chance wahr, uns von zwei Motor-Rickshaws kubanischer Bauart wieder zu unserem geliebten Fischmarkt tuckern zu lassen, wo wir abermals bei Francesco einkehrten, nachdem wir uns der same procedure am Markt gestellt hatten.

Mit dem 31. Oktober begann der Tag unseres grössten Abenteuers auf dieser Reise. Mit der Fähre setzten wir über die Maputo-Bucht bzw. den "Rio Espiritu Santo" und landeten nach kurzer Seefahrt in Catembe, von wo wir auf "ruppiger Schotterstrasse" (so der Reiseführer) gleich weiter Richtung Bela Vista (nix "bela" und nix "vista") fuhren. Inzwischen wurde aus dem Schotter sogar Teer - mit Schlaglöchern à la Lesotho -, der aber nach Salamanga und der Überquerung des Rio Maputo zur "Tiefsandstrecke" mutierte, mit der unser Bakkie - wahrscheinlich zufolge eines Getriebefehlers beim Umschalten von "4x4 H" auf "4x4 L" so schlecht zurechtkam, dass wir stecken blieben. Von freundlichen Einheimischen sehr schnell befreit, schaukelten wir uns (wahrlich, das war Schaukeln!) - bar jeder Beschilderung - nach Ponta Mamoli weiter, wo wir beim Umkehrversuch ein zweites Mal stecken blieben, unter Beteiligung vieler Einheimischer, eines Treckers und eines weissen resident in der einzunehmenden Richtung wieder klargemacht wurden. Bei einer Kneipe dann mitten in der Walachei, die uns als Orientierung zur Abbiegung genannt wurde, hauten wir mit dem sich zu uns gesellenden

Nelson unsere letzten Metical auf den Kopf und machten uns auf den letzten Teil der Strecke, welche unverändert die 4 x 4-Qualifikation des Wagens herausforderte. Nach 7 $\frac{1}{2}$ Stunden Fahrzeit für etwa 100 km nur trafen wir tatsächlich im "Tartaruga Luxury Tented Camp" ein und wurden von Thomas in Empfang genommen. Wie die ganze Anlage standen auch unsere beiden, tatsächlich komfortablen Zelte auf Stelzen mitten im Busch, in Hör- und - zum Teil - Sichtweite des Meeres gelegen, das wir aber dort liessen, wo es war und uns stattdessen um unser Abendessen kümmerten (die Lebensmittel und der Wein waren das einzig Nennenswerte, das wir über die vielen Stufen und Planken vom Auto zu den Zelten bzw. dem Ess- und Küchentrakt mitgenommen hatten). Entsprechend gut genährt und gut getrunken endete der Abend.

Die restlichen 14 km zum Grenzposten mit Südafrika erlebten uns am Morgen des 1 November bereits als erfahrene Tiefsandfahrer, und nach einer - ganz im Gegensatz zur Einreise - schnellen Grenzabfertigung nahmen wir Kurs auf Jozini. Der Pongola Dam, den wir schon vor Jahren, aktuell unwidersprochen von unseren Schweizer Freunden, als den südafrikanischen Vierwaldstätter-See bezeichneten, verschwamm leider in schlechter Sicht, und überhaupt hätte das Wetter - wie schon in Mosambik - besser sein können.

Nach einer Rast bei "Ilala Weaver" nahe Hluhluwe und

dem Einkauf im Ort von (festen wie flüssigen) Lebensmitteln für die Selbstverpflegung während der nächsten beiden Tage ging es dann in das Wildreservat gleichen Namens, und - kaum dass wir das Memorial Gate passiert hatten - sichteten wir eine 5-köpfige Nashorn-Familie. Unser Drang, an einem lookout an bester Stelle zu stehen, führte allerdings zur Mitnahme eines durchaus stämmigen Holzes, von dem uns erst später ein Ranger befreite. Auf der Weiterfahrt zum etwa 15 km entfernten "Hilltop Camp" im Park erspähten wir noch Warzenschweine und (einen) Büffel.

Nach dem Einchecken im Camp fand die Weiterfahrt zu unseren Unterkünften statt, allerdings nicht mehr im eigenen Wagen, weil das erwähnte Holz - wie von dem herbeigerufenen Mechaniker Mike tags drauf festgestellt wurde - unterflur derart gewütet hatte, dass eine Sicherungsschaltung des Getriebes herausgeflogen war und das Anspringen des Motors blockierte.

Ohne über unser eigenes Auto somit verfügen zu können, schrieben wir uns zum frühen Morgen des 2. November zu einer Pirschfahrt ein und wurden in der Zeit von 5 - 8 Uhr mit recht gutem Anblick belohnt: Büffel satt, Rhinos reichlich, Nyalas, Giraffen, Elefanten (nur drei oder vier), Zebras, Impalas. Dort, wo wir vor Jahren das Bötchen zur Fahrt über den Hluhluwe-River bestiegen hatten, gab es jetzt die Tee- und Kaffeepause: Kein Wasser unter dem Kiel! Mike, der gegen 9 Uhr kam, um unser Auto wieder

flott zu machen, berichtete von Löwen, die in etwa 8 km
Entfernung grad neben dem Teerweg einen Büffel geschlagen hätten. Wir fuhren also geschwind die Strecke Richtung Memorial Gate ab, stiessen aber weder auf Löwen
noch auf Reste der Beute. Erst gegen Ende unseres nach-
mittäglichen gamedrives mussten wir erkennen, dass Mike
eine andere, die Anfahrt nämlich vom Nyalazi Gate gemeint haben musste. Diese Strecke Richtung Umfolozi befuhren wir dann, einschliesslich verschiedener Abzweige,
auf unserer eigenen Pirschfahrt am Nachmittag und sahen
Büffel, Rhinos, zahlreiche Giraffen und Zebras, Gnus und
viele "Pillendreher" (Skarabäus), die sich mit dem Vor-
antreiben von Mistkugeln in der mehrfachen Grösse ihrer
eigenen abmühten. Auf der Weiterfahrt am anderen Morgen, dem 3. November, konnten wir noch eine Rotte Warzenschweine in unmittelbarer Nähe beobachten, bevor wir
den Park am Übergang zum Umfolozi-Teil (Nyalazi gate)
verliessen.

Die Fahrt über Durban zum "Cathedral Peak Nature
Reserve" in den Drakensbergen zog sich dann länger hin
als für die etwa 550 km geplant, doch kamen wir noch
so rechtzeitig an, um uns in den zugewiesenen und weit
abgelegenen Zimmern des Hotels einzurichten. Greta und
Helmut, die im Hilltop Camp - weil nur zu zweit - mit einer
höchst spartanischen Cabin ohne Bad (es gab nur ein Ge-
meinschaftsbad) zurecht kommen mussten, widmeten sich

erst einmal ausgiebig ihrer Körperpflege.

Am nächsten Morgen, einem Sonntag, legten sich die Damen und Markus an den Swimmingpool, während Armin und der Berichterstatter eine etwa 2-stündige Wanderung zum Doreen-Wasserfall unternahmen, den sie wegen schlechter Auszeichnung zwar nicht zu Gesicht bekamen, aber doch hören konnten. Oder handelte es sich etwa um diese Miniatur eines Wasserfalls, die sie gelegentlich im Tal erspähten? Eine begnadet schöne Bergregion, von den beiden bei schönstem Wetter und fast 30° genossen.

Leider dauerte das mit dem Wetter nicht lange an, denn schon am Nachmittag gewannen die Wolken (Armins verdammte Kumulus) wieder Oberhand, und auch am 5. November schien das Wetter sich nicht bessern zu wollen. Gleichwohl verlief unsere weniger als 100 km weite Fahrt zum "Royal Natal National Park" auf trockener Strasse; die Temperatur war noch so angenehm, dass sich Teile der Reisegruppe abermals Richtung Pool des geenterten Hotels verzogen. Von dort liess sich das berühmte Amphitheater deutlich ausmachen, eine riesige Bergformation in der Form eines solchen.

Es muss einmal geschrieben werden, dass es schwierig zu bestimmen ist, wann die beste Jahreszeit für eine Reise in die Drakensberge ist, denn von Oktober bis März ist Regenzeit und von April bis September kann es schneien. Wundert es daher, dass Nebel sich tags darauf, am

KAPITEL 12. REISEN INNERHALB &
AUSSERHALB SÜDAFRIKAS

6. November, einstellte und dass es heftig regnete, nein: es schüttete wie aus Kübeln, sodass wir uns entschlossen, sofort auszuchecken und "ins Blaue" weiterzufahren. Und wörtlich wollten wir das schon nehmen, uns also erst dann nach einer Unterkunft umtun, wenn der Himmel die ihm gebührende Farbe wieder annähme.

Weiterfahrend auf der R74 Richtung Harrismith mussten wir schon bald einen ersten Stopp in dem Flecken "Little Switzerland" - östlich der Sterk-Talsperre - einlegen und, zum Nachweis später in Zürich, die eine und andere Postkarte erwerben - ein eigenes Photo gab das Wetter nicht her.

Es gelang uns dann, über die R712 durch den "Golden Gate Nationalpark" mit seinem beeindruckenden Schauspiel aus Sandstein-Türmen und -Toren zu fahren. Weniger Regen und wir hätten irgendwo dort mit Freuden wieder festgemacht. So aber fuhren wir weiter, immer näher entlang der Grenze zu Lesotho, bis wir bei Ladybrand die N8 erreichten, auf der wir mühelos nach Bloemfontein weiterkamen, Südafrikas Hauptstadt der Jurisdiktion. Diese aber wollte uns freiwillig nicht wieder hergeben, sodass wir mehrere Anläufe nehmen mussten, um über die N1 zur R706 zu finden, die uns kilometerlang geradeaus nach Jagersfontein mitnahm, dem Ort mit der weltweit ältesten Diamanten-Mine (gegründet 1870), deren "Big Hole" - wie wir noch zu sehen bekommen sollten - jenem in Kimberley ebenbürtig ist und in der die weltgrössten Diamanten einst gefunden wurden.

In einer örtlichen Lodge kamen wir - mehr recht als schlecht - unter und wurden - mehr schlecht als recht - mit einem Abendessen wie auf einer guestfarm bewirtet. Wirt Gideon - gross und rund - dürfte das einzige Exemplar eines direkten Voortrekker-Nachfahren gewesen sein, das uns auf unserer Reise über den Weg lief: ein Bure wie er leibt und lebt, nur ein wenig scheu im Umgang mit unserer wiederholt ausgesprochenen Offerte, sich nach Tisch am Konsum des mitgeführten Zuger Kirschwassers zu beteiligen.

Am Morgen des 7. November fuhren wir nach dem Frühstück zu dem bereits erwähnten grossen Loch, aus dem 100 Jahre lang (bis 1971) nicht nur mehr Diamanten gebuddelt wurden als in Kimberley, sondern auch der grösste je gefundene ("Excelsior"), der 972 ct auf die Waage brachte. Im Übrigen ist das hiesige Digger-Hole nicht rund wie in Kimberley, sondern rechteckig, vom ausgehobenen Volumen aber mit Sicherheit nicht kleiner als jenes. Ein kurzer Stopp noch in dem an Eldorado erinnernden Digger-Städtchen, und schon nahmen wir wieder Fahrt nach Graaff-Reinet auf.

Auf die Besitznahme unserer Zimmer im Hotel dort folgte der obligatorische Rundgang durch den immer wieder attraktiven Ort und eine Fahrt vor Sonnenuntergang in das Desolation Valley, dessen Erlebnis einen tiefen Eindruck auf unsere Schweizer Freunde hinterliess. Beim Abendessen später im Restaurant des Hotels liessen wir uns dadurch überraschen, dass ein neuer Küchenchef tatsächlich ordentlich kochte - ein absolutes Novum. Stattdessen war der Service hundsmiserabel schlecht; wir gewannen gar den Eindruck, als ob gegen den neuen Eigentümer des Hotels "gemauert" würde.

Eindeutig die langen Geradeausstrecken von der Fahrt nach Jagersfontein überbietend, steuerten wir am 8. November bei schönstem Wetter auf der N9 Richtung George. Eingedenk unseres Abenteuers südlich Maputo hatten wir uns entschlossen, der Gefahr eines Platten auf der ursprünglich geplanten Fahrt durch das Baviaanskloof Nature Reserve mit Übernachtung auf einer dortigen Farm aus dem Wege zu gehen und direkt nach Wilderness zu fahren. Auf das Einchecken in einem strandnahen B&B folgte ein ausgiebiger Spaziergang über den phantastischen Wellen-Strand gleich unterhalb der Unterkunft. Am 9. November ging es dann auf den Rest der Strecke, die insgesamt 4300 km betrug.

Der Autor

Der Autor (Jahrgang 1942) war überwiegend als Selbständiger im Bereich der Ausrüstung von Prozessanlagen kaufmännisch tätig und musste - gerade 50 geworden - nach einem schweren Verkehrsunfall zögerlich erkennen, dass seine berufliche Vitalität auf der leidigen Schippe zurückgeblieben war, von der er immerhin noch hatte springen können. Gar nicht zufällig zog es ihn fort von Europa nach Südafrika. Dies mit Zustimmung seiner Frau, die - wenn schon so weit weg von der Scholle - zumindest zeitgleich zu Europa bleiben wollte und sich mit diesem Ansatz trotz einer fast 12-stündigen Flugzeit gleichwohl auf die kürzere der langen Distanzen wie etwa nach Neuseeland einließ. Seit dem Frühjahr 2000 in Greyton zu Hause, einem abgeschiedenen Örtchen in der zum Western Cape gehörenden Region Overberg, eröffneten die beiden - des Daumendrehens schnell überdrüssig - ein Restaurant mit angeschlos-

senem Gästehaus und entwickelten diese innerhalb kurzer
Zeit zu hoch "besternten" Gast-Häusern.

www.diesseits-in-afrika.com